MICHELA MARZANO
Falls ich da war, habe ich nichts gesehen

Michela Marzano

Falls ich da war, habe ich nichts gesehen

Übersetzung aus dem
Französischen von Lina Robertz

eichborn

Die Bastei Lübbe AG verfolgt eine nachhaltige Buchproduktion.
Wir verwenden Papiere aus nachhaltiger Forstwirtschaft und verzichten
darauf, Bücher einzeln in Folie zu verpacken. Wir stellen unsere Bücher
in Deutschland und Europa (EU) her und arbeiten mit den Druckereien
kontinuierlich an einer positiven Ökobilanz.

Die Arbeit der Übersetzerin am vorliegenden Text wurde vom
Deutschen Übersetzerfonds gefördert.

Eichborn Verlag

Titel der italienischen Originalausgabe:
»Stirpe e vergogna«
Die französische Fassung erschien unter dem Titel:
»Mon nom est sans mémoire«

Für die Originalausgabe:
Copyright © 2021 by Michela Marzano – Mondadori Libri Spa / Rizzoli
This edition published in agreement with the Proprietor through
MalaTesta Literary Agency, Milan.

Für die deutschsprachige Ausgabe:
Copyright © 2023 by
Bastei Lübbe AG, Schanzenstraße 6 – 20, 51063 Köln

Textredaktion: Anna Valerius, Köln
Umschlaggestaltung: zero-media.net, München
Einbandmotiv: © Michela Marzano
© FinePic®, München
Satz: Dörlemann Satz, Lemförde
Gesetzt aus der Stempel Garamond LT
Druck und Verarbeitung: GGP Media GmbH, Pößneck

Printed in Germany
ISBN 978-3-8479-0150-1

2 4 5 3 1

Sie finden uns im Internet unter eichborn.de

In Erinnerung an Arturo, meinen Großvater.
Aber auch für meinen Vater Ferruccio
und für meinen Bruder Arturo.
Für Jacques, der immer für mich da ist,
und für den kleinen Jacopo.
Und natürlich für Paola, meine liebe Mama.

Ich vergesse nie, dass auch die Vergangenheit im Fluss ist wie das Heute und dass alles, was einst gelebt hat, immer noch lebendig ist, sich verändert, sich umsetzt, sich bewegt, sich verwandelt, und dass die Wahrheit sich hundertmal am Tag widerspricht wie ein geschwätziges Dienstmädchen – was sie auch ist.

Blaise Cendrars

Erster Teil

Schande

Um wir selbst zu sein, müssen wir uns selbst haben;
wir müssen unsere Lebensgeschichte besitzen oder sie,
wenn nötig, wieder in Besitz nehmen. Wir müssen
uns erinnern – an unsere Geschichte, an uns selbst.

Oliver Sacks

Eine Michela Marzano gibt es nicht. Geburtsurkunde, Reisepass, Personalausweis, Eheurkunde: Alle bescheinigen, dass die Person, die am 20. August 1970 in Rom geboren wurde, Maria Marzano heißt.

»Warum denn Maria?« Ich bin auf der Grundschule, einer privaten Schule, weshalb ich ein Formular ausfüllen muss – eine reine Formalität, aber notwendig, damit die Schuljahre vom Ministerium anerkannt werden – und mein Vater sagt, ich soll mit »Maria« unterschreiben. Meine Eltern nennen mich aber schon immer Michela, genau wie meine Freund:innen und die anderen Kinder in meiner Klasse. Sogar meine Lehrerin sagt Michela. Und jetzt behauptet mein Vater plötzlich, dass ich Maria heiße.

Als mein Vater nach meiner Geburt zum Standesamt ging, um mich anzumelden, ließ er meinen Namen so eintragen: »Maria« Komma »Michela« Komma »Rosa«. Eigentlich sollte ich wohl »Maria Michela« Komma »Rosa« heißen, sodass auf meinen Ausweisen nicht nur der Name Maria stehen würde, den ich zu Ehren der Jungfrau Maria bekam, weil meine Mutter nach langem Warten doch noch schwanger geworden war, sondern auch der Name Michela. Meine Großmutter Rosa nahm es gar nicht gut auf, dass ihr Vorname erst an dritter Stelle kam. »Schluss mit all den Rosas, Rosarias, Rosettas und Rosellas«, hatte mein Vater gesagt, worauf meine Mutter erst »Manuela« vorgeschlagen und meine Eltern sich schließlich auf »Michela« geeinigt hatten. Eine Manuela gab es in der Familie meines Vaters nämlich

13

nicht, dafür aber einen Michele; den Vater meiner Großmutter, Doktor Michele Campo.

Mein Vater ging also zum Standesamt, um mich anzumelden, wurde allerdings von einem Freund begleitet, der ihn überredete, auch zwischen »Maria« und »Michela« ein Komma zu setzen, Doppelnamen würden nur zu Problemen führen. Das Ergebnis: Mein eigentlicher Vorname, Michela, taucht auf keinem offiziellen Dokument auf – der Name, den meine Eltern für mich ausgewählt haben, mit dem mich die Leute ansprechen, der auf meinen Büchern und unter meinen Artikeln steht und bei dessen Klang ich mich auf der Straße umdrehe. »Michela?« – ich bleibe stehen, sehe mich suchend um, halte Ausschau nach der Person, die mich gerufen hat. »Maria?« – ich gehe weiter, ohne innezuhalten, zucke nicht einmal zusammen. Maria? Wer soll das sein?

Das einzige Stück Papier in meinem Besitz, das bestätigt, dass ich nicht nur Maria, sondern auch Michela heiße, ist meine Taufurkunde. Nur mit meiner Taufurkunde bekomme ich bei der Post ein an Michela Marzano adressiertes Einschreiben ausgehändigt, ohne mich deshalb mit den Angestellten streiten zu müssen: »Woher sollen wir wissen, ob Sie diese Michela sind, wenn auf Ihrem Personalausweis Maria steht? Es könnte ja genauso gut Ihre Mutter, Ihre Schwester oder Ihre Tochter sein. Das müssen Sie schon verstehen …«
Doch eine Taufurkunde ist nicht rechtsgültig.
Für den Staat bin ich Maria.
Für den Staat gibt es Michela Marzano nicht.

»Und wie heißt du, Papa?« Ich habe mich dazu überreden lassen, das Dokument für die Schule mit »Maria« zu unterschreiben.
»Na, Ferruccio natürlich. Warum fragst du das?«

»Hast du keinen anderen Namen?«

»Meine Mutter wollte mich auch nach ihrem Vater Michele und ihrem Mann Arturo benennen, aber auf meinen Ausweisen bin ich nur Ferruccio Marzano.«

Als ich vierzig Jahre später in den Schreibtischschubladen meines Vaters krame, stoße ich auf einen Auszug aus dem Taufregister der kleinen Stadt Campi im Süden von Apulien, in der er geboren ist.

Es ist September 2019, knapp drei Wochen sind seit der Geburt von Jacopo, dem Sohn meines Bruders Arturo, vergangen, ich besuche meine Eltern in Rom. Viele Fragen beschäftigen mich, es gibt einiges, worüber ich mir endlich klar werden muss. Vor allem brauche ich Informationen, meine Erinnerung lässt mich im Stich. Die Geburt von Jacopo hat mich aus dem Gleichgewicht gebracht. Ich fühle mich verloren. Warum habe ich keine Kinder bekommen? Auf einmal sind meine zwanzig Jahre Psychoanalyse wie weggeblasen.

Ich lege den Auszug aus dem Taufregister auf mein Bett. Einen Moment lang starre ich das Blatt reglos an. Dann gebe ich mir einen Ruck und vertiefe mich in das alte Dokument und seine schön geschwungene Kalligraphie:

Am *sechsundzwanzigsten Dezember* des Jahres *1936* wurde das am *vierzehnten November 1936* geborene Kind von *Arturo Marzano*, Sohn von *Ferruccio*, und *Campo Rosetta*, Tochter des *verstorbenen Michele*, Eheleute der Gemeinde *Campi*, von dem hier unterzeichnenden *Gennaro D'Elia*, Pfarrer von *Santa Maria delle Grazie*, Campi, auf den Vornamen *Ferruccio Michele Arturo Vittorio Benito* getauft. Pate und Patin: *Marzano Gino di Ferruccio* und *Malvani Virginia di Augusto*.

Ferruccio Michele Arturo Vittorio Benito. Ich traue meinen Augen nicht. Aber dort steht es schwarz auf weiß: Mein Vater heißt nicht einfach Ferruccio, wie ich immer geglaubt habe. Neben dem Vornamen seines Großvaters mütterlicherseits, Michele, und dem Namen seines eigenen Vaters, Arturo, trägt Papa die Namen Vittorio, wie der damalige König Vittorio Emmanuele III., und Benito, wie Benito Mussolini.

Den Vornamen Vittorio kann ich gerade noch verstehen. Ich weiß, dass mein Großvater Abgeordneter der monarchistischen Partei war. Das gefällt mir zwar nicht unbedingt, trotzdem kann ich es halbwegs akzeptieren. Aber Benito? Das kann nicht sein, das muss ein Missverständnis sein. Warum sollte mein Vater denselben Vornamen haben wie der Duce? Monarchist ist schließlich nicht gleich Faschist.

Außer seiner Schwester, die »Tuccio« sagte, nennen alle meinen Vater immer nur Ferruccio. Ferruccio und nichts weiter, wie es auf seinem Personalausweis und seinem Diplom steht. Für die Studierenden an der Wirtschaftswissenschaftlichen Fakultät der Universität La Sapienza ist er Professor Ferruccio Marzano. Ferruccio heißt er auch auf seiner Eheurkunde und der Abschrift meines Eintrags im Geburtenregister. Überall nur Ferruccio, außer auf dem Taufregisterauszug. Ich versuche, mich selbst zu beruhigen. Vielleicht ist dem Pfarrer bei der Taufe ja ein Fehler unterlaufen. Kurz ziehe ich in Erwägung, nach Lecce zu fahren, um dort in den Archiven nachzuforschen, aber das Semester fängt bald an, ich habe keine Zeit, ich muss zurück nach Paris.

Ein paar Wochen später entdecke ich auf der Website des Archivs der Stadt Lecce, dass ich auch von Paris aus eine Abschrift von Papas Eintrag im Geburtenregister anfordern kann, ich muss dafür nur eine E-Mail an den Direktor schreiben. Ich gebe den Vornamen, den Nachnamen und das Geburtsdatum meines Vaters an, außerdem die Gemeinde, in der er geboren wurde, und bezahle die Kosten für die Fotokopie.

Zehn Tage später landet die Abschrift direkt in meinem Postfach, unter dem Betreff: *Protokoll Nr. 3865 – Ferruccio Marzano.*

Im Jahr neunzehnhundertsechsunddreißig, am: *sechzehnten November,* um: *neun Uhr fünfunddreißig* wurde: *Arturo Marzano,* Alter: *neununddreißig, Staatsanwalt,* bei mir: *Giuseppe Guarino,* im Rathaus vorstellig und teilte mir mit, dass von seiner Frau: *Rosa Maria Campo* am: *vierzehnten November,* um: *elf Uhr vierzig,* im Haus in der Straße: *Via Vittorio Emanuele* ein Kind mit dem Geschlecht: *männlich* geboren worden sei, das er mir zeigte und dem er folgende Vornamen gab: *Ferruccio Michele Arturo Vittorio Benito.*

Ferruccio Michele Arturo Vittorio Benito. Alles nacheinander. Ohne Komma. Genau wie auf dem Auszug aus dem Taufregister. Also müssten Papas Vornamen eigentlich immer zusammen auftauchen. Laut dem italienischen Gesetz kann man einen Vornamen nämlich nur dann weglassen, wenn er durch ein Komma abgetrennt ist. Warum also stehen die anderen Vornamen meines Vaters auf keinem offiziellen Dokument?

»Das ist wirklich merkwürdig«, sagt Jacques, mein Mann, als ich laut darüber nachdenke, was wohl mit den anderen Vornamen meines Vaters passiert ist. Sind sie nach dem Krieg verschwunden? Als die Schrecken des Faschismus ein Ende hatten und 1946 aus der Monarchie eine Republik wurde? Wir sitzen beim Abendessen und ich berichte ihm von meiner Entdeckung.

»Warum weiß ich nichts von den anderen Vornamen meines Vaters? Welches Geheimnis versteckt meine Familie? Was soll die ganze Geschichte?«

Nomen est omen, sagten die Römer:innen, weil sie der Meinung waren, der Name einer Person sage ihr Schicksal voraus. Welches Schicksal verbirgt sich hinter dem Namen meines Vaters? Und was bedeutet das für mein eigenes Schicksal?

Am nächsten Tag nehme ich meine Internetrecherche wieder auf. Nach und nach kommt etwas Licht ins Dunkel. Anscheinend wurden die italienischen Personenstandsbücher im Jahr 1954 umstrukturiert: Lautete die Formulierung in der Geburtsurkunde »dem er folgenden Vornamen gab«, dann durfte man alle seine Vornamen behalten, auch wenn der Name sich aus mehreren zusammensetzte; lautete die Formulierung jedoch »dem er folgende Vornamen gab«, dann fielen der zweite, dritte, vierte oder auch fünfte Vorname weg. Eine seltsame Lösung, die es meinem Vater aber ermöglichte, den mehr als lästigen Namen Benito zusammen mit seinen anderen Vornamen auf wundersame Weise verschwinden zu lassen.

»Siehst du, also doch keine Lügengeschichte«, sagt Jacques augenzwinkernd, nachdem ich ihn auf den neuesten Stand gebracht habe. »Nur das übliche italienische Chaos.« Jacques ist Rechtshistoriker, und da er sich mit der Mafia beschäftigt, kennt er die Geschichte Italiens ziemlich gut.

Trotzdem, die Sache ist komplizierter, als er denkt.

Also nochmal zurück zum Anfang.

Ich bin links und komme aus einer linken Familie, daran gab es nie einen Zweifel. Gut, im Jahr 1953 war mein Großvater Abgeordneter der monarchistischen Partei, aber nur aus Treue zum König und zu den Idealen des Risorgimento. Zu Hause sprachen wir oft darüber, mein Vater betonte gern, dass er sich früh von den Ansichten seines eigenen Vaters distanziert habe und seit seiner Jugend links eingestellt gewesen sei. Als überzeugter Sozialist war er vor dem Skandal der Mani-Pulite-Affäre um Bettino Craxi Wirtschaftsberater der Sozialistischen Partei Italiens. Und als mein Bruder und ich klein waren, brachte er uns die Partisanenlieder bei.

Ich weiß noch, wie mein Bruder Arturo mit fünf Jahren auf der Piazza della Balduina aus Leibeskräften *Bandiera rossa* sang und meine Mutter ihm schnell den Mund zuhielt und panisch sagte: »Psst, mein Schatz, sonst kriegen wir noch Ärger«. Es waren die »bleiernen Jahre«, und meine Mutter hatte allen Grund, Angst zu haben. Das Viertel in Rom, in dem wir lebten, zog damals viele junge Leute aus dem neofaschistischen Bürgertum an, die keine Hemmungen hatten, die »Linksextremisten« zu verprügeln. Ein paar Jahre später begegnete ich diesen Leuten erneut, im Pio IX, dem privaten Gymnasium, auf das mein Vater uns schickte, damit wir lernten, was harte Arbeit bedeutet. In der Schule war ich die »dreckige Kommunistin«, die in löchrigen Jeans herumlief und sich gegen die »faschistischen Scheißideen« der anderen wehrte, ich nervte und ich war komisch.

Mein Bruder war der, der keinen Fußball mochte und lieber mit den Mädchen spielte. *Quér frocio de mmèrda!*, »dreckiger Homo«, nannten ihn manche seiner Klassenkamerad:innen im römischen Dialekt. Was würden sie wohl sagen, wenn sie wüssten, dass auf der Geburtsurkunde unseres Vaters der Vorname ihres geliebten Benito steht?

Neuerdings behauptet mein Vater, er habe immer gewusst, dass er auch Benito heiße, und es nie geleugnet. Soweit ich weiß, war davon zu Hause aber nie die Rede.

Vielleicht erinnere ich mich nur nicht?

Handelt es sich bei der ganzen Sache um ein Familiengeheimnis oder habe ich der Bequemlichkeit halber jede Erinnerung daran aus meinem Gedächtnis gelöscht, um mich nicht mit dieser unangenehmen Vergangenheit auseinandersetzen zu müssen?

Jacopos Taufe soll Ende November in Pisa stattfinden. Ich komme einen Tag früher aus Paris, um ein bisschen mehr Zeit mit meinem Neffen zu haben. Weil meine Eltern bei meinem Bruder schlafen und in seinem Haus nicht auch noch für mich Platz ist, gehe ich ins Hotel. Seit ich dauernd durch ganz Italien reise, sind mir Hotels unerträglich geworden. Entweder ist es in den Zimmern zu kalt oder das Bett ist zu klein oder es ist zu laut oder die Fensterläden schließen nicht richtig, sodass morgens um sechs das Sonnenlicht hereinscheint oder, oder, oder. Ich kann mich mit Melatonin und Anxiolytika vollpumpen, soviel ich will – ich schlafe schlecht. Egal, sage ich mir, als ich im Hotel ankomme, es ist ja nicht für lang. Ich stelle mein Gepäck ab und mache mich so schnell wie möglich auf den Weg zu Arturo. Bestimmt ist Jacopo seit meinem letzten Besuch schon wieder ordentlich gewachsen. Ich erinnere mich noch gut, wie ich ihn das erste Mal im Arm gehalten habe. »Hallo, mein Schatz«, flüsterte ich ihm ins Ohr. Sofort biss ich mir auf die Zunge und korrigierte mich. »So ein süßer Schatz«, sagte ich laut und musste schlucken. »Wie niedlich.« Doch insgeheim ballte ich die Hände zur Faust. Zum Glück hatte niemand etwas bemerkt.

Ich begrüße kurz meine Eltern, wasche mir die Hände und binde meine Haare zusammen. Doch kaum habe ich Jacopo auf dem Arm, protestiert mein Vater: »Pass auf seinen Kopf auf, Michela, ich bitte dich.«

Ich ignoriere ihn.

Doch dann wendet sich mein Vater an meinen Bruder: »Arturo, der Kleine weint, nimm du ihn doch bitte.«

Wieder ignoriere ich ihn.

Doch dann höre ich, wie mein Vater meine Mutter anfährt: »Michela weiß nicht, wie das geht, tu doch etwas, steh nicht so tatenlos herum!«

Jetzt kann ich ihn nicht länger ignorieren – und fühle mich plötzlich in meine Jugend zurückversetzt, in die Zeit, als ich mich auf die Aufnahmeprüfung für die Scuola Normale Superiore in Pisa vorbereitete. Eines Abends, als ich gerade ins Bett gehen will, höre ich, wie mein Vater flüsternd zu meiner Mutter sagt: »Mag ja sein, dass sie hart arbeitet, aber sie wird es nicht schaffen, sie hat nicht das Zeug dazu, die anderen sind einfach klüger als sie.«

Als ich abends ins Hotel zurückkehre, bin ich noch immer aufgewühlt und nervös. Ich nehme eine Dreivierteltablette Lexomil, rufe Jacques an und jammere ihm mindestens eine Stunde lang die Ohren voll. Aber es hilft alles nichts. Trotz Lexomil und der mehr oder weniger aufmunternden Worte von Jacques, der nicht versteht, was ich meinem Vater eigentlich vorwerfe, schaffe ich es nicht, mich zu beruhigen.

Irgendwann falle ich in einen leichten Schlaf.

Dann habe ich einen Albtraum, der meiner Nacht endgültig ein Ende bereitet. Ich sitze im Zug. Als ich glaube, an meinem Ziel angekommen zu sein, steige ich aus, doch auf dem Gleis muss ich feststellen, dass ich am falschen Bahnhof bin. Ich verstehe nicht, was los ist, normalerweise passiert mir so etwas nicht. Ich bin vollkommen orientierungslos, und nachdem ich ein paar Minuten reglos am Gleis verharrt habe, suche ich im Bahnhof nach Hinweisen. Ich weiß nicht, wo ich bin. Nicht einmal, wo ich hinwollte. Es ist mitten in der Nacht und ich sehe niemanden, der mir helfen könnte.

Während ich in der Unterführung herumirre, höre ich plötzlich, dass mein Zug an Gleis acht angesagt wird. Ich stürze auf die Treppe zu, nehme mehrere Stufen auf einmal. Ich stolpere, rappele mich wieder auf. Falle hin. Und als ich endlich auf dem Gleis ankomme, ist es zu spät: Die Türen des Zuges schließen sich, und obwohl ich renne, renne, renne, fährt der Zug ab und wird schnell kleiner und kleiner.

Schweißüberströmt schrecke ich aus dem Schlaf hoch. Vor meinem inneren Auge sehe ich noch immer das Bild des Zuges, der am Horizont verschwindet, und ich weiß, dass es nicht nur der Zug ist, den ich verpasst habe.

Mit meinem fünfzigsten Lebensjahr haben auch die Wechseljahre begonnen: Ich bin reizbar, schlafe schlecht, habe Hitzewallungen. Und dann bin ich dauernd so erschöpft. Das liegt am geringeren Östrogengehalt, erklärt mir meine Gynäkologin. Doch die medizinischen Erläuterungen und die Hormonersatzbehandlung helfen mir herzlich wenig. Das Problem sind nicht die Gewichtszunahme, die Kopfschmerzen oder die Vaginalbeschwerden. Mein Problem ist, dass es jetzt endgültig zu spät ist.

Ich habe ein besonders empfindliches Unterbewusstsein. Das hat auch meine Therapeutin gesagt, als ich vor ein paar Jahren einmal die Woche bei ihr im Büro aufkreuzte, um mich auf dem Diwan auszustrecken und ihr von meinen Träumen zu erzählen. Nur selten brauchte ich ihre Hilfe, um den Sinn eines Albtraums zu deuten; mein Unterbewusstsein war schon immer ein offenes Buch. Es ist also auch nicht gerade schwer zu erraten, dass der langsam in der Dunkelheit der Nacht verschwindende Zug ein Symbol für all die verpassten Chancen ist – würde ich einen Roman schreiben, könnte man mir vorwerfen, dass das Bild abgedroschen ist oder zu eindeutig, dass ich mir mehr Mühe geben könnte, um den Verlust sprachlich darzustellen, aber ich schreibe nun mal keinen Roman. Und in dem Albtraum aus der Nacht vor Jacopos Taufe habe ich genau das gesehen: einen Zug, der ohne mich abfährt, genau wie das Leben.

Wenn ich mir als Kind oder Jugendliche meine Zukunft ausgemalt habe, dann immer als Mutter, wie alle meine Freundinnen. Natürlich würde ich einmal Kinder haben. Wie könnte es anders sein? Damals, als ich noch zur Schule ging, verbrachte ich die Nachmittage mit der Nase in meinen Büchern und Heften, die Lehrerin würde schon merken, dass ich die Beste war, wenn ich mich nur anstrengte und meine Zeit nicht mit Klamotten und anderen Banalitäten verschwendete wie meine Mutter. »Ich bin nicht wie sie, Papa, glaub mir, ich werde dich nicht enttäuschen, versprochen«. Dann kamen die Jahre an der Scuola Normale Superiore in Pisa, eine Prüfung nach der anderen, bis zur Promotion. Dann zwanzig Jahre Psychoanalyse. »Glauben Sie, dass ich irgendwann eine Familie haben werde, dass auch ich Mutter sein kann?« Nie habe ich aufgehört, daran zu glauben. Ich musste nur Geduld haben. Die Dinge nicht überstürzen.

Als ich klein war, bin ich nachts oft schreiend aufgewacht. Ich hatte immer wieder den gleichen Albtraum. Darin kam mein Vater vor. Und ich. Wir stritten uns. Jedes Mal erwachte ich mit dem gleichen Schrei auf den Lippen: »Nein!« Wie oft ich am Tag »Nein« sagen wollte, aber es nicht schaffte, weil mein Vater stur auf seinem Standpunkt beharrte. Er ließ und ließ und ließ einfach nicht locker, bis ich irgendwann nicht anders konnte als klein beizugeben. Mein Vater musste immer das erste und letzte Wort haben. Ihm zu widersprechen war sinnlos. Selbst wenn er im Unrecht war, hatte er recht. Ich brauchte zwanzig Jahre Psychoanalyse, um zu verstehen, dass sich die Dinge niemals ändern werden, dass es an mir ist, nicht mehr auf die Bestätigung meines Vaters zu warten, und ihm selbst dann zuzustimmen, wenn er falschliegt.

Zwei verschiedene, eigenständige Leben. Wenn ich unabhängig werden und mich nicht länger sinnlos abmühen wollte wie eine Fliege, die unter einem Glas gefangen ist, dann musste ich mich damit abfinden, dass ich von meinem Vater niemals bekommen würde, worauf ich seit Ewigkeiten vergebens wartete. Es war Zeit, nach vorn schauen.

Warum konnte ich ihn an diesem Nachmittag nicht einfach ignorieren? Woher kam die riesige Wut, die in mir aufstieg, als er sagte: »Michela weiß nicht, wie das geht«? Und warum halten mich diese Gedanken vom Schlafen ab? Wer hat das Glas wieder über mich gestülpt und mich darin eingesperrt?

Ich habe nie aufgehört, daran zu glauben, dass auch ich irgendwann Mutter werden würde.

Ich musste nur Geduld haben. Die Dinge nicht überstürzen.

Doch dann haben sich die Dinge von ganz allein überstürzt.

»Warum Benito?«, frage ich meinen Vater. Anstatt gleich nach Paris zurückzufahren, habe ich meine Eltern nach Rom begleitet, um mehr über diese Geschichte mit den Vornamen herauszufinden. »War das in den 1930er-Jahren Mode? Zu Ehren des Diktators?«

»Dein Großvater war Faschist«, erklärt mein Vater seelenruhig, als hätten wir schon tausend Mal darüber gesprochen.

»Machst du Witze?«

»Ein paar Monate nach dem Krieg hat er sich den Fasci angeschlossen.«

Sprachlos starre ich ihn an. Dann frage ich:

»Und seit wann weißt du das? Ich dachte immer, Großvater war Monarchist. Du hast nie gesagt, dass er auch mal Faschist war.«

Mein Vater erinnert sich daran, dass Arturo im Wahlkampf 1953, als er für die national-monarchistische Partei kandidierte, einmal zugegeben hat, vorher bei den Faschist:innen gewesen zu sein. Deshalb griffen ihn die Nostalgiker:innen des Königreichs Italien bei einer seiner ersten Veranstaltungen im Salento scharf an: »Du bist kein echter Monarchist, Marzano!« Sie pfiffen ihn aus, warfen ihm vor, dem Duce noch immer treu zu sein und sich nicht um die Zukunft des Hauses Savoyen zu scheren. Offenbar erwiderte mein Großvater, dass er 1919, nach der Rückkehr von der Front, tatsächlich einer der ersten Anhänger Mussolinis gewesen sei. Das stimme. Doch habe er ein paar Jahre später, als er bereits im Justizwesen tätig war, seine Mitgliedschaft bei der faschistischen Partei nicht verlängert. Er habe einen Eid auf den König geschworen, und seitdem sei er ihm immer treu geblieben.

Ich bin baff. Noch nie haben mein Vater und ich über die faschistische Vergangenheit meines Großvaters gesprochen. Bisher hatte auch ich immer die alte Familienlegende aufgetischt bekommen: Großvater war Monarchist, Punkt. Ich fühle mich ein bisschen schuldig, weil ich nie nachgehakt habe.

»War er auch bei der Versammlung am 23. März 1919 in Mailand dabei, auf der Piazza San Sepolcro, als Mussolini die Fasci gegründet hat?«

»Ich denke schon«, antwortet mein Vater kurz angebunden. Während er aufsteht, fügt er hinzu: »Jedenfalls sagt mir der Name des Platzes etwas. Aber was ändert das? Das war 1919, und außerdem habe ich dir ja bereits gesagt, dass dein Großvater seine Mitgliedschaft in der Partei nicht verlängert hat, nachdem er ins Gerichtswesen eingetreten war. Das hat er 1953 selbst gesagt.«

»Ja, aber das war bei einer Wahlkampfveranstaltung! Da hat er doch garantiert gelogen ...«

»Ich glaube nicht, dass er gelogen hat. Warum sagst du so etwas?«

»Wie hätte er denn Karriere als Richter und später als Staatsanwalt machen sollen, wenn er nicht in der faschistischen Partei war?«

»Nachdem er dem König die Treue geschworen hatte, trat er aus der Partei aus. So einfach ist das.« Mein Vater verhält sich immer merkwürdiger. Ihm scheint das Problem gar nicht bewusst zu sein: Sein Vater war einer der ersten Anhänger Mussolinis in Italien!

»Wusstest du, dass am 23. März 1919 auf der Piazza San Sepolcro gerade einmal dreihundert Leute waren? Dreihundert arme Teufel, Papa, die Mussolini verehrten. Versager und Außenseiter. Wer war 1919 in Italien schon faschistisch? Niemand außer diesen verlorenen Seelen. Hast du Großvater denn nie danach gefragt?«

Mein Vater behauptet, sich nicht zu erinnern. Er gibt zu, dass sein Vater vielleicht Dinge getan hat, von denen er, Ferruccio, nichts wusste. Jedenfalls habe er Arturo nie gefragt, wann genau er der faschistischen Partei beigetreten sei. Während ich ihm zuhöre, fällt mir wieder die Geschichte des Sizilianers ein, der von der Polizei befragt wird, weil vor dem Schaufenster seines Ladens ein Überfall stattgefunden hat. Ungerührt antwortet er: »Ich war nicht da, falls ich da war, habe ich nichts gesehen, und falls ich etwas gesehen habe, erinnere ich mich nicht.« Als wir klein waren, erzählte mein Vater meinem Bruder und mir diese Geschichte oft, sie gefiel uns so gut, dass der Satz zu einer Art Spruch wurde, den wir aufsagten, wann immer wir etwas angestellt hatten, und Papa nach dem oder der Schuldigen suchte: Wer hat die Vase kaputt gemacht? Wer hat den Wassereimer umgekippt? Wer hat auf die Wand gemalt? Die Antwortet lautete stets: »Ich war nicht da, falls ich da war, habe ich nichts gesehen, und falls ich etwas gesehen habe, erinnere ich mich nicht.«

»Glaubst du wirklich, dass er nie nachgefragt hat?« Ich muss meine Zweifel am Telefon teilen, selbst wenn mein Mann, der in Paris geblieben ist, es für eine schlechte Idee hält, ein Buch über meinen Vater und den Vater meines Vaters zu schreiben. Er versteht nicht, was genau ich beweisen oder verstehen möchte. »Kannst du dir vorstellen, dass mein Vater die Dinge einfach so hingenommen hat? Okay, er war erst sechzehn, aber er war immerhin dabei, als sein Vater beschuldigt wurde, kein echter Monarchist zu sein. Und mit sechzehn stellt man sich doch die eine oder andere Frage, oder nicht? Vor allem, wenn man herausfindet, dass der eigene Vater Faschist war.«

Jacques antwortet: »Nach dem Krieg hat niemand über den Faschismus gesprochen, zumindest die ersten paar Jahre nicht, da waren alle mit dem Kalten Krieg beschäftigt.« Er fährt fort: »In Italien wurden weder die Behörden noch das Gerichtswesen je entfaschisiert.« In der Schule oder den Zeitungen war der Faschismus in den 1950er-Jahren auch kein Thema, die Angst vor dem Kommunismus war größer, vor allem in der Oberschicht und bei den Aristokrat:innen, dem Milieu, in dem mein Vater aufgewachsen ist. Die faschistische Vergangenheit Italiens wurde verdrängt. Jacques warnt mich: »Wenn du nicht lernst, die Ereignisse in ihrem Kontext zu betrachten, dann wiederholst du nur die moralischen Anachronismen von heute.«

»Und später?«, frage ich. »Warum hat Papa später nie versucht zu verstehen, warum sein eigener Vater Faschist war?« Ich kann es noch immer nicht fassen. »Ein Faschist der ersten Stunde …«

Im Haus meiner Familie in Campi gab es einen Schaukasten voller Medaillen, Bänder und Borten. Seit Jahren habe ich nicht mehr an diesen Kasten gedacht, ich bin überrascht, dass die Erinnerung noch da ist, tief vergraben im hintersten Winkel meines Gedächtnisses. Als Kind kam ich oft an dem Schaukasten vorbei, wenn wir die Sommerferien in dem alten Kloster verbrachten, in dem mein Vater zur Welt gekommen ist und das vor meinen Großeltern schon meinen Urgroßeltern und deren Vorfahr:innen gehörte, seit dem 18. Jahrhundert ist das Haus im Besitz meiner Familie. Ich kam jedes Mal an dem Schaukasten vorbei, wenn ich mit meinem Bruder Verstecken spielte und in einem der Salons, die sich unter den gewölbten und mit Fresken verzierten Decken aneinanderreihen, nach einem Schlupfwinkel suchte. Der Kasten hing an der Wand des roten Salons, gegenüber dem Flügel, gleich neben den Familienfotos.

Ich frage mich, was wohl aus dem Schaukasten geworden ist. Hoffentlich ist er beim Leerräumen des Hauses nicht verloren gegangen.

Bis 1977 sind wir jeden Sommer nach Campi gefahren. Nachdem meine Großmutter gestorben war und mein Vater und seine Schwester das Haus geerbt hatten, kamen wir immer seltener. Irgendwann fuhren wir gar nicht mehr hin.

Im Laufe der Jahre verfiel das Haus. Ein Brand verwüstete es, vieles wurde gestohlen: Möbel, Rahmen, Teppiche, Vasen. Die restlichen Gegenstände, darunter die Bücher und Familiendokumente, brachte mein Vater im Keller seiner Cousinen unter, deren Haus direkt nebenan liegt. Von der Erinnerung bleiben nur noch Fetzen.

»Kannst du dich an Großvaters Kriegsmedaillen erinnern?« Mein Vater bejaht. »Weißt du, wo sie sind?«

»Nein, tut mir leid, ich habe keine Ahnung.«

»Na, dann suchen wir sie halt!«

Er reagiert nicht.

»Los!« Ich lasse nicht locker. »Ich bin mir sicher, dass sie hier bei euch im Haus sind.«

Mein Vater seufzt. Er hat keine große Lust, sich auf die Suche nach den Medaillen zu machen. Aber schließlich rappelt er sich aus dem Sessel im Esszimmer hoch und geht hinüber in sein Arbeitszimmer. »Sie müssten eigentlich hier irgendwo sein.« Er öffnet einen Schrank, zieht die Schubladen am Schreibtisch heraus, hebt den Deckel einer Truhe an. Nichts. In den unzähligen Kisten findet er nur belanglosen Papierkram und anderen Krempel, keine Spur von dem Schaukasten mit Großvaters Medaillen.

Meine Mutter kommt ins Arbeitszimmer. Sie wundert sich über den Aufruhr. Als ich ihr erkläre, dass wir nach Arturos Kriegsauszeichnungen suchen, sagt sie, ich solle im Schrank im Flur nachsehen.

Ich schnappe mir eine Trittleiter und steige hinauf.

»Pass auf, dass du nicht runterfällst«, sagt mein Vater. »Und mach vor allem nichts kaputt.«

Ich öffne die obersten Türen des Schrankes – und bin kurz versucht aufzugeben: In dem Durcheinander von Gegenständen ist nichts zu erkennen. Ich schiebe zwei Porzellanvasen und einen Haufen alter Mäntel zur Seite. Einen Sack mit alten Laken reiche ich nach unten. Dann entdecke ich eine flache Pappschachtel, die an der Wand lehnt. Und darin, mit Seidenpapier umwickelt, steckt der Schaukasten mit Großvaters Kriegsmedaillen, genau da, wo meine Mutter ihn vermutet hat.

Vorsichtig steige ich die Leiter hinunter, gehe zurück ins Esszimmer, stelle die Pappschachtel auf den Tisch, ziehe den Schaukasten heraus, schlage das Seidenpapier zurück und betrachte den Inhalt.

Eigentlich ist es kein richtiger Schaukasten, eher eine Art dicker Rahmen aus Glas. Wo sonst ein Gemälde oder eine Fotografie wäre, ist die Rückwand mit rubinrotem Stoff verkleidet, an dem Medaillen, Knöpfe, Bänder, Dokumente und sogar eine Uhr befestigt sind. Ein merkwürdiges Ensemble. Ich starre auf die Medaillen im unteren Teil des Rahmens, dann reiße ich meinen Blick los und entdecke das Parteibuch, das auf die linke obere Ecke des Stoffs genäht ist.

Mir wird schwindelig. Großvater war ein Squadrista! Die Squadristi waren die brutalsten unter Mussolinis Handlanger:innen. Meine Kehle ist wie zugeschnürt. Noch während ich diesen Satz schreibe, ärgere ich mich über mich selbst:

31

Die Formulierung »meine Kehle ist wie zugeschnürt« scheint mir so banal, dass ich sie am liebsten wieder streichen würde. Fällt mir denn nichts Besseres ein? Doch wie könnte man diesen Moment sonst beschreiben, in dem sich plötzlich alle Befürchtungen bewahrheiten, man sich aber trotzdem weigert, sie zu glauben, sie einfach nicht glauben will? Nein, das kann nicht sein, das ist vollkommen absurd. Mein Großvater war ein kultivierter Mann, ein gelehrter Jurist. Er kann kein Squadrista gewesen sein, kein Fanatiker, der Kommunist:innen mit dem Manganello – dem berüchtigten Schlagstock der Schwarzhemden – schlug und den Gegner:innen des Regimes Rizinusöl einflößte. Faschist und dann auch noch Squadrista. Das ist zu viel. Ich spüre, wie mir übel wird, ich muss schlucken. Aber was hat die altbekannte Übelkeit mit alldem zu tun?

Ich frage meinen Vater, ob ich den Faden, mit dem das Parteibuch festgenäht ist, auftrennen darf, und staune, wie ruhig meine Stimme klingt. Als ich meine Mutter um eine Schere bitte, zittert sie dann aber doch ein wenig. Genau wie meine Hand, während ich den Faden durchschneide, selbst mein Blick, der auf das Buch gerichtet ist, zittert, das Bild scheint vor meinen Augen zu verschwimmen. Ich muss zwei-, dreimal blinzeln, bevor ich wieder klar sehen kann.

Jetzt kann ich lesen, was auf dem Heft steht.

Es trägt die Nummer 3722753 und wurde vom Sekretär der Fasci des Stadtteils Pasquale Leone in Lecce ausgestellt, es enthält die Genehmigung, die Mitgliedschaft in der faschistischen Partei 1942 zu verlängern.

Auf der ersten Seite stehen Informationen zur militärischen und faschistischen Laufbahn meines Großvaters:

Sansepolcrista = *nein;* Squadrista = *ja;* Marsch auf Rom = *ja (Lizenznr.: 108702);* Littorio-Schärpe

= *ja;* Auszeichnungen / Orden = Tapferkeitsmedaille, bronze *(1917);* Kriegsverletzungen:
ja .

Auf der zweiten Seite klebt ein Passbild – mein Großvater
ist darauf kaum wiederzuerkennen, das Foto ähnelt keinem
der anderen Bilder von ihm, die ich kenne, seine Augen sind
zusammengekniffen, der Blick ist streng, die Züge scharf, der
Kiefer angespannt.

Und darunter steht der Treueeid auf Mussolini:

Im Namen Gottes und des Landes Italien
schwöre ich, den Befehlen des Duce zu gehorchen und alles in meiner Macht Stehende
zu tun, um dem Ziel der Faschistischen Revolution zu dienen und sie wenn nötig mit
meinem Blute zu verteidigen.

Dann die Unterschrift meines Großvaters:

DER FASCHIST *Arturo Marzano.*

Ich zeige meinem Vater das Heft und deute mit dem Finger
auf die Unterschrift »Der Faschist Arturo Marzano«. Ich frage ihn, ob ihm das genauso unangenehm ist
wie mir, auch wenn »unangenehm« eigentlich gar kein Ausdruck ist, ich bin am Boden zerstört und furchtbar wütend.
Ich fühle mich verraten. Meine Geschichte ist von Anfang
bis Ende erlogen. Ich bin in der Überzeugung aufgewachsen,
zu einer linken Familie zu gehören, einer Familie, die für die
guten Werte einsteht – Gleichheit und Gerechtigkeit, die Sozialistische Internationale, den Schutz der Bedürftigen. Aber
was bleibt mir von dieser Geschichte noch?

»Ist dir das nicht unangenehm, Papa?«

Erst sagt er gar nichts. Nach einer langen Pause grummelt er schließlich: »Wenn du fertig bist, räumst du bitte alles wieder an seinen Platz.« Dann: »Und schieb den Rahmen wieder in die Schachtel, sonst gehen die Medaillen noch kaputt.« Und: »Ich gehe wieder in mein Arbeitszimmer, ich habe zu tun.«

»Er flieht«, sagt meine Mutter, als wir allein sind. »Dein Vater ist schon immer vor der Wahrheit davongelaufen, seit ich ihn kenne.« Doch ich schenke ihren Worten keine Beachtung, blicke nicht einmal auf. »Was sind denn das für Kreuze auf der linken Seite?«, fragt sie mich. Vielleicht hat sie endlich verstanden, dass es nicht der richtige Augenblick ist, um sich über meinen Vater zu beschweren. »Und warum ist das Band da dreieckig und nicht rechteckig?«

Das war mir zunächst gar nicht aufgefallen. Aber als ich genauer hinsehe, entdecke ich, dass unter den auf den roten Stoff genähten Kriegsauszeichnungen auch einige österreichische und deutsche sind. Ein Kreuz mit der Inschrift *vitam et sanguinem* (Leben und Blut), ein Kreuz in Erinnerung an den Balkankrieg von 1912 und eine silberne Medaille mit dem Abbild von Karl I. von Habsburg-Lothringen. Was machen diese Auszeichnungen neben den Medaillen meines Großvaters? Zuerst denke ich, dass sie alle mit dem Ersten Weltkrieg zu tun haben. Aber wieder täusche ich mich. Außer einer bronzenen Tapferkeitsmedaille und einem Gedenkkreuz der dritten Armee des Herzogs von Aosta finde ich noch ein Komturkreuz des Ordens der Krone von Italien und die bronzene Erinnerungsmedaille vom Marsch auf Rom.

»Und was ist das?«, fragt meine Mutter. Wieder Stille. »Vielleicht ein Abgeordnetenausweis, sieht ein bisschen aus wie deiner, oder?«

Der Ausweis lässt sich leicht vom Stoff lösen, auch ohne Schere.

Hiermit bestätigen wir, dass Onorevole Arturo Marzano, Sohn von Ferruccio und Giulia Ragusa, geboren am 1. Januar 1897 in Botrugno, Abgeordneter des Parlaments ist, Ausweisnummer 590, Rom, 1. Juli 1953.

Obwohl sechzig Jahre zwischen unseren Amtszeiten liegen, haben mein Großvater und ich etwas gemeinsam. Auch ich war »Onorevole«, Abgeordnete, allerdings für den Partito Democratico, ich saß im Plenarsaal des italienischen Parlaments also deutlich weiter links.

Aber darum geht es in diesem Moment nicht. Vielmehr geht es um die Frage, was der Abgeordnetenausweis meines Großvaters neben den Kriegsauszeichnungen und dem Parteibuch verloren hat, gerade so, als könnte man Stolz und Schande in einen Topf werfen, als wäre die Zugehörigkeit zum Parlament – ein Zeichen, dass man vom Volk gewählt worden war – im Grunde nichts anderes als die Zugehörigkeit zur faschistischen Partei oder zu den Squadristi, als könnte man das Heilige mit dem Profanen vergleichen.

Wer hat diesen Schrein des Krieges und des Faschismus erschaffen? Wer hat es gewagt, den Ausweis des Faschisten und den des Vertreters der Republik nebeneinanderzuhängen?

Jahrelang habe ich mir gesagt, dass ich Großvaters Vergangenheit bei der monarchistischen Partei akzeptieren muss – schließlich ist Monarchist zu sein höchstens lächerlich, aber nicht wirklich schlimm. Vor allem, weil niemand in der Familie das Haus Savoyen ernst nahm.

Es war einmal ein König, der langweilte sich sehr, drum rief er ganz verdrießlich: »Zofe, erzähl mir eine Mär!« Da fing die Zofe an: Es war einmal ein König, der langweilte sich sehr, drum rief er ganz verdrießlich: »Zofe, erzähl mir eine Mär!« Da fing die Zofe an ... Der König aus dem Kinderreim, den Mama uns früher erzählte, war der einzige, der bei uns zu Hause regelmäßig vorkam. Vom richtigen König war nur die Rede, wenn mein Bruder und ich *Quel figlio di Troia di nome Umberto, cognome Savoia* (»Der Hurensohn mit Vornamen Umberto und Nachnamen Savoyen«) sangen. *Vive Turati, vive Nenni* (»Es lebe Turati, es lebe Nenni«) geht die Hymne von 1946 weiter, mit der sich die Sozialist:innen vor dem Referendum für die Republik gegen die Monarchie aussprachen. Papa hatte uns das Lied beigebracht, und ich war stolz auf ihn gewesen.

Wer war mein Großvater wirklich? Was wusste mein Vater über ihn? Und ich? Warum habe ich fünfzig Jahre lang geglaubt, Faschist:innen wären nur die anderen?

In den sozialen Netzwerken sind es die Faschist:innen, die mich am heftigsten angreifen. Ja, Nostalgiker:innen des Duce, echte Faschist:innen, die einen Legionsadler oder das Keltenkreuz als Profilbild haben, die Posts von Giorgia Meloni oder Matteo Silvani ganz oben auf ihrer Seite fixieren, mich »Kommunistenschlampe« nennen und Sachen schreiben wie: »SCHANDE!«, »Schämst du dich nicht, zu Weihnachten ein Foto von einer Krippe zu posten, obwohl du mit der Ehe für alle die Institution der Familie zerstören willst?«, »Dass du dich traust zu behaupten, du glaubst an Gott, obwohl du für gleichgeschlechtliche Familien und die Leihmutterschaft bist!«, »Onorevole? Dass ich nicht lache! Eine Schlampe bist du!«

Zum ersten Mal verstehe ich, was hinter dem Ausdruck »Ironie des Schicksals« steckt.

36

Mein Vater hört nicht auf, mich vor Promezio, dem Philippiner, der seit ein paar Jahren bei meinen Eltern putzt, Onorevole zu nennen. Ich habe ihm schon mehrmals gesagt, dass er damit aufhören soll, auch als ich tatsächlich noch Abgeordnete war. »Warum willst du unbedingt, dass die Leute mich mit meinem Titel ansprechen, Papa, das ist doch völliger Unsinn.« Heute ergibt es noch viel weniger Sinn als damals, weil ich mich schließlich gegen die Politik und für mein vorheriges Leben entschieden habe. Ich stelle mich ja auch nicht als Universitätsprofessorin vor, obwohl das meine Arbeit ist – ich bin Michela, sonst nichts, und das ist auch gut so. Außerdem bin ich sowieso grundsätzlich fürs Duzen …

Als ich klein war, habe ich mich dafür geschämt, dass mein Vater immer irgendeine Gelegenheit fand, zu erwähnen, dass er Professor war. In Italien ist das zwar nach wie vor ein prestigeträchtiger Titel, aber mein Vater verwendete ihn selbst dann, wenn es überhaupt keinen Grund dazu gab.

Einmal waren wir in den Ferien in Südtirol und Papa wollte mit uns nach Österreich fahren. Der Grenzbeamte sagte, der Personalausweis meines Vaters sei abgelaufen und er könne uns nicht einreisen lassen. Mein Vater reagierte überrascht: »Aber ich bin Professor für Volkswirtschaftslehre an der Universität La Sapienza in Rom«, sagte er stolz. Warum muss er jetzt wieder davon anfangen, dachte ich und wurde rot. Warum muss er uns alle dauernd blamieren? Der Grenzbeamte verzog keine Miene und sagte: »Ich verstehe,

Herr Professor, aber deshalb kann ich Sie trotzdem nicht passieren lassen.«

»Das ist eine Frage der Generation«, meint Jacques, als ich ihm davon erzähle. »Damals hatten Titel noch einen anderen Stellenwert.« Aber ist es im Falle meines Vaters wirklich nur eine Frage der Generation?

Meine Mutter hatte es geschafft, meinen Vater zu einem Besuch beim Kardiologen zu überreden: »Nur ein Kontrolltermin, Ferruccio, du bist über achtzig, meinst du nicht, du solltest dich mal untersuchen lassen?« Mein Vater zögerte die Sache immer wieder hinaus, aber irgendwann gab er nach. Bevor die Ärztin meinen Vater abhörte, fragte sie ihn nach seinem Namen. »Haben Sie Marzano gesagt? Wie Michela Marzano?«

Meine Mutter konnte sich nicht verkneifen zu sagen: »Das ist meine Tochter! Kennen Sie sie?«

»Ich lese jedes Wort von ihr.«

Meine Mutter war gerührt. Ja, Michela, das war ihre liebe Tochter. Mein Vater dagegen schwieg verärgert. Dann sagte er: »Ich schreibe auch. Ich bin Universitätsprofessor.«

Mitglied der National-Faschistischen Partei
seit: *15.05.1919*

Mit meinem Handy habe ich Fotos von Großvaters Parteibuch gemacht, bevor ich den Schaukasten mit den Kriegsauszeichnungen an seinen Platz zurückstellte. In Paris habe ich die Fotos ausgedruckt und in die Mappe gesteckt, in der ich Zeitungsartikel, Dokumente, Schmierpapier und Notizen aufbewahre.

Ich habe lange überlegt, bevor ich beschlossen habe, ein Buch über die Geschichte meines Großvaters und meiner Familie zu schreiben. Es scheint mir die einzige Möglichkeit, mit meiner Vergangenheit ins Reine zu kommen, die Puzzleteile meines Lebens zusammenzusetzen. Aber seit fast zwei Wochen sitze ich nun, wenn ich von der Uni nach Hause komme, tatenlos und ohne irgendwas zu schreiben vor der geöffneten Mappe und starre auf die Fotos und Notizen. Ich bleibe an dem Datum hängen, an dem mein Großvater der faschistischen Partei beigetreten ist, dem 15. Mai 1919. Was hat ihn nur zu dieser Entscheidung bewogen?

An jenem Tag ist der Krieg seit etwa sechs Monaten vorbei, vor genau vierundfünfzig Tagen hat Mussolini in Mailand seine Partei gegründet. Der Duce wird von einem tief verwurzelten Hass auf die Regierung und den Bolschewismus angetrieben, er will das politische Klima der Kriegsjahre bewahren. Doch als er am 23. März 1919 im Saal des Industrie- und Handelsverbands auf der Piazza San Sepolcro seine Kampfbünde gründet, sind nur eine Handvoll Leute zugegen. »Niemals würden die Italiener die Dummheit der Regierung unterstützen und die Sabotage des Friedens riskieren«, schreibt Mussolini in der von ihm gegründeten Zeitung *Il Popolo d'Italia*. »Nein, wir nehmen es uns heraus, Aristokraten und Demokraten zu sein, Konservative und Progressive, Reaktionäre und Revolutionäre, Legalisten und Illegalisten, je nach dem jeweiligen Kontext, je nach den Umständen, unter denen wir handeln, und dem Ort, an dem wir leben. Jawohl!«

Im Laufe des Frühjahrs 1919 bemüht sich die liberale Regierung Italiens vergeblich, die wachsende Unzufriedenheit der Kriegsheimkehrer und die Erwartungen des Kleinbürgertums und des gehobenen Mittelstands einzudämmen. Trotzdem laufen die Dinge nicht so, wie Mussolini gehofft hatte. Er war sich sicher gewesen, endlich freie Bahn zu haben, doch seiner Partei gelingt der Durchbruch noch immer nicht. Am 31. Dezember 1919 hat sie gerade mal 870 unglückselige Mitglieder. Darunter auch mein Großvater.

`Mitglied in der National-Faschistischen Partei seit:` *15.05.1919*

Was wollte Großvater in diesem verzweifelten Haufen aus Faschist:innen der ersten Stunde? Ich kann nicht aufhören, darüber nachzudenken. Was mag in seinem Kopf vorgegangen sein? Hatte seine Entscheidung, der faschistischen Partei beizutreten, vielleicht ein anderes, ein persönliches Motiv, richtete er sich damit gegen jemanden? Eigentlich kann sich von den absurden Reden des Duce doch nur blenden lassen, wer eine große Wut in sich trägt, oder? Und Großvater war im Krieg gewesen, er bekam die Nachwirkungen am eigenen Leib zu spüren. Aber warum ausgerechnet er, warum gehörte er von all den Kriegsheimkehrern zu den wenigen, die der faschistischen Bewegung von Anfang an folgten? Steckte der

Wunsch nach sozialem Aufstieg dahinter? Die Schande seiner Herkunft? Wollte er sich von seinen Wurzeln lossagen? War es Unzufriedenheit? Ehrgeiz? Rachsucht?

Es gelingt mir nicht, diese Gedanken beiseitezuschieben und zu schreiben. Jeden Abend fahre ich meinen Computer hoch, öffne den Ordner mit dem Namen »Meine Geschichte«, lese, was ich geschrieben habe, ändere ein Komma, ein Wort, einen Satz. Dann betrachte ich wieder die Fotos von Großvaters Parteibuch, das Beitrittsdatum – und sofort ist die Schreibblockade wieder da.

Ich habe keine Antworten auf die Fragen, die auf mich einstürzen. Es gibt weder Briefe noch Fotos, geschweige denn Tagebucheinträge. Ich habe nichts. Niemand kann mir helfen. Die Zeit scheint jede Spur verwischt zu haben. Ich muss mich wohl oder übel damit abfinden, dass mein Vater anscheinend nie versucht hat, mehr über Großvaters faschistische Vergangenheit herauszufinden. Und damit, dass ich keine einzige Seite zustande bringen werde, selbst wenn ich immer wieder beharrlich meinen Ordner öffne.

»Denk dir etwas aus«, rät mir Jacques. »Lass deiner Fantasie freien Lauf.«

»Aber das ist doch kein Roman! Es ist meine Geschichte, die Geschichte meiner Familie. Mich interessiert die Wahrheit.«

»Hast du nicht selbst gesagt, dass die historische und die persönliche Wahrheit oft meilenweit auseinanderliegen?«

Vor zwei oder drei Jahren geisterte mir ein paar Monate lang die Idee durch den Kopf, einen Roman über Simone Touseau zu schreiben, die »Geschorene von Chartres«. Als ihr am 16. August 1944 die Haare abrasiert wurden, war sie gerade mal dreiundzwanzig Jahre alt. Das berühmte Foto von

Robert Capa zeigt sie mit ihrer Tochter Catherine auf dem Arm, umgeben von Männern, Frauen und Kindern, die sie anschreien, sie verhöhnen, Steine nach ihr werfen. Wer war diese Frau wirklich? Und was ist aus ihrer Tochter geworden?

Ich hatte vor, zu erzählen, wie sich Simone nach und nach aufgab, wie der Alkohol und die Depressionen sie umbrachten, während sie hartnäckig alle Vorwürfe von sich wies: Ja, sie war die Geliebte von Erich Göz gewesen, dem Vater ihres Kindes; ja, sie hatte einen Deutschen geliebt; aber nein, ihre Nachbarn hatte sie nicht verraten. Ich wollte Simones Tochter Catherine zu Wort kommen lassen, in der ersten Person – offenbar hatte Catherine eines Tages beschlossen, die Vergangenheit hinter sich zu lassen und einen Neuanfang zu versuchen, und anscheinend hatte sie ihren Kindern nie erzählt, was ihrer Mutter widerfahren war.

Ich hatte schon mit den Recherchen begonnen, verschiedene Archive besucht und jede Menge Notizen gemacht. Doch dann ließ ich von einem Tag auf den anderen alles fallen. Mir war klar geworden, dass ich nicht das Recht dazu hatte, diese Geschichte zu erzählen. Selbst mit anderen Namen, selbst wenn ich meine Geschichte daraus machte – ich würde Simone und ihrer Tochter unrecht tun. Jeder Autor, jede Autorin weiß, dass ein Buch immer auch der Versuch ist, mit sich selbst ins Reine zu kommen, dass man sich mit den eigenen Dämonen konfrontiert, die eigene Angst und Scham in das Erzählte projiziert. Können wir uns anmaßen, das Leben einer anderen Person als Inspiration zu nutzen, einer Person, die noch dazu tot ist und ihre eigene Sicht auf die Dinge nicht mehr schildern, und, wenn nötig, ihre Ehre verteidigen kann?

Aber darf ich dann die Geschichte meines Großvaters erzählen? Was ist seine Sicht auf die Dinge? Wer könnte sein Vermächtnis verteidigen und seinen Namen reinwaschen, wenn ihn seine eigene Enkelin in den Dreck zieht, ihn verrät? Was habe ich mir dabei gedacht, als ich die ersten Seiten dieses Buches schrieb? Dass ich die Vergangenheit meines Großvaters objektiv erzählen und die Puzzleteile nach und nach zusammensetzen, nur vielleicht das eine oder andere Detail korrigieren würde, weil man sich ja in einem Roman alles erlauben darf? Nein, das war nicht meine Absicht. Niemand hatte mir die Erlaubnis gegeben, diese Geschichte zu schreiben. Konnte ich sie mir selbst erteilen? Oder war ich so naiv gewesen, zu glauben, dass sich die Wahrheit von ganz allein schreiben würde, dass ich die einzelnen Elemente nur zusammenzufügen brauchte? Was habe ich mir nur dabei gedacht?

Mitglied in der National-Faschistischen Partei seit: *15.05.1919*

Mein Großvater war einer der ersten Faschisten gewesen.

Das Datum, an dem seine Mitgliedskarte gestempelt wurde, ist der Beweis für seine Schuld. In seinem Fall gilt das Argument nicht, mit dem viele italienische Familien die faschistische Vergangenheit ihrer Verwandten entschuldigen: Früher oder später war eigentlich ganz Italien faschistisch – ob freiwillig oder notgedrungen. Trotzdem gab es viele mutige Menschen, die nicht alles unterstützten, was Mussolini tat oder sagte, nur ein paar übereifrige, gewaltbereite Leute wurden »echte« Faschist:innen, richtige Fanatiker:innen, die anderen liefen mit, passten sich an. »Das war etwas ganz anderes als in Deutschland, man kann den Faschismus doch nicht mit dem Nationalsozialismus vergleichen!«

Aber mein Großvater kann sich hinter diesen Entschuldigungen nicht verstecken. Er gehörte nicht zur großen Mehrheit, die sich nach und nach der faschistischen Bewegung anschloss, die dem Beispiel der anderen oder dem Zeitgeist folgte – und was ist das überhaupt für ein Argument? Die Italiener:innen sprechen sich schnell von ihren Sünden frei. Doch damit wird dem Widerstand, wird allen anderen, die sich dem Regime entgegengestellt haben, die ins Exil geschickt oder im Ausland gefangen genommen wurden, die umgebracht oder auf andere Art und Weise gebrochen wurden, unrecht getan.

Mein Großvater muss ein Monster gewesen sein.

Auf das Wort »Monster« stoße ich, als ich meine Notizen aus den letzten Monaten durchblättere. Ich habe es mit rotem Stift auf das Foto von Großvaters Parteibuch geschrieben. In Großbuchstaben prangt es auch auf dem Ausdruck des Plenarprotokolls vom 26. November 1953, als sich Arturo zu Wort gemeldet und die Ausnahmegesetze gegen den Faschismus als »abwegig« bezeichnet hatte. Mit Bleistift habe ich es neben den Zeitstrahl geschrieben, auf dem ich parallel zur Entwicklung des Faschismus die Etappen in Großvaters Karriere dargestellt habe, seine Beförderungen im Gerichtswesen und seine Auszeichnungen mit dem Orden der italienischen Krone.

Mein Großvater muss ein Monster gewesen sein.

Aber geht es mir wirklich darum? Als ich anfing zu schreiben, wollte ich da nicht eigentlich mein eigenes Leben erforschen, die Gewaltausbrüche und die Angst meines Vaters ergründen, Ferruccios Wahrheit herausarbeiten, um meiner eigenen Wahrheit auf die Spur zu kommen? Den Schmerz verstehen, den ich seit meiner Kindheit in mir trage und dessen Konturen trotz all meiner Versuche, ihn zu ergründen, immer unscharf geblieben sind? Worüber stolpern meine Worte? Was weiß ich eigentlich über meinen Vater, über seine Beziehung zu seinem Vater, über die Geschichte meiner Familie?

Über die Kindheit meines Großvaters weiß ich so gut wie nichts, außer dass er am 1. Januar 1897 in der kleinen, zur Provinz Lecce gehörenden Gemeinde Botrugno geboren wurde und dass sein Vater damals Schulmeister war.

Wenn Papa früher von den Eltern seines Vaters sprach, blieb er immer ziemlich vage. Er schien nicht besonders stolz auf seine Großeltern väterlicherseits zu sein. Lieber sprach er über die aristokratische Abstammung seiner Mutter. Ferruccio – der Großvater meines Vaters, nach dem mein Vater benannt ist – muss ein autoritärer, egoistischer Mann gewesen sein. Mein Vater erzählte, dass Ferruccio im Alter unausstehlich zu seiner Tochter Ines gewesen sei. Ines habe nie geheiratet, sondern sei bei ihrem Vater geblieben, dem sie aber nichts habe recht machen können, Ferruccio sei nie mit irgendetwas zufrieden gewesen. Seine jüngste Tochter habe er wie eine Dienerin behandelt.

»Und deine Großmutter Giulia? Wie war die so?«

Jacques und ich sind über die Weihnachtsferien für ein paar Tage nach Rom zu meinen Eltern gefahren, und ich versuche, so viel herauszubekommen wie möglich.

»Sie ist jung gestorben, 1923, mehr als zehn Jahre vor meiner Geburt. Ich glaube, dein Großvater hatte sie sehr gern, aber zu Hause haben wir eigentlich nie über sie geredet. Sie muss eine zurückhaltende Frau gewesen sein, sie hat sich ihrem Mann vollkommen untergeordnet.«

Ich betrachte das Foto an der Wand gegenüber von Papas Schreibtisch. Mein Großvater Arturo ist darauf noch sehr klein, gerade mal zwei oder drei Monate alt, seine Mutter trägt ihn auf dem Arm und er sieht so aus, als würde er schmollen. Giulia sitzt auf einem Holzstuhl und hat ihr geschmeidiges dunkles Haar im Nacken zusammengefasst. Sie lächelt nicht. Ihr Gesicht ist angespannt, ihre Augen sind traurig, sie sieht besorgt aus. Über dem hellen Kleid trägt sie ein dünnes Cape aus schwarzer Spitze, das bis zu den Füßen geht und gebauschte Ärmel hat. Am kleinen Finger der linken Hand steckt ein Ring und in den Ohrläppchen Perlenohrringe. Hinter ihr ragt ihr Mann auf, die eine Hand auf der Rückenlehne, in der anderen hält er einen hölzernen Spazierstock. Die Augen kneift er leicht zusammen, er trägt ein dunkles zweireihiges Jackett, ein weißes Hemd und einen langen, gezwirbelten Schnurrbart wie König Vittorio Emanuele III.

»Warum lächelt auf dem Bild denn niemand, Papa?« Mein Vater steht neben mir und betrachtet ebenfalls den Abzug.

»Das ist ein Familienporträt. Warum sollten sie da lächeln?« Auch mein Vater lacht auf Bildern nie, es scheint ihm geradezu unmöglich zu sein, wie auch heute, als ich mit meinem Handy ein Bild von ihm machen möchte und ihm zurufe: »Los, Papa, lächeln.« Vergebens.

Entmutigt fahre ich zurück nach Paris. Langsam zweifle ich daran, dass ich dieses Buch jemals schreiben werde.

Dann, eines Tages, fällt mir wieder ein, dass ich vor ein paar Jahren einen Rahmen mit ein paar Fotos von Großvater mit nach Frankreich genommen habe. Warum, weiß ich nicht mehr. In meiner alten Wohnung hing der Rahmen über meinem Schreibtisch, aber wo ist er jetzt?

Auch wenn der Umzug schon ein Jahr her ist, steht noch immer ein unausgepackter Karton herum. Ein guter Anlass, ihn endlich zu öffnen – ich nehme mir eine Schere, schneide das Band durch, öffne den Deckel und krame in dem Karton herum. Tatsächlich liegt ganz unten der Rahmen mit den Fotos. Ich habe mir nie die Mühe gemacht, sie mir genauer anzusehen. Was für ein Fehler! Auf der Rückseite jedes Bildes stehen das Datum, der Ort, Hinweise zum Kontext und Anlass. Jedes Foto ist eine Fundgrube an Informationen, in dem Rahmen steckt praktisch die gesamte Geschichte meines Großvaters.

Das erste Foto, das ich mir genauer vornehme, stammt aus dem Jahr 1917: Großvater trägt eine Offiziersuniform, er ist gerade zwanzig geworden. *30. März, Piazza Maggiore, Bologna, kurz bevor ich an die Nordwestfront geschickt werde*, steht in Handschrift auf der Rückseite.

Arturo posiert: die rechte Hand auf der Hüfte, die linke neben dem Körper, halb verdeckt von einem langen Wollmantel. Bestimmt wurde das Foto für Giulia aufgenommen, denke ich, und ich sehe meine Urgroßmutter vor mir, als wäre sie hier mit mir im Raum.

Giulia versteht nicht, wie man diese jungen Männer an die Front schicken kann, so weit weg von zu Hause, ohne richtige Militärausbildung – wie wird Arturo mit der Kälte im Norden zurechtkommen, mit Schnee und Frost? Von den Müttern, deren Söhne bereits dort sind, weiß sie, dass die Temperaturen in den Bergen bis auf minus vierzehn, minus fünfzehn Grad sinken können. In den Briefen, die sie nach Hause schicken, erzählen die Jungen, dass das Brot gefroren bei ihnen ankommt und man es nicht einmal mit dem Messer schneiden kann.

Giulia macht sich Sorgen, aber sie teilt sie nicht mit ihrem Mann: Jeden Tag liest Ferruccio den *Giornale d'Italia* und schimpft auf alle, die es wagen, den Krieg zu verurteilen: »Sie sollten sich schämen! Was ist bloß aus Vaterlandsliebe und Opferbereitschaft geworden? Düstere Zeiten sind das!« Er redet sich richtig in Rage. Aber warum geht er dann selbst nicht an die Front, wo er doch anscheinend so erpicht darauf ist, sein Vaterland zu verteidigen, fragt sich Giulia. Und wann hört er endlich mit dem Gezeter auf, er weckt noch den kleinen Gino.

In der Küche knetet sie aus Mehl und Wasser einen Teig für Orecchiette, die Soße ist schon fertig, zum Glück hat der Hagel die Tomaten im Gemüsegarten dieses Jahr verschont. Sie denkt an den Tag, an dem Arturo fortgegangen ist. Er war so stolz darauf, dem Vaterland zu dienen, seine Pflicht zu erfüllen. »Ich führe meine Soldaten nicht in den Tod, liebste Mama, sondern zum Sieg«, hat er gesagt, bevor er das Haus verließ. »Ich werde unserem Namen Ehre machen, darauf kannst du dich verlassen.« Meine Urgroßmutter denkt an die Abschiedsworte ihres Sohnes und ihre Augen füllen sich mit Tränen.

Ich denke an die Tapferkeitsmedaille, die ich in dem Schaukasten bei meinen Eltern gesehen habe. Einen Freund, der Spezialist für den Ersten Weltkrieg ist, frage ich in einer E-Mail, wo ich mehr über diese Kriegsauszeichnung erfahren kann. Er schlägt vor, in den amtlichen Berichten über Ernennungen und Beförderungen aus dem Jahr 1922 nachzusehen. In diesem Jahr seien besonders viele Ehrenzeichen verliehen worden, schreibt er mir. »Wenn dein Großvater eine Auszeichnung für den Ersten Weltkrieg erhalten hat, dann müsstest du seinen Namen in einem königlichen Dekret von 1922 finden. Ich schicke dir den Link zur Website der *Gazzetta Ufficiale del Regno d'Italia*, alle Ausgaben von 1860 bis 1946 sind digitalisiert worden, du kannst also online darauf zugreifen.«

Dank seiner Tipps ist es mir ein Leichtes, das königliche Dekret vom 11. Mai 1922 und darin die Liste mit den Kriegsauszeichnungen zu finden. Auf Seite 1086 steht der Name meines Großvaters und dass er im Sommer 1917 Leutnant des Infanterieregiments Nr. 154 war. Er hat an der Isonzoschlacht auf dem Hochplateau von Bainsizza teilgenommen. Als Kommandeur eines Maschinengewehr-Trupps setzte er sich in den Tagen vom 20. bis 24. August großer Gefahr aus, als er »zwischen den verschiedenen, in unterschiedlicher Entfernung voneinander stationierten Einheiten hin und her wechselte, um die Soldaten anzuspornen und entschlossen zu den zu erobernden Stellungen zu führen.«

Ich finde heraus, dass Luigi Cadorna, der damalige Generalstabschef der italienischen Armee, ein erbarmungsloser Mann war. Trotz der schlechten körperlichen Verfassung seiner Soldaten und der schwindenden Moral blies er immer wieder zu vollkommen aussichtslosen Angriffen auf die feindlichen Linien. Für ein paar Meter Land, die sie gleich darauf wieder verloren, schickte er seine Trupps am Isonzo und im Karst in die Offensive. Er ließ einfach nicht locker. Für Cadorna musste es immer weitergehen. Obwohl die Zahl der Toten, Verletzten und Verschwundenen in schwindelerregende Höhen stieg, zwang er die italienischen Soldaten zu immer neuen Offensiven, um die Front zu durchbrechen. Er wollte »den Feind mit dem Rücken an die Wand« drängen, wie man damals sagte. Er wollte den Sieg, koste es, was es wolle. Und Cadorna setzte alles auf die große Schlacht von Bainsizza.

Ich lese alles, was ich zur damaligen Zeit finde. Ich nehme mir die Feldpost vor, die Postkarten aus den Lazaretten, die Grabenzeitungen. Ich notiere alles, ganze Passagen schreibe ich in mein Notizbuch ab, ohne die Fehler zu korrigieren, denn auch diese Fehler sind Zeugen ihrer Zeit, Zeugen der

Verzweiflung der Soldaten, ihrer Angst, ihres Mutes, ihres verzweifelten Wunsches, diesen Krieg endlich zu gewinnen. *Liebste Mama*, schreibt Amerigo, *der Feind hatte eine besonders babarische Überaschung für uns: Stikgas färbt nicht nur Kleider und Knöpfe grün, es bringt auch die Uhren zum Stehen.* Flavio schreibt seiner Schwester: *In der Nacht hatte ich ein Traum und als ich davon aufwachte war ich sehr traurig als ich vor meinen Augen das Gemälde eines Schlachtfelds sah. Geliebte Mama*, schreibt Francesco, *bittet den Priester um eine Messe, Papa und du, betet, das Gott mich und meine Kameraden in dieser Hölle beschützt, den Beistand brauchen wir, wen wir den Feind, diese Barbaren, angreifen und ruhmreich siegen wollen.*

Und dann sind da die besorgten Mütter und Ehefrauen, die mit blassen Gesichtern und angsterfüllten Augen in den zuständigen Auskunftsbüros der Städte warten, wenn zu lange kein Brief oder keine Postkarte gekommen ist, die auf ein Lebenszeichen von ihren Liebsten hoffen. »Keine Neuigkeiten, was soll das heißen? Ist er tot?« Alle wollen herausfinden, was aus ihrem Mann oder ihrem Sohn geworden ist. Die Angestellten versuchen, die Angehörigen zu beruhigen. »Wenn er tot wäre, hätte uns der Feldgeistliche das mitgeteilt, Signora, machen Sie sich keine Sorgen.« »Ist er verletzt?« »Nein, Signora, die Soldaten werden bei der Einlieferung ins Krankenhaus und der Entlassung registriert.« Gida Rossi, die Generalinspektorin der zentralen Auskunftsstelle für Familienangehörige, erzählt in ihren Memoiren von diesen Szenen. Anhand der Farben der Karteikarten konnte man sofort erkennen, welches Schicksal die Soldaten ereilt hatte: verstorben, verletzt, aus dem Krankenhaus entlassen, verschwunden. Die Angestellten gingen die Namenslisten durch: Familienname, Vorname, Alter, Jahrgang, Bezirk ... Das Herz wurde ihnen schwer, wenn sie auf eine graue, schwarz umrandete Karte stießen: die Karte des Todes. Wie verkündet man einer Mutter den Tod ihres Sohnes?

Am 17. August um sechs Uhr morgens eröffnen die 3750 Kanonen, die auf das Hochplateau Bainsizza gerichtet sind, das Feuer. Für den Großangriff gegen den Feind positionieren sich die Soldaten des Infanterieregiments Nr. 154 auf dem Isonzo-Staudamm, unweit von Caporetto.

Die Szene spielt sich vor meinem inneren Auge ab wie ein Film. Großvater, angetrieben vom Stolz und dem Streben nach Ruhm. Er will für sein Vaterland kämpfen. Aber er spürt auch die Angst, die in den Schützengräben um sich greift. Die heutige Schlacht wird die letzte sein, das ist ihnen allen klar. Es ist ein furchterregender, aber gleichzeitig auch ein verlockender Gedanke. Vergessen die elende Feuchtigkeit, die jede Nacht aus dem Fluss aufsteigt und bis in die Knochen dringt; vergessen die Ratten und Flöhe, die die Gräben heimsuchen, vergessen der Hunger. Die Soldaten haben nichts mehr zu essen, in ihnen brodeln Angst und Aufregung. Schon ein Brotkanten und ein Glas Wein würden die Übelkeit vertreiben.

Im Morgengrauen des 19. August ist es so weit: Die Kanonen verstummen und die Bodenkampftruppen greifen an. Die Soldaten des Infanterieregiments Nr. 154 rücken bis zu den Trümmern vor, die einmal das Dorf Selo waren und westlich von Castagnevizza die vorderste Front bilden. Der Feind schwankt. Aber dann antwortet er mit Artillerie- und Maschinengewehrfeuer. Rasend schnell gerät die Situation außer Kontrolle.

Ich höre die Stimme meines Großvaters, ich habe das Gefühl, direkt neben ihm zu stehen. »Gesichter abdecken!«, brüllt er. »Die Augen, Soldaten, schützt eure Augen, die Geschosse sind mit Gas gefüllt.« Großvater hetzt zwischen den

Einheiten hin und her, spricht seinen Kriegskameraden Mut zu, beschwört sie, jetzt nicht aufzugeben. »Das ist eine Frage der Ehre, Soldaten! Von dieser Schlacht werden wir noch unseren Kindern erzählen. Wie stolz sie sein werden, dass ihre Väter im Karst und am Piave gekämpft haben!«

Ich bin an der Seite meines Großvaters, spüre seine Angst, aber auch die Euphorie, den brennenden Wunsch, zu siegen. Er will diesen Krieg endlich hinter sich bringen, von Erfolg gekrönt nach Apulien zurückkehren und seinem Vater triumphierend sagen: »Siehst du, ich habe es geschafft, du kannst endlich stolz auf mich sein!«

Ich habe eine Art Déjà-vu: Geht es hier wirklich um meinen Großvater, der will, dass sein Vater stolz auf ihn ist? Oder geht es um meinen eigenen Vater, der sich als Kind vergeblich nach der Anerkennung durch seinen Vater, den Leutnant Arturo, sehnt? Oder stecke ich meine eigene Hoffnung auf Papas Anerkennung in diese verdammte Schlacht?

Am 20. August zur Mittagszeit kämpfen die italienischen Truppen verzweifelt darum, die Stellung, die sie noch am Vortag erobert haben, zu halten. Um fünfzehn Uhr läuten sie die Gegenoffensive ein. Drei Tage und drei Nächte versuchen die Soldaten weiter vorzurücken, über Stacheldraht, zerstörte Gräben und eingestürzte Höhlen, die längst zu Massengräbern geworden sind, vorbei an Ruinen, zurückgelassenen Waffen und versprengter Munition. Doch der Feind lässt sich nicht zurückdrängen. Vergeblich versuchen die Italiener, sich einen Weg durch die wild aus allen Richtungen feuernden Kanonen, die Geschosse der Granatwerfer und die Kugeln der Gewehre, durch die auf dem Schlachtfeld zurückgelassenen Leichenberge zu bahnen. Schließlich versiegen die Angriffe an der Front.

Auch wenn es Italien gelungen ist, das Hochplateau von Bainsizza einzunehmen, scheitert die elfte Isonzoschlacht spektakulär und kostet das Land 144 000 Soldaten: verstorben, verletzt oder verschollen. Und das in nicht einmal einer Woche.

In der zentralen Auskunftsstelle für Angehörige des Militärs in Bologna treffen in wenigen Tagen 17 000 Depeschen ein, die nach ganz Italien verschickt werden müssen, außerdem 1333 Telegramme von Müttern und Ehefrauen der Soldaten. Die Freiwilligen versinken im Papier, schweren Herzens führen sie ihre Arbeit fort, andere, die einen Mann oder einen Sohn verloren haben, kommen nicht zurück, wieder andere beißen die Zähne zusammen und bleiben, doch alles erscheint ihnen sinnlos. Wann hört dieser verfluchte Krieg endlich auf?

Ich denke nach. Aber wie könnte ich heute nachvollziehen, was Italien damals durchgemacht hat?

Ein altes Lied kommt mir in den Sinn: *Il Piave mormorava calmo e placido al passaggio dei primi fanti il 24 maggio*. »Als unsere Soldaten den Piave am 24. Mai überquerten, murmelte der Fluss ruhig und friedlich«. Das sind die ersten Zeilen der *Legende des Piave*. Das Lied des neapolitanischen Schriftstellers Ermete Giovanni Gaeta aus dem Jahr 1918 ist eines der bekanntesten patriotischen Lieder aus dem Ersten Weltkrieg. Mein Vater brachte es meinem Bruder und mir als Kinder bei, und wir sangen es aus voller Kehle, vor allem wenn wir an die Stelle kamen, an der es heißt: *Il Piave mormorò: non passa lo straniero*. »Und der Piave murmelte: ›Fremder, hier kommst du nicht vorbei!‹« Natürlich verstanden wir damals nicht, was das bedeutete. Aber wir sangen voller Freude, es war einer der seltenen Momente, in denen unser Vater sich mitreißen ließ, beflügelt vom patriotischen Geist des Krieges, dem Opfer der Soldaten und dem Sieg. Und dann erzählte er immer von Arturos Tapferkeitsmedaille. Er sagte, dass sein Vater stolz gewesen sei, für sein

Vaterland zu kämpfen, trotz der Trauer um seine Kameraden, trotz der bitteren Niederlage von Caporetto, trotz der Enttäuschung darüber, wie die Kriegsheimkehrer zu Hause empfangen wurden.

Ich denke nach. Ich versuche, das Ganze zu interpretieren.

Es gibt Dinge, die man für immer mit sich herumträgt, die man niemals loswird.

Und die auch dann in einem nachhallen, wenn man erwachsen wird und in ein anderes Land zieht.

Mein Vater erzählt, dass Arturo im Sommer 1917 am Piave verletzt und nach Ungarn gebracht wurde, zunächst in ein Krankenhaus, dann ins Gefangenenlager. Ich frage ihn nach Briefen oder Postkarten von damals. Aber Papa behauptet, Arturo habe nicht geschrieben und falls doch, so habe er diese Karten und Briefe nie zu Gesicht bekommen.

Die Kurse des Sommersemesters haben noch nicht wieder begonnen, und ich beschließe, einen Abstecher ins Archiv von Lecce zu machen, um mir Arturos Soldbuch anzusehen. Außerdem will ich die Gelegenheit nutzen und den Cousinen meines Vaters in Campi einen Besuch abstatten, vielleicht kann ich schon mal einen kurzen Blick in die Kartons und Säcke mit den Büchern und Familiendokumenten werfen, die in ihrem Keller lagern, seit das Haus meiner Großeltern leergeräumt wurde. Lange kann ich nicht bleiben, aber in den Osterferien kommen Jacques und ich wieder, dann nehme ich mir die Kartons noch einmal in Ruhe vor.

Vor einigen Jahren habe ich das Haus in Campi übernommen. Mein Vater wollte es loswerden, er hatte es zum Verkauf freigegeben und der Vorvertrag war schon so gut wie unterschrieben. Doch nachdem ich zur Abgeordneten gewählt worden war und wieder mehr Zeit in Italien verbrachte, kam in mir der Wunsch auf, meine Verbindung zum Salento, zu meinen Wurzeln, zu erneuern. Also beschloss ich, das Haus zu renovieren, und seit 2017 verbringen Jacques und ich unsere Ferien im Salento.

Aber niemals ist es mir in den Sinn gekommen, die Bücher und Dokumente durchzusehen, die mein Vater im Haus seiner Cousinen nebenan untergebracht hatte.

Nachdem ich am Flughafen von Brindisi gelandet bin, nehme ich ein Taxi nach Lecce. Zwanzig Minuten später stehe ich in der Via Alfonso Sozy Carafa, abseits vom historischen Zentrum der barocken Hauptstadt des Salento, in einem wohlhabenden, aber unpersönlichen Viertel, direkt hinter dem Garten der Villa Reale. Das Archiv befindet sich in einem einstöckigen Gebäude, einer Art Bunker aus der Zeit des Faschismus.

Am Eingang zeige ich meinen Personalausweis und den Dienstausweis der Uni Paris vor, fülle ein Formular aus, auf dem ich das Geburtsdatum meines Großvaters, seinen Geburtsort Botrugno – ein kleines Kaff in der Nähe von Maglie, am äußersten Stiefelabsatz Italiens, fast schon in Albanien – und den Namen seines Vaters, Ferruccio, angeben muss. Dann reiche ich den Ausdruck einem der Archivbibliothekare. Doch als er zurückkommt, erlebe ich eine herbe Enttäuschung: »Es tut mir leid, Signora, aber ich kann in unserem Bestand an Soldbüchern keinen Arturo Marzano, Geburtsjahr 1897, finden. Sind Sie sicher, dass Ihr Großvater zum Zeitpunkt der Mobilmachung in der Provinz Lecce gelebt hat?«

»Ja, doch, eigentlich schon«, stammele ich.

»Nun, Sie müssen sich aber sicher sein. Wo hat ihr Großvater 1917 gewohnt?«

Ich rufe meinen Vater an. Er weiß es auch nicht.

Dafür erinnert er sich an das kleine Italienisch-Ungarisch-Wörterbuch, das sein Vater ihm geschenkt und das er immer aufgehoben hat. Trotz des Chaos, das bei meinen Eltern herrscht, findet er es fast sofort. Ich bitte ihn, mir meine Mutter zu geben: »Kannst du mit deinem Handy Bilder von dem Wörterbuch machen? Und sie mir per WhatsApp schicken?«

Ein paar Minuten später bekomme ich drei Bilder. Das Wörterbuch ist winzig, gerade mal acht mal drei Zentimeter, mit einem alten, ausgeblichenen, roten Umschlag. Auf der ersten Seite, direkt über dem Eintrag »abbadia« – »apátság« auf Ungarisch – steht: »Leutnant Arturo Marzano, Nagymegyer, 3. Mai 1918.«

Angespornt von dieser Entdeckung fahre ich, obwohl mein Rückflug nach Paris schon am Nachmittag geht, bei den Cousinen meines Vaters vorbei und bitte sie, mir den Keller zu zeigen. Doch der Anblick ist alles andere als ermutigend: Die Kartons und Kisten sind von Staub und Dreck überzogen, die Feuchtigkeit hat sie angegriffen. Hier werde ich so schnell nichts finden, dafür aber garantiert vollkommen erschöpft und verschwitzt am Flughafen ankommen. Warum bin ich vorher nie auf die Idee gekommen, Großvaters Sachen zu sortieren?

Als ich gerade wieder gehen will, bemerke ich eine Schachtel aus Holz, die auf einer Kiste steht und in Zellophanpapier eingewickelt ist; ich reiße es herunter, die Kiste ist voller Dokumente, ich überfliege den Inhalt, und zwischen verschiedenen Zeitungsartikeln aus den 1920er-Jahren entdecke ich einen orangefarbenen Umschlag. Darauf steht in Handschrift: *Erster Weltkrieg*.

Ich halte die Luft an und öffne den Umschlag. In ihm befindet sich ein grünes Heft. Ich hole es heraus und wische den Staub ab. Ein zweimal gefaltetes Blatt Papier fällt zu Boden. Ich hebe es auf und starre mit offenem Mund auf das Datum: *8. Januar 1919*. Soweit ich das auf die Schnelle beurteilen kann, handelt es sich um eine kurze Rede, die mein Großvater an jenem Tag gehalten hat, zur Feier seiner Rückkehr ins

Heimatland. Ich öffne das grüne Heft und lese *Erinnerungen an meine Gefangenschaft in Nagymegyer (Ungarn).* Gleich darauf folgt ein Eintrag vom 16. November 1917. Auf der letzten Seite steht der 8. März 1918. Aber was ist zwischen dem 8. März 1918 und dem 8. Januar 1919 passiert?

Auf der Suche nach einem zweiten Heft krame ich in der Kiste, finde aber nichts. Vielleicht ist es in einem der anderen Kartons, denke ich, doch in dem Moment fällt mein Blick auf die Uhr: Wenn ich mein Flugzeug nicht verpassen will, muss ich mich beeilen und ein Taxi rufen. Ich nehme mir selbst das Versprechen ab, wiederzukommen. An Ostern kann Jacques mir helfen, denke ich, als ich versehentlich mit dem Fuß an einen Karton stoße, dessen von der Feuchtigkeit zerfressene rechte Seite sofort nachgibt. Faschistische Flugblätter und Manifeste rutschen heraus. Was für ein Fehler, dass ich nicht früher hergekommen bin. Wie dumm ich doch war!

Am Flughafen von Brindisi ziehe ich alle Blicke auf mich. In der Schlange kurz vor dem Einsteigen starrt ein kleines Mädchen meine Jeans an, zieht an der Hand seiner Mutter und fragt: »Mama, warum ist die Frau denn so dreckig?« Ich spüre, wie mir die Röte ins Gesicht schießt, verzichte aber darauf, mich zu rechtfertigen, und denke stattdessen an das Tagebuch, das ich im Keller von Papas Cousinen gefunden habe.

Sobald ich im Flugzeug bin, verstaue ich schnell meine Sachen unter dem Sitz vor mir, schnalle mich noch schneller an und vertiefe mich in Großvaters Heft. Zunächst fällt es mir schwer, seine Schrift zu entziffern. Doch nach und nach gewöhne ich mich daran, und lerne das »s« vom »r« und das »g« vom »p« zu unterscheiden. Endlich kann ich in Ruhe lesen. Ich sehe den Leutnant Arturo ganz deutlich vor mir.

16. November 1917

Im Morgengrauen des 16. Novembers – genauer gesagt um vier Uhr – schlug der Wachtposten vom Schützengraben Alarm. Er war auf der ganzen Linie zu hören. Nur das Pflichtgefühl trieb uns aus unserem Unterschlupf aus Erde und Stroh. Doch an diesem Morgen sollte es mir und meinem Bataillon zum Verhängnis werden. Nachdem die Österreicher im Schutz des Nebels den Piave überquert hatten, setzten sie zu unserer Rechten in Überzahl zum entscheidenden Angriff an [...]. »Feuer, Jungs! Feuer!«, schrie ich aus Leibeskräften. Voller Verzweiflung sprang ich aus dem Graben, bereit, im Kampf zu sterben [...]. Tapfer leisteten wir Widerstand, mein Trupp und ich, bis die Österreicher uns in die Enge trieben und zur Kapitulation zwangen. Vier Soldaten erkannten in mir den Offizier: Einer betätigte den Abzug, der Schuss fiel, nichts geschah. [...] »Helfen Sie mir, Herr Leutnant, bitte, helfen Sie mir!« Es war Lorenzo, sein Hals war blutüberströmt, die Kugel hatte ihn durchbohrt. Ich legte ihm einen Verband an, aber umsonst ... Kurz darauf tat er, von Krämpfen geschüttelt, seinen letzten Atemzug. Armer Lorenzo, gestern noch hatte er mir einen Unterschlupf gebaut. [...] Um mich herum lagen überall Tote, einem hing der Darm heraus, dem Nächsten hatte ein Maschinengewehr das Gesicht zerfetzt, der Kopf eines anderen war mit Stücken seines eigenen Hirns bedeckt [...] ein Österreicher schlug mich mit seinem Gewehr, sodass ich ins Wasser fiel, dann zwang er mich, gemeinsam mit den anderen Gefangenen den Piave zu durchqueren [...] In dieser Nacht schliefen wir auf einem Haufen Stroh, im Morgengrauen träumte ich, dass meine Mutter, mein Vater und meine Schwestern vergebens darauf warteten, dass ich sie während meines Fronturlaubs besuchte ...

Zwischen dem 16. und 21. November legen mein Großvater und seine Soldaten gut hundert Kilometer zurück und
entfernten sich immer weiter von der Front. Sie sind jetzt
Kriegsgefangene, unter der strengen Aufsicht der Österreicher. Jeden Tag notiert Arturo genau, welche Strecke sie
zurücklegen. Die Gefangenen stehen bei Tagesanbruch auf,
trinken eine Tasse Tee und machen sich dann auf den Weg.
Manchmal bekommen sie ein Stück Brot, aber es reicht längst
nicht, um satt zu werden, und schon bald sind sie vom Hunger geschwächt. Zunächst durchqueren sie den damals österreichischen Teil der Region Venetien, sie halten in Piavon,
in Motta di Livenza, in Annone Veneto und in Palmanova.
Sie marschieren bis nach Slowenien, in Richtung der Hauptstadt Ljubljana, mit einem mehrtägigen Halt in Udine. In
Ljubljana werden sie dann in einen Güterzug verfrachtet, mit
dem sie fast ganz Ungarn durchqueren. Am 29. November
kommen sie mutlos und erschöpft in Nagymegyer an, einem
Konzentrationslager an der ungarisch-slowenischen Grenze.

An jenem Tag sind sie um sechs Uhr aufgestanden, haben
die Messe gehört und gefrühstückt, gegen elf Uhr sind sie
dann im Lager angekommen, »voller Flöhe, dreckig und stinkend«: *Wir wurden sogleich in eine Art großes Badezimmer
gebracht. Wir legten unsere persönlichen Gegenstände ab und
duschten, während unsere Kleider desinfiziert wurden. Dann
zogen wir österreichische Unterwäsche an und man brachte
uns in Baracken mit vielen Holzbetten und alten Strohmatten. [...] Um sieben Uhr abends bekamen wir etwas zu essen,
Grieß, Salat ohne Öl, einen Apfel und zweihundertfünfzig
Gramm Brot. Um neun Uhr gingen wir schlafen.*

Ich bin ganz in das Tagebuch meines Großvaters vertieft,
ich nehme weder meine Sitznachbar:innen noch die Durchsagen im Flugzeug wahr. Selbst nachdem wir gelandet sind
und die anderen Passagiere schon anfangen, ihre Gurte zu

lösen und das Gepäck von der Ablage zu hieven, sich in den Gängen drängen und ungeduldig darauf warten, dass sich die Türen öffnen, lese ich immer weiter. Ich glaube, seit ich regelmäßig das Flugzeug nehme, ist es das erste Mal, dass ich mir Zeit lasse, erst im letzten Moment schließe ich das Heft, stecke es in meinen Rucksack, ziehe die Jacke an und steige aus.

30. November: Um sieben Uhr morgens stehen wir auf. Um acht Uhr gibt es Frühstück: eine große Tasse Kaffee (gekochtes Wasser mit Chicorée-Extrakt) und eine zwei Zentimeter dicke Brotscheibe. Ein monotones Leben beginnt: essen, kacken, schlafen. Den ganzen Tag warten wir auf den Abend, nur damit wir endlich wieder essen und schlafen können, hier gibt es keine Beschäftigung, nur unbeschreibliche Langeweile. Irgendwann ist es Zeit für den Appell. Um sieben Uhr abends essen wir wieder Grieß, zwei Äpfel und zweihundertfünfzig Gramm Brot. Um neun Uhr ins Bett.

Hastig verlasse ich den Flughafen und suche nach einem Taxi. Dieses Mal nehme ich weder den Orlyval noch den RER. Ich will keine Zeit verlieren, ich kann es kaum erwarten, Jacques das Heft zu zeigen. Und vor allem habe ich keine Lust, mich von den einsteigenden und aussteigenden, schubsenden und schreienden Leuten ablenken zu lassen. Nein, dieses Mal setze ich mich in ein Taxi und lese in Ruhe weiter. Ich komme jetzt schnell voran, Arturos Schrift bereitet mir keine Probleme mehr, vor allem, weil er oft dieselben Wörter und Ausdrücke benutzt. Sein Stil ist genauso monoton wie die Tage in Nagymegyer. Sie wiederholen sich, Tag für Tag, immer derselbe Ablauf: *Nichts geschieht*, schreibt Arturo mehrere Male. Nur die Kälte und der Hunger geben seinem Alltag einen Rhythmus. *Die Sonne zeigt sich so gut wie nie in Nagymegyer,* schreibt er am 6. Dezember. Am 11. Dezember: *Es schneit. Die Kälte ist eisig und ich habe einen Bärenhunger. Kälte und Hunger kommen immer gemeinsam. Das haben wir schon in der Grundschule gelernt, jetzt erfahren wir es als Gefangene in Nagymegyer am eigenen Leib.* Am Montag kauft Arturo Socken aus Wolle. Am Tag darauf schickt er ein Telegramm an seine Eltern: *Gefangener – Nagymegyer Ungarn – schickt mir Pakete.* Manchmal spielt er Karten. Nachts denkt er an seine Eltern und an seine Kindheit.

Am 14. Dezember hört Arturo Gerüchte, dass Russland ein Abkommen vorgeschlagen hat, das den Krieg beenden könnte: *Die Hoffnung strömt in unsere Herzen,* schreibt er. Arturo denkt an seinen Salento, an seine Welt der Sonne, der Weinberge und Zitrusfrüchte. *Ich sehne mich danach, dieses von Gott und den Menschen verfluchte Land endlich hinter mir zu lassen und nach Hause zurückzukehren, in unser eigenes, gesegnetes Land der Blumen, auf unsere fruchtbare Erde. Ich sehne mich danach, endlich wieder unsere gute hausgemachte Pasta zu essen.*

Kaum zu Hause angekommen, zeige ich Jacques das Tagebuch und lese ihm ein paar Ausschnitte daraus vor. Aufmerksam hört er mir zu. Dann sagt er: »Mein Großvater war auch Kriegsgefangener. Als ich klein war und ihn besucht habe, hat er mir immer erzählt, wie schrecklich es in den Gräben und in Gefangenschaft war, das werde ich nie vergessen. Wie heißt das Konzentrationslager von deinem Großvater noch gleich?«

»Nagymegyer.«

»Der Name sagt mir etwas, warte, ich will kurz was nachsehen. Ich meine, es kommt in dem Buch vor, das ich gerade lese.« Jacques verschwindet in seinem Arbeitszimmer und kommt nach ein paar Minuten mit einem dicken Band in der Hand zurück. Er blättert darin herum und bleibt dann auf

einer Seite hängen: »Da, da steht es, Nagymegyer, wusste ich
es doch. Die Stadt der Toten.«

»Die Stadt der Toten?«

»Ja … Die Soldaten waren in baufälligen Baracken untergebracht, es war unglaublich dreckig, und viele von ihnen
starben. Deshalb wurde Nagymegyer damals auch ›die Stadt
der Toten‹ genannt.«

Abgesehen von den Offizieren, die Pakete von ihren Familien empfangen durften, verhungerten viele italienische
Kriegsgefangene, nicht nur weil die Alliierten den Seeweg
blockierten und Lebensmittel knapp waren, sondern vor
allem, weil sich die italienische Regierung nicht um sie kümmerte. Im Gegensatz zu den englischen und französischen
Gefangenen, deren Regierungen Essenspakete schickten,
waren die Italiener sich selbst überlassen. Erst im August
1918 ließ der damalige Regierungschef Vittorio Emanuele
Orlando fünfhundert Doppelzentner Brot und Zwieback
in die Gefangenenlager schicken. In einem Bericht aus jener
Zeit warnt der Delegierte des Italienischen Roten Kreuzes in
Genf, Guido Vinci, Orlandos Regierung vor den Folgen: *Der
Unterschied zwischen der Unterstützung, die die Soldaten
anderer Länder und die italienischen Soldaten durch ihre Regierungen erfahren, ist bestürzend: Frankreich und England
schicken wöchentlich zwei Kilogramm Brot an jeden Offizier
und jeden Soldaten [...]. In den Lagern der italienischen Gefangenen dagegen ist die Verzweiflung groß, die Männer sind
wütend und kurz vor dem Aufstand, nicht aber gegen Österreich oder Deutschland, sondern gegen ihr eigenes, undank-
bares Vaterland, das seine Kinder im Stich lässt.*

Langsam begreife ich, was in den Köpfen mancher Natio-
nalist:innen vorging, warum sie das liberale Bürgertum so
hassten. Ich bleibe die ganze Nacht wach und lese, ich kann

das Tagebuch meines Großvaters einfach nicht aus der Hand legen. Wie kann es sein, dass mein Vater nichts von seiner Existenz weiß? Wie konnte dieses wertvolle kleine Notizbuch in einer Kiste mit Papierkram verschwinden? Warum hat mein Vater immer behauptet, im Keller seiner Cousinen wären nur alte Rechts- und Medizinbücher? Und vor allem: Warum habe ich nie nachgeschaut?

Am Weihnachtsabend 1917, etwas mehr als einen Monat nachdem Arturo gefangen genommen wurde, ist seine Moral am Tiefpunkt angekommen: *Heiligabend! Der Tag, den Kinder wie Erwachsene ungeduldig erwarten. Weihnachten ist zweifellos das schönste Fest im Jahr. In mir steigt eine ganze Welt aus Erinnerungen auf und treibt mir die Tränen in die Augen: mein Haus, unsere Krippe, meine lieben Eltern, meine kleinen Schwestern, die Großeltern, meine Onkel, meine Freunde ... die Mandelmilch, die Pittule und Cartellate. Umso schrecklicher, in diesem österreichischen Elendsloch eingesperrt zu sein.*

Am letzten Tag des Jahres 1917 scheinen sich die Dinge für Arturo nicht zum Besseren zu wenden. Ganz im Gegenteil, obwohl es eigentlich der Moment ist, um neue Pläne zu schmieden, könnte die Zukunft nicht aussichtsloser sein: *Ein unglaublich kalter Tag. Ich habe einem Soldaten zehn Lire geliehen. Am Abend bin ich bis elf Uhr in der Kantine geblieben. So geht also ein desaströses Jahr für Italien zu Ende, ein Jahr, in dem zu viel Blut vergossen wurde, in dem zu viele Mütter ihre Söhne an den Krieg verloren haben, ein verfluchtes Jahr. Verfluchtes 1917!*

Am 13. Januar 1918 wird Arturo krank. Das Fieber steigt und steigt immer weiter: *Ganz allein liege ich in meiner kal-*

ten Kabine, auf einer Strohmatte, unter zwei schmutzigen Decken … Besser man stirbt auf einen Schlag, als krank zu werden. Am 15. Januar wird er von einem österreichischen Arzt untersucht, auf eine Bahre gelegt und ins Krankenhaus gebracht. *Ich habe gehört, wie jemand sagte: Noch ein Toter. Ich habe gebetet und gebetet …* Doch zehn Tage später geht es Arturo wieder besser, er verlässt das Krankenhaus, und sein Leben nimmt seinen gewohnten Gang. Im Februar notiert er in seinem Tagebuch nur noch die Witterungsverhältnisse: *Kälte, Wind, Schnee, Nebel, Regen.* Am 1. März bekommt er ein Paket: *Brot, Nadel und Faden, Wäsche, Knöpfe, Seife,* und er antwortet mit einem Telegramm: *Paket erhalten – schickt mir Nudeln und Soße.*

Das Tagebuch endet mit dem knappen Eintrag vom 8. März: *Besonders kalter Tag.* Ich werde nie herausfinden, ob er tatsächlich versucht hat zu fliehen, wie er es in seinem Tagebuch plant. Ich werde nie erfahren, ob es ihm gelungen ist, auch die anderen italienischen Soldaten zu überreden, die Angst hatten, in der Festung Komorn zu landen, oder denen ganz einfach der Mut fehlte, die Flucht zu wagen …

Am 4. November 1918 war der Krieg zu Ende. Im *Corriere della Serra* vom 2. November lesen die Italiener:innen morgens, dass ihre Armee den Feind übermannt hat. Am Tag darauf treffen sich General Badoglio, General Scipioni, Oberst Gazzano, Hauptmann Maravigli und Kommandeur Accissi mit den Abgeordneten und diskutieren bis in die späten Abendstunden über die genauen Bedingungen des Waffenstillstands. *Österreich kapituliert* lautet die Schlagzeile der Zeitung am 5. November, darunter die offizielle Meldung über den Sieg.

Trotzdem darf Arturo erst Ende Dezember nach Hause. Voller Stolz auf den Heldenmut seiner Soldaten, auf das Blut, das sie für das geliebte Vaterland vergossen haben, nimmt er die verspätete Heimkehr gern hin. »Auch ich will so schnell wie möglich nach Hause«, erzählt er allen, die sich über die Ausreden der Regierung und den zähen Prozess der Demobilisierung beschweren. »Aber die Transportmittel werden nun mal für Rohstoffe und Lebensmittel gebraucht, unser Land ist darauf angewiesen. Die Gebiete, die der barbarische Feind geplündert, ausgeraubt und ausgehungert hat, und die Regionen, die wir selbst erobern konnten, brauchen jede Hilfe, die sie nur kriegen können«, sagt er im Brustton der Überzeugung. »Wir müssen jetzt an Fiume und Dalmatien denken, ich bin sicher, dass unser König eine Lösung finden wird.«

Am 8. Januar 1919 hält er einen Umtrunk, um seine Rückkehr ins Vaterland zu feiern. *Früh am Morgen des 3. Novembers klang das Läuten der Glocken von San Giusto zu uns herüber und rief zum Fest. Es verkündete uns, dass ganz Italien feiert, es verkündete uns, dass unsere Liebsten an uns denken, dass wir frei sind, dass unsere mutigen Soldaten den österreichischen Adler zerschmettert haben. [...] In meinen Gedanken bin ich bis hierhin geflogen, zu unseren ehrwürdigen Olivenhainen [...]. Trinken wir auf unsere Gesundheit, meine Freunde. Trinken wir auch auf die Gesundheit unserer Soldaten, die so heldenhaft und tapfer für uns gekämpft haben. Trinken wir auf die Gesundheit unseres Königs, der das Schicksal Italiens so besonnen gelenkt hat. Trinken wir auf Triest, Trient und Fiume. Es lebe Italien! Es lebe der König! Es lebe die Armee!*

Großvater hat weder mit seiner Frau noch mit seinen Kindern je über die Kriegsjahre oder seine Zeit in der Stadt der Toten gesprochen. Manche Leute reden unentwegt über das Erlebte, um nicht verrückt zu werden, andere verschließen sich, begraben das Thema, wollen nur noch vergessen. Doch gewisse Dinge lassen sich niemals vergessen, sie mögen tief in uns verborgen sein, früher oder später kommen sie wieder an die Oberfläche. Und ist nicht genau das Jahre später auch meinem Großvater passiert, als er als Abgeordneter der national-monarchistischen Partei bei einer Diskussion im Parlament, in der es um den Krieg ging, buchstäblich den Boden unter den Füßen verlor?

Zu den wichtigsten Dokumenten, die ich in den letzten Wochen gefunden habe, gehören die Plenarprotokolle des italienischen Parlaments. Diese Protokolle kann niemand verschwinden lassen oder verfälschen. Sie sind alle online zugänglich. Objektiv und zuverlässig geben sie die Worte der Abgeordneten und ihre wichtigsten Gesten wieder. Und in einer dieser Transkriptionen, von einer Sitzung aus den 1950er-Jahren, kann ich nachlesen, wie sich Großvaters Erinnerungen an den Krieg ihren Weg an die Oberfläche gebahnt haben.

Wir schreiben den 18. April 1956, die Abgeordneten beraten über einen Gesetzesentwurf zur Feier des zehnten Jahrestags der Befreiung. Zu diesem Anlass soll auch ein Buch über den Widerstand veröffentlicht und in den Schulen verteilt werden. Einige der Abgeordneten protestieren, sie argumentieren, dass Italiens Geschichte nicht auf derart selektive Art und Weise betrachtet werden dürfe, es sollte bestimmten Ereignissen nicht mehr Wert beigemessen werden als anderen, sie sagen, es sei absurd, sich derart auf den Widerstand zu versteifen. Andere sind gegenteiliger Meinung, sie berufen sich auf den Historiker Luigi Salvatorelli. Sie sind der Meinung, dass die nachfolgende Generation lernen muss, was es bedeutet, sich die verlorene Freiheit wieder zu erkämpfen, und welche Opfer das kosten kann. Dann mischt sich Onorevole De Totto ein, Abgeordneter des Movimento Sociale, der neofaschistischen Partei, die sich mehr oder weniger offen an den Ideen von Mussolinis Republik von Salò orientiert: »Diesen Luigi Salvatorelli kann doch keiner ernst nehmen. Er zieht die Ehre der Kriegsheimkehrer in den Dreck, indem er allen Ernstes schreibt, sie wären an ein Leben in Gewalt und Abenteuer gewöhnt gewesen.«

Offenbar wurde De Tottos Beitrag ausgepfiffen. Woraufhin er die Sitzung verließ. So steht es jedenfalls im Plenarprotokoll, gleich über dem Beitrag meines Großvaters. Denn nachdem De Totto gesprochen hatte, meldete sich der ehemalige Leutnant Marzano zu Wort und erinnerte sich daran, wie es ihm vor vierzig Jahren ergangen war: »Ich muss zugeben, dass ich Salvatorelli nicht gelesen habe. Aber dem Mann, der behauptet, die Soldaten des Ersten Weltkriegs wären Gewalt und Abenteuer gewöhnt gewesen, dem würde ich doch gern einmal begegnen. Ich würde ihm sagen, dass wir damals die Schule abgebrochen haben, um in den Gräben im Karst und am Piave zu kämpfen, um unser Land zu verteidigen. Nicht aus Gewaltbereitschaft, Salvatorelli, denn Gewalt haben wir in der Schule nicht gelernt, nein, sondern aus Liebe zum Vaterland und aus patriotischer Überzeugung.«

Das Protokoll vermerkt Applaus auf der einen und Verachtung auf der anderen Seite. Es hält auch fest, dass Onorevole Marzano mit der Faust auf den Tisch schlug und ihn der Vorsitzende des Ausschusses zur Ordnung rufen musste. Und dass Marzano, wie zuvor De Totto, kurzerhand die Sitzung verließ.

»Wofür haben wir gekämpft, Brüder? Wofür haben wir unser Blut im Karst und am Piave gelassen? Ich bin ganz eurer
Meinung: Nicht Hass auf den Feind, sondern Liebe zum Vaterland sollte der Grund sein, aber was treibt unsere Regierung in der Zwischenzeit?« Arturo ist Feuer und Flamme. Er
wurde nach Venedig beordert und wartet nun dort auf seine
Entlassung aus dem Heer. Ab und zu nimmt er ein paar Tage
Urlaub und fährt nach Rom, um eine der letzten Prüfungen
abzulegen, bevor ihm der Magister iuris verliehen wird. In
der Hauptstadt hat er auch Giuseppe Bottai getroffen, den
Herausgeber der Zeitschrift *Roma futurista*. Und am 15. Mai
1919 nimmt er an der Gründung der faschistischen Partei
Roms teil. »Die Liberalen und Sozialisten sind ein inkompe-
tenter Haufen«, sagt er, während ihm ein anderer Kamerad
Wein nachschenkt. Wenn er angetrunken ist, redet sich Leutnant Marzano gern in Rage und schwingt große Reden. »Die
Zukunft, liebe Kameraden, das sind Mussolini und sein Faschismus!«

Ein paar Offiziere hören interessiert zu. Andere spielen
unbeeindruckt weiter Karten.

»Lass die Politik sein, Marzano!«, sagt Alberto, der es gar
nicht abwarten kann, endlich entlassen zu werden und nach
Bologna heimzukehren. Seine Frau hat ihm geschrieben, dass
seine kleine Tochter Luisa in die Höhe geschossen ist. Er
sehnt sich danach, sie endlich wieder in die Arme zu schließen,
er sehnt sich nach seinem alten Leben.

»Und all die Versprechungen, die man uns gemacht hat?

Die Kameraden, die am Piave gestorben sind? Es ist unsere Pflicht, uns für sie einzusetzen!« Großvater kann sich einfach nicht vorstellen, das alltägliche Leben wiederaufzunehmen, als wäre nichts gewesen.

»Was sagt dieser Mussolini denn genau, Arturo?«, fragt Vittorio, der mit meinem Großvater am Isonzo gekämpft hat. Am Abend des 21. August 1917 hat Arturo ihm das Leben gerettet: Mitten im Lauf stürzte Vittorio über einen Stein und verstauchte sich den Knöchel – dummerweise genau in der feindlichen Schusslinie –, und statt sich vor Granaten und Kugelhagel in Sicherheit zu bringen, trug mein Großvater ihn auf dem Rücken bis zum Graben, kurz bevor eine Granate genau an der Stelle explodierte, wo Vittorio vor wenigen Augenblicken noch gelegen hatte.

»Mussolini ist auf unserer Seite. Hier, sieh dir an, was er schreibt!« Arturo holt einen Zeitungsausschnitt hervor. »Dieser Artikel ist am 16. Januar in seiner Zeitung erschienen, und Mussolini hat ihn uns gewidmet: *An die Heimkehrer!*« Er hält seinen Kameraden das Stück Papier hin, zeigt mit dem Finger auf ein paar Zeilen, die er unterstrichen hat, und liest sie laut vor. »*Seit drei Jahren rufen wir den Herren aus der Regierung zu: Seien Sie beherzt, Signori, seien Sie großzügig, gehen Sie auf die Männer zu, die aus den Gräben heimkehren. Fürchten Sie sich nicht vor kühnen Ideen. Zeigen Sie Größe in Ihren Worten und vor allem in Ihren Taten, denn auch die Wünsche und Hoffnungen sind groß, dies ist eine große Zeit!*«

»Was für ein furchtbarer Stil, Arturo!«

»Warts ab, Alberto, lass mich weiterlesen«, sagt Arturo und fährt mit der Lektüre von Mussolinis Artikel fort. »*Die Veteranen kehren zurück. Aber der ästhetische und spirituelle Triumph eines ruhmreichen Empfangs, wie ihn Soldaten, die im wahrsten Sinne des Wortes eine der mächtigsten Armeen der Welt geschlagen haben, doch sicherlich verdienen, wird ihnen verwehrt.«*

»Ganz genau!« Vittorio unterbricht ihn. »Der gefällt mir, dieser Mussolini.«

»Nicht du auch noch, Vittorio. Bleib wenigstens du auf dem Boden der Tatsachen.« Alberto ist verzweifelt. »Was schlägt Mussolini denn schon konkret vor? Das sind doch nichts als leere Worte. *Parole, parole, parole …*«

»Und genau da irrst du dich, Alberto! Mussolini schlägt tatsächlich konkrete Maßnahmen vor. Frankreich zum Beispiel hat allen Soldaten eine Entschädigung von 250 Lire gezahlt, Mussolini fordert unsere Regierung auf, das Gleiche zu tun. Und ich bin seiner Meinung. Es ist an der Zeit, die Hierarchien neu zu ordnen. Wir müssen handeln, das schulden wir unserem Vaterland. Habt ihr nicht gehört, was die Veteranen aus Venetien erzählen?«

Alberto seufzt. Er geht schon lange nicht mehr zu den Versammlungen der ehemaligen Soldaten. Er will nur noch nach Hause, wie oft muss er das noch sagen?

Aber Großvater lässt nicht locker: »Also ist es dir lieber, dass andere für dich entscheiden? Das Bürgertum zum Beispiel, das sich einen Dreck um uns schert? Ganz zu schweigen davon, was gerade in Russland passiert. Ist dir überhaupt bewusst, was für eine Gefahr der Kommunismus ist? Wir können der Gewalt und den Provokationen doch nicht einfach tatenlos zusehen!«

Vergangene Nacht hatte ich wieder einen Albtraum. Panisch schreckte ich aus dem Schlaf hoch, tastete meinen Kopf ab, fühlte nach meinen Haaren. In meinem Traum waren sie plötzlich weg gewesen. Nicht ganz weg, aber sehr kurz, als hätte jemand sie abrasiert. Ein paar Augenblicke lang war ich wie versteinert. Bis ich verstand, dass alles nur ein Traum gewesen war. Aber selbst dann war ich immer noch viel zu aufgewühlt, um wieder einzuschlafen.

Ich stand auf und ging ins Wohnzimmer. Ich trank ein Glas Wasser. Zündete mir eine Zigarette an. Langsam beruhigte ich mich etwas. Ich dachte wieder an die Fotos von Simone Touseau und den anderen Geschorenen, und das Herz wurde mir schwer.

Was will mein Unterbewusstsein mir sagen? Warum habe ich ausgerechnet jetzt diesen Albtraum? Habe ich jemanden verraten? Bin ich dabei, jemanden zu verraten? Meinen Großvater? Meinen Vater? Oder gar mich selbst?

Zum Glück habe ich keine Kinder, dachte ich, als ich die Zigarette ausdrückte und das Fenster öffnete – auf keinen Fall wollte ich mir am nächsten Morgen Jacques' Gezeter anhören, wenn er merkte, dass ich in der Nacht geraucht hatte. Wie soll ich mich um ein Kind kümmern, wenn ich nicht einmal in der Lage bin, mich um mich selbst zu kümmern? Was hätte ich einem Kind denn sagen sollen, wenn es mich in diesem Zustand gesehen hätte? Dass Mama traurig ist, aber nicht weiß, warum? Ja, mein Schatz, Mama weint, aber das ist nicht schlimm, das geht wieder vorbei, versprochen, alles ist gut?

Ich erinnerte mich an etwas, das meine Freundin Claudia zu mir gesagt hatte. Als sie zuletzt wegen der Arbeit in Paris war, gingen wir abends zusammen essen. Es war schon eine ganze Weile her, dass wir allein Zeit miteinander verbracht hatten, seit der Scuola Normale Superiore hatten wir uns nicht mehr zu zweit gesehen, nur sie und ich, ohne Männer, ohne Kinder. Ich erzählte ihr von Jacopo und von meinem Buch. Ich erzählte auch, wie sehr die Geburt meines Neffen mich durcheinandergebracht und mich mit der Vergangenheit meiner Familie konfrontiert hatte. Ich fragte sie, warum sie schließlich doch ein Kind bekommen hatte, obwohl sie in der Uni immer gesagt hatte, dass sie niemals Mutter werden würde, dass sie diese Erfahrung nicht brauche, dass Kinder für sie nicht das seien, worauf es im Leben ankommt.

»Ich hatte das Gefühl, dass ich etwas von dem Vertrauen und der Liebe, die ich selbst als Kind bekommen habe, zurückgeben muss«, antwortete sie. Verblüfft starrte ich sie an.

»Und wenn man dieses Vertrauen nie gespürt hat? Was kann man einem Kind dann geben?«

»Irgendwann muss man sich eben zusammenreißen, Michela. Man kann sich nicht das ganze Leben lang nur beschweren.«

»Aber wenn einem die Grundlage dafür fehlt? Das tragende Gerüst? Wenn das Leben einen immer wieder verrät? Wie soll man sich dann bitteschön zusammenreißen?«

Marsch auf Rom = *ja (Lizenznr.: 108702).*

Als die Squadristi am 28. Oktober 1922 nach Rom strömen – den Straßensperren zum Trotz, die die Armee in Orte und die Arditi, eine marxistisch-anarchistische Widerstandstruppe, in Civitavecchia errichtet haben –, ist mein Großvater dabei. Ich versuche, mit meinem Vater darüber zu sprechen, aber wieder ist er skeptisch: Wie hätte Arturo denn bitte am Marsch auf Rom teilnehmen können, wo er zu dieser Zeit doch schon Referendar im Gerichtsdienst war?

Aber Großvater war dabei. Selbst wenn der Marsch am 28. Oktober nichts als ein Bluff von Mussolini war, wie man heute weiß. Der Duce kam nämlich erst am 30. Oktober in Rom an: Er hatte den Nachtzug von Mailand genommen und ging geradewegs zum König, der sich geweigert hatte, das Notstandsdekret zu unterschreiben, das Ministerpräsident Luigi Facta ihm vorgelegt hatte. Vittorio Emanuele III. hätte sich dem Faschismus widersetzen können, stattdessen beauftragte er Mussolini damit, eine neue Regierung zu bilden. Und am 31. Oktober grüßte der König die Staffeln von Schwarzhemden, die am Quirinalspalast vorbeimarschierten, gemeinsam mit Mussolini vom Balkon des Palastes aus.

Mein Großvater war dabei. Ich weiß, dass sich damals viele diese vermaledeite Lizenz ausstellen ließen, selbst noch, als der Faschismus schon in vollem Gange war. Sogar gefälscht wurden die Dinger, und zwar zuhauf. Die Mächtigen des Regimes verscherbelten sie untereinander, manche stellen sie heute noch stolz in ihrer Bibliothek zur Schau. Trotzdem hätte ich niemals gedacht, dass ich eines Tages ebenfalls Besitzerin einer dieser Lizenzen sein würde.

`Marsch auf Rom` = *ja (Lizenznr.: 108702).*

Arturo hatte Rom, seine Kameraden und Freunde Fabbri, De Martino und Patrignani hinter sich gelassen und war nach San Cesario gezogen, wo er in die faschistische Partei eintrat. Als Mitglied war er über die bevorstehende Marcia also genauestens im Bilde. Ich finde heraus, dass er sich die Erlaubnis des Leiters der Leccer Staatsanwaltschaft geholt hat und schon vor dem 28. Oktober nach Rom gereist ist, um an den ›Strafexpeditionen‹ in den Vierteln Trastevere und Trionfale teilzunehmen, dass er sogar beim Sturm auf die Druckerei der sozialistischen Zeitung *L'Avanti* dabei war.

Mein Großvater war dabei, ich kann es immer noch nicht fassen. Vor allem wenn ich mir die Rede ansehe, die Mussolini am 16. November desselben Jahres vor der Abgeordnetenkammer gehalten hat: »Ich habe bewusst darauf verzichtet, auf ganzer Linie zu siegen, obwohl ich es gekonnt hätte. Ich habe mir Grenzen gesetzt.« Was hast du gedacht, als du am nächsten Tag die Worte des Duce in der Zeitung gelesen hast, Großvater? Dass er recht hat, dass er sich zurückgehalten und nichts Falsches getan hat? Und was ist mit der verwüsteten Druckerei? Den zusammengeschlagenen Widerständler:innen? »Mit dreihunderttausend voll bewaffneten jungen Männern, die zu allem entschlossen und auf geradezu übernatürliche Weise bereit waren, mir zu dienen, hätte ich all jene strafen können, die den Faschismus diffamiert und in den Schmutz gezogen haben«, fährt Mussolini fort. Warst auch du davon überzeugt, Großvater, dass es Mussolini zustand, die Gegner:innen des Faschismus zu bestrafen? »Ich hätte diesen tristen, grauen Saal in ein militärisches Lager verwandeln können.« Ermutigt durch den Applaus von rechter Seite, macht Mussolini weiter. Modigliani springt auf und schreit: »Es lebe das Parlament!« Aber das Wort »Parlament« hat damals keine Wirkung. Niemand glaubt mehr an das Parlament. Von rechts bringen sie Modigliani zum Schweigen. Mussolini ergreift wieder das Wort: »Ich hätte das Parlament kurz und klein schlagen und eine rein faschistische Regierung bilden können. Ich hätte es tun können, doch zumindest fürs Erste habe ich davon abgesehen.« Richtig, *fürs Erste*.

`Marsch auf Rom =` *ja (Lizenznr.: 108702)*.
Obwohl ich mir Mühe gebe, nicht vorschnell zu urteilen, verstehe ich einfach nicht, wie mein Großvater das Ende der Demokratie herbeiwünschen konnte. Wie konnte er gutheißen, dass Mussolini vom Parlament die uneingeschränkte Macht verlangte? »Denn Ihnen ist doch wohl klar, dass wir ohne uneingeschränkte Befugnisse nicht eine einzige Lira verdienen können, keine einzige Lira für die italienische Wirtschaft!« Glaubte Großvater wirklich, dass ein Politiker uneingeschränkte Befugnisse braucht, um seine Ideen verwirklichen zu können? Und was ist mit der Freiheit, Großvater? Hast du an der Front nicht auch für die Freiheit gekämpft?
Emilio Lussu, von 1921 bis 1924 Abgeordneter des italienischen Parlaments, Zeitzeuge des faschistischen Aufstiegs und von Anfang an Mussolinis Gegner, findet für die Sitzung vom 16. November besonders treffende Worte. In seinem gefeierten Essay *Marsch auf Rom und Umgebung*, der 1933 zunächst in Frankreich erschien, erzählt Lussu scharfsinnig die faschistische Machtergreifung nach. Dieser wunderbare Bericht gibt auch die Reaktionen der Abgeordneten auf Mussolinis Rede wieder, und plötzlich überkommt mich ein eigenartiges Déjà-vu-Gefühl. Ich reise zurück in die Zeit, als auch ich noch im Parlament saß. Es ging um ein paar wich-

tige Maßnahmen, und Lussus Beschreibungen erinnern mich an die damaligen Reaktionen aus den gut gefüllten Rängen. Zum Glück war es eine weniger schicksalhafte Stunde, auch wenn ich mir ziemlich sicher bin, dass das wahrscheinlich nichts geändert hätte. Dieselben Gesten, dieselbe Gedankenlosigkeit. Manche pfiffen, manche schrien und hinderten die anderen am Sprechen. Die Amtsdiener mussten mehrmals eingreifen und die Tribünen leeren. Als es um das Gesetz zur Selbstbestimmung am Lebensende ging, ergriff ich das Wort. Ich war dafür, dass ein kranker Mensch in der Endphase selbst entscheiden können soll, jede Behandlung, künstliche Ernährung und Flüssigkeitsversorgung abzubrechen, und von der Tribüne rief jemand: »Mörderin! Welche Freiheit verteidigst du, Marzano? Die Freiheit zu sterben?«

Marsch auf Rom = *ja (Lizenznr.: 108702).*

Mein Großvater war dabei. Und ehrlich gesagt ist es mir egal, ob er aus Gutgläubigkeit handelte, ob er dem Duce vertraute, als er erklärte, die faschistische Gewalt sei gar nichts im Vergleich zu dem, was die Bolschewiki in den Jahren 1919 und 1920 angerichtet hätten. Mein Großvater war dabei, und letzten Endes gibt es keine Entschuldigung dafür. Auch nicht, wenn es um den Vater meines Vaters geht. Ich kann und will keine Entschuldigung finden, denn es wäre nicht gerecht. Alles, was ich empfinde, ist Scham.

»Es ist unsinnig, sich zu schämen«, sagte mein Vater, wenn ich ihm als Kind meine Scham gestand. »Wenn man nichts Falsches getan hat, gibt es auch keinen Grund, sich zu schämen. Hast du etwas Falsches getan?«

Lange Zeit dachte ich, das Gefühl der Scham komme von meinem Streben nach Perfektion und der Perfektionismus wiederum von meiner Angst davor, meinen eigenen Erwartungen nicht zu genügen. Heute frage ich mich, ob nicht die Scham der eigentliche Ausgangspunkt war.

Mittlerweile denke ich, dass das Schamgefühl möglicherweise von Generation zu Generation weitervererbt wird. Dass wir es mit der Muttermilch aufsaugen, dass es neben uns in den Armen unserer Väter schläft. Ein ungebetenes Erbe, dem wir uns früher oder später stellen müssen, selbst wenn wir der Wahrheit nie auf den Grund kommen werden. Die meisten von uns werden nie herausfinden, woher ihre Scham wirklich kommt.

Wann habe ich mich zum ersten Mal geschämt? In meinem Kopf spule ich die Zeit zurück. Als mein Bruder auf die Welt kommt, bin ich gerade drei Jahre alt geworden. Ich bin eifersüchtig. Ich lüge die Babysitterin an – ja, ich erinnere mich gut daran, dass ich sie anlüge –, ich behaupte, dass alles in Ordnung ist, dass sie sich ruhig um meinen Babybruder kümmern kann, natürlich kann sie ihn ins Bett bringen, kein Problem. Doch kaum bin ich allein, greife ich nach der

Schere und schneide mir die Haare ab. Als die Babysitterin zurückkommt, schäme ich mich. Aber das ist erst der Anfang. An diesem Abend kann ich nichts essen. Ich habe keinen Appetit, keinen Hunger, das Fleisch ekelt mich an. Im Mund forme ich aus dem zerkauten Brei eine Kugel, schiebe sie mit der Zunge in die Innenseite meiner Wange und warte. Wann geht die Babysitterin endlich nach nebenan, um nach meinem Bruder zu sehen? Als sie mir den Rücken zukehrt, spucke ich alles in den Mülleimer. Ich schäme mich, aber ich kann es nicht ändern, ich hasse meinen Bruder. Ich hasse ihn, auch wenn er noch so klein ist und nichts dafürkann – aber ich bin doch auch noch klein, oder nicht?

Auch die zweite Erinnerung an das Gefühl der Scham stammt aus meinem dritten Lebensjahr. Meine Mutter ist mit mir und meinem Bruder im Park. Arturo sitzt noch im Kinderwagen, aber ich bin schon groß genug, um spielen zu gehen. »Willst du nicht die Rutsche ausprobieren?«, fragt meine Mutter. Sie hat bemerkt, dass ich seit einiger Zeit regungslos die Rutsche anstarre. Ein Haufen Kinder turnt darauf herum, und ich schäme mich. Ich weiß nicht wofür, ich weiß nicht warum, aber ich fühle mich wie gelähmt. Ich erinnere mich nicht mehr daran, was dann passiert ist. Nur, dass ich in den Armen meiner Mutter wieder zu mir komme, während sie mit mir zum Auto rennt. Anscheinend bin ich auf die Rutsche geklettert, habe mir das Schlüsselbein gebrochen und das Bewusstsein verloren. Was ist passiert? Bin ich ausgerutscht? Hat mich jemand geschubst? Habe ich das Gleichgewicht verloren oder bin ich gesprungen? Keine Erinnerung. Außer an das Gefühl der Scham.

An das, was ein paar Jahre später passiert ist, erinnere ich mich dafür ganz genau. Ich bin sechs Jahre alt und nehme an einer Schatzsuche für Kinder in den Bergen teil. Einen der Jungen, Daniele, mag ich sehr, er ist ein paar Jahre älter als ich. Als wir Mannschaften bilden sollen, will mich niemand haben. Ich schäme mich furchtbar. Eines der anderen Kinder sagt Daniele, dass ich noch übrig bin. Doch Daniele sagt: »Nein, nicht die. Die ist dumm.« Vielleicht hat er nicht gemerkt, dass ich direkt neben ihm stehe. Aber das tue ich und ich höre alles. Warum sagt er so etwas vor allen anderen? Warum hält er mich für dumm? Was habe ich gesagt oder getan? Es stimmt schon, wenn ich ihn sehe, werde ich jedes Mal rot, ich weiß nicht, was ich sagen soll, bin unsicher und schäme mich. Aber warum denkt er deshalb, dass ich dumm bin?

Nachdem ich die Aufnahmeprüfung für die ENS bestanden habe – in ganz Italien wurden nur drei Leute für das Fach Philosophie zugelassen –, denke ich als Allererstes an Daniele, der mich »dumm« genannt hat. An seinen Hass und meine Scham. Und ich murmele: »Ha, von wegen dumm, du kleiner Idiot! Ich hasse dich, ich hasse dich und alle anderen Jungen auf der Welt ...«

Zweiter Teil

Schuld

Niemand ist berechtigt, einen Befehl durchzuführen,
der eine strafbare Handlung zum Inhalt hat. Es gibt in
unserem Leben eine Grenze, wo wir nicht mehr mitmachen
dürfen […]. Darauf beruht jede Ethik und darauf beruht
jedes Recht.

Fritz Bauer

Im Jahr 1924 zieht es meinen Großvater aus Rom zurück nach Apulien. Er wird Einzelrichter – oder Pretore, wie man einen monokratischen Richter im Italienischen nennt – in einer kleinen Stadt im Herzen des Gargano. Heute wirkt die Stadt San Nicandro Garganico malerisch mit ihrem Blick über die Adriaküste. Doch damals hatte die bescheidene Hauptstadt des Gargano einen schlechten Ruf. Sie war eine der am stärksten von den Konflikten zwischen Landwirt:innen und Landbesitzer:innen gebeutelten Städte, einige der wichtigsten Leute aus den Gewerkschaften lebten dort, darunter die Brüder Giuseppe und Domenico Fioritto. Sie galt als ein anarchistisches Nest voller Sozialist:innen, Kommunist:innen und Antifaschist:innen. Vor Ort muss mein Großvater feststellen, dass es zwar kein richtiges Gericht gibt, dafür aber eine beunruhigende Zahl ungeklärter Vergehen und Verbrechen.

1924 ist für Italien ein dramatisches Jahr. Nachdem am 25. Januar die Abgeordnetenkammer vorzeitig aufgelöst wurde, vermehren sich die gewalttätigen Angriffe im ganzen Land. Da es noch keine endgültige Regierung gibt, führen die Squadristi eigenmächtig sogenannte ›Strafexpeditionen‹ gegen Menschen durch, die sie als Feinde des Regimes betrachten. Jede Kleinigkeit dient ihnen als Vorwand, mit großen Knüppeln dreschen sie auf ihre Gegner:innen ein, werfen sie zu Boden, traktieren sie mit Schlägen, zwingen sie, Rizinusöl zu trinken. *Manganello e olio di ricino.* Das Rezept für das, was die Squadristi »Säuberung der Opposition« nennen. Mehr Angst als Schaden, behaupten die Nostalgiker:innen des Duce heute. Aber oft genug richteten diese Strafexpeditionen eben doch großes Übel an.

Am 28. Februar wird Antonio Piccinini, Abgeordnetenkandidat und militanter Gewerkschafter, in Reggio Emilia brutal ermordet. Am Abend jenes Tages verschafft sich eine Gruppe Schwarzhemden mit falschen Ausweisen der sozialistischen Partei Zutritt zu seinem Haus. Sie entführen ihn und bringen ihn zu einem von ihnen nach Hause, wo sie ihn aufs Schlimmste foltern. Sie ziehen Piccinini aus, hängen ihn an den Armen an einem Fleischerhaken auf und schlitzen ihm den Bauch auf, bevor sie ihn mit vier Schüssen aus nächster Nähe erledigen. Am 16. März, beim Sturm auf den Sitz der Arditi in Mailand, ist Antonio Corgiola an der Reihe. Squadristi-Banden ziehen mit ihren Wagen durchs Land, säen Gewalt und Terror und sorgen bei den Wahlen am 6. April für eine bedrückende Stimmung, vor allem in den Abruzzen, in Kampanien, Kalabrien und Apulien. Mussolinis Nationale Liste, zu der die Faschist:innen und einige Liberale gehören, darunter auch der berühmte Vittorio Emanuele Orlando, siegt haushoch.

In der ersten Sitzung des neuen Parlaments beschweren sich viele Abgeordnete über die von Gewalt und anderen Verstößen gegen die Demokratie überschattete Wahlkampagne. Die Stimmung am 30. Mai ist aufgeladen, als der Sekretär der sozialistischen Partei Giacomo Matteotti das Wort ergreift und fordert, die von Unfreiheit und Manipulation beeinträchtigten Wahlen für ungültig zu erklären. Am 10. Juni, als Matteotti über einen Finanzskandal sprechen soll, in den der Bruder des Duce verwickelt ist, wird er vor der Rede von den Schwarzhemden entführt.

Italien steht an einem historischen Wendepunkt. Eine

ganze Nation hält den Atem an, während man sich fragt, welches Schicksal den Anführer der Opposition wohl ereilt hat. Zwei Monate später, am 16. August, wird der Leichnam Matteottis unweit von Rom geborgen. Das gespaltene Land befindet sich im Schockzustand: Die Anhänger:innen des Regimes zweifeln, schweigen aber, der Rest der Italiener:innen schwankt zwischen Angst, Verwirrung und Missbilligung. Viele wenden sich nach dieser Gewalttat vom Faschismus ab.

Noch bevor Matteottis Leiche gefunden wird, zeigt sich mein Großvater besorgt. In San Nicandro sammelt die Linke ihre Kräfte, um gegen die Entführung des Parteisekretärs zu protestieren. Noch weiß niemand, was aus Matteotti geworden ist, aber die Sozialist:innen sehen die Empörung und die Sorge der Landwirt:innen und spekulieren darauf, dass der Schock über das Verschwinden des sozialistischen Anführers dem Faschismus zum Verhängnis werden könnte.

Der Richter Marzano beschließt, drastische Maßnahmen zu ergreifen. Er bestellt den Maresciallo ein und bittet ihn darum, den Unruhen und Feindschaftsbekundungen gegenüber dem Regime ein Ende zu setzen. Ihm ist nicht entgangen, dass junge Widerstandskämpfer:innen die Straßen und Plätze der Stadt besetzen und ihre kontroversen Parolen hinausschreien. Die Anwohner:innen sind besorgt, einige von ihnen wurden vor der eigenen Haustür bedroht. Mein Großvater gibt Anweisung, alle Personen, die zum Aufstand aufrufen, zu verhaften.

Am 2. August überrascht der Maresciallo eine Gruppe junger Landarbeiter:innen auf der Via Torre Mileto, in der Nähe des Klosters von San Nicandro. Sie kommen von einem langen Arbeitstag auf den Feldern und singen auf dem Rückweg *Bandiera rossa*. Auf frischer Tat ertappt! Der Maresciallo verhaftet die gesamte Gruppe und bringt sie schnurstracks zum Richter Marzano, der sofort entscheidet, ein Exempel zu statuieren, und sie zur nach dem Gesetz für öffentliche Sicherheit und Ordnung vorgesehenen Höchststrafe verurteilt.

Mein Großvater war der erste Richter in Italien, der Jugendliche zwischen fünfzehn und fünfundzwanzig Jahren zu mehreren Monaten Gefängnisstrafe ohne Bewährung verurteilte, nur weil sie *Bandiera rossa* sangen. Seine Entscheidung war wohl als Warnung gedacht. Niemand sollte es sich im neuen faschistischen Italien herausnehmen, die Regierung zu untergraben. In seinem Urteil nennt Arturo das Arbeiterlied einen »Schrei des Aufstands«, der allgemeine Unruhe hervorrufe und die Ordnung des öffentlichen Lebens störe. Er fügt hinzu: »Dieses Lied ist bekannt dafür, niederträchtige Gefühle und Klassenhass zu schüren. In der angespannten Atmosphäre der aktuellen politischen Situation könnte es sogar zu blutigen Revolten führen.« Er schließt mit den Worten: »Wenn die kommunistische oder die sozialistische Partei an der Macht wäre, würde sie die faschistische Hymne *Giovinezza* ebenfalls als rebellisch erachten.«

Zehn Tage später erhält der Richter Marzano einen Brief des Sekretärs der faschistischen Partei von San Nicandro, Antonio Gabrieli, der ihn für sein »unerschrockenes Urteil« lobt, das er als »konsequent und äußerst wirkungsvoll« bezeichnet und in dem der leitende Funktionär die »wahre Gesinnung eines Squadrista und Faschisten der ersten Stunde« erkennt.

Nach seinem Erfolg im Gargano wird Arturo in den Süden Apuliens versetzt, in eine der reicheren Städte des Salento, etwa fünfzehn Kilometer vom barocken Lecce entfernt und damit in die Nähe seines Vaters.

Er ist sehr zufrieden mit seinem neuen Posten als Richter in der florierenden Kleinstadt Campi. Campi genießt in der Gegend einen guten Ruf, nicht nur wegen des Weins und der Oliven, sondern auch für den Anbau und die Verarbeitung von Tabak. Die Tabakfabriken sind der wirtschaftliche Motor des Salento und ernähren an die zehntausend Arbeiterinnen, die in den Wintermonaten dort arbeiten. In Campi gibt es gleich zwei große Fabriken, eine gehört der Familie Reale de Lecce und wird von meinen Urururgroßeltern geführt, die andere ist im Besitz der Familie des Bürgermeisters von Campi, Don Giuseppe Guarino.

Als Großvater in Campi ankommt, kennt er niemanden. Er hat ein paar Wochen Zeit, um sich einzuleben und die Bürgermeister der zu seinem Gerichtsbezirk gehörenden Städte kennenzulernen. Bevor er sein Amt antritt, möchte er sich mit der Gegend, ihren Herausforderungen und dem politischen und sozialen Klima des Salento vertraut machen.

Es ist von Streik die Rede und von einem Bündnis der Tabakarbeiterinnen. Aus faschistischer Sicht bedeuten die Tabacchine eine große Gefahr, da sie leichte Beute für die sozialistische und kommunistische Propaganda sind. Ihre Arbeitsbedingungen zählten zu den härtesten der Zeit.

Trotzdem hatten die Arbeiterinnen den Mut, sich zu Gewerkschaften zusammenzuschließen, womit sie schnell zur Zielscheibe der Squadristi wurden. Die Situation ist also anders als im Gargano, wenn auch noch nicht explosiv. In dieser alten Zivilisation des Magna Graecia, dieser salentinischen Wiege der antiken Kultur, in diesem »besessenen Süden« haben die Frauen das Sagen. Das sollte mein Großvater schon bald feststellen.

Neugierig macht sich Arturo an diesem Morgen auf den Weg zum Rathaus, um den Bürgermeister von Campi, Don Giuseppe Guarino, zu treffen, der angeblich der Schwager von Achille Starace ist. Das könnte durchaus interessant werden, vorausgesetzt es stimmt, denkt Arturo, als er voller Stolz die Stufen des Rathauses erklimmt und dabei an die beispiellose Karriere von Starace denkt. Wie Arturo ist Starace ein Faschist der ersten Stunde. Doch während Großvater beschlossen hat, sein Studium zu beenden und in den Dienst des Gerichtswesens zu treten, wurde Starace zu einem der führenden Politiker der Partei.

Gleich nach seiner Amtseinsetzung haben die Bürgermeister der Umgebung Arturo geschrieben, um ihn willkommen zu heißen – in Novoli, Cellino San Marco, Salice und Squinzano wird er sehnsüchtig erwartet. Der Stabsfeldwebel Francesco Orlandini aus San Pietro Vernotico schickt ihm ein besonders herzliches Telegramm: *Geehrt, Ihnen bald die Hand zu schütteln – freue mich auf eine enge und ertragreiche Zusammenarbeit.* Und auch Giuseppe Guarino, der Bürgermeister von Campi, freut sich, die Bekanntschaft des Richters zu machen, der das Kommunistenlied verurteilt hat, und lädt ihn unverzüglich ins Rathaus ein.

Bevor er das Büro des Bürgermeisters betritt, atmet Arturo einmal kräftig aus und setzt ein Lächeln auf. Er braucht einen klaren Kopf, um die richtigen Worte zu finden und einen guten Eindruck auf Guarino zu machen.

»Ah, der Herr Richter, bitte, kommen Sie doch herein!« Der Bürgermeister begrüßt ihn von der anderen Seite des riesigen Arbeitszimmers aus, dessen zwei Fenster den Blick auf die Stiftskirche Santa Maria delle Grazie freigeben. »Endlich lernen wir uns kennen! Ihr guter Ruf eilt Ihnen voraus. Hier in Campi freuen wir uns sehr auf den zielstrebigen und ehrenwerten Richter Marzano.«

Arturo bedankt sich mit gespielter Bescheidenheit.

»Sie können gewiss sein, Richter Marzano«, fährt Don Guarino fort, »dass Sie in Campi nicht die Art von Sorgen haben werden, die Sie in San Nicandro hatten. Die Leute hier interessieren sich nicht für politische Debatten. Gott sei Dank! Rom ist weit weg und die Polemik der Regierung noch viel weiter. Das Volk braucht Brot und Arbeit, der Rest ist ihm egal.«

Diese Arbeitsbedingungen kommen Arturo gelegen. Aber ein paar Fragen hat er dennoch auf dem Herzen. »Und wie ist die Lage in den Tabakmanufakturen? Es heißt, dass sich viele der Arbeiterinnen politisch engagieren, dass es regelmäßig zu Protestaktionen und Streiks kommt … In Trepuzzi sollen sie sogar auf die Straße gegangen sein …?«

Der Bürgermeister antwortet nicht sofort. Dann sagt er: »Nichts weiter als Gerüchte, Marzano. Hier beschwert sich niemand, ganz im Gegenteil. Das fehlte gerade noch! Die Leute sind dankbar, dass sie einen Arbeitsplatz haben. Übrigens sollten Sie sich unsere Manufaktur unbedingt ansehen, dann können Sie sich auch gleich mit eigenen Augen von dem guten Arbeitsklima überzeugen.«

»Mit dem größten Vergnügen«, antwortet Arturo und nimmt sich einen Mandelkeks von dem Silberteller auf Guarinos Schreibtisch. »Mmh, die sind köstlich. Sie erinnern mich an meine Kindheit.«

Die beiden Männer wechseln einen Blick. Der Bürgermeister von Campi und der neue Richter verstehen sich auf Anhieb.

Die Tabakfabrik der Familie Guarino in Campi existiert noch immer. Don Giuseppes Sohn hat sie in ein Museum voller Trockensiebe, Trichter, Gestelle, Mörser, Waagen und Gewichte, Kupferkessel, Terrakottavasen und Körbe verwandelt. Sie ist gar nicht weit weg vom Haus meiner Großeltern.

Letzten Sommer haben Jacques und ich uns die alte Fabrik angesehen. Die Stadt hatte einen Tag zur Wiederentdeckung des Kulturerbes organisiert und zur Besichtigung der Tabakmanufaktur eingeladen. Neugierig schlossen Jacques und ich uns der Gruppe an und lauschten dem Museumsführer, der über die Arbeit in der Fabrik sprach und über das Fest zum Saisonende, das immer zu Beginn des Frühjahrs stattfand und an dem Angestellte wie Vorgesetzte teilnahmen. Die Arbeiterinnen machten sich an den Holzkohlegrills nützlich, halfen Don Giuseppes Frau Donna Maria dabei, die große Tafel im Garten herzurichten, und kümmerten sich um die Auberginen-Parmigiana und die Kräuterkrapfen, zwei Spezialitäten aus dem Salento.

»Für dieses Fest hat mein Vater keine Kosten gescheut«, erzählt Tonino, der Sohn des ehemaligen Bürgermeisters von Campi, bei dem ich mich am Ende der Führung vorstelle. »Ich bin die Tochter von Ferruccio Marzano, erinnern Sie sich an ihn?«, frage ich. »Aber natürlich, der Sohn von Arturo!« Er kneift die Augen zusammen und mustert mich. »Wie geht es ihm? Ich habe ihn lange nicht mehr gesehen, kommt er noch oft nach Campi?«

»Nein, er ist nicht mehr oft in der Gegend, das stimmt«,

sage ich und hebe die Stimme, damit mich Tonino, der schon etwas älter ist, besser hören kann.

»Mein Vater und Ihr Großvater standen sich sehr nahe, wussten Sie das?«, fragt er.

»Ja«, sage ich, »ich weiß«. Auch wenn ich bis vor wenigen Monaten noch keine Ahnung hatte. Ich wusste ja noch nicht einmal, dass mein Großvater Faschist war, genau wie der Vater von Tonino übrigens, und die Arbeit in der Tabakfabrik die reinste Hölle.

In Campi hat man die Dinge vielleicht etwas zu schnell vergessen. Ihnen nicht genug Beachtung geschenkt, die Kanten der Vergangenheit abgerundet. »Jeder in Campi kennt den Brunnen von Don Giuseppe und nennt ihn so, warum sollte man die Geschichte auslöschen?«, antwortete Campis kommunistischer Bürgermeister 2017, als ein Journalist ihn fragte, warum der Stadtrat beschlossen habe, einen Platz in Campi nach dem früheren faschistischen Bürgermeister zu benennen. Man stelle sich vor, in Deutschland würden die Plätze noch immer wie ehemalige Politiker des nationalsozialistischen Regimes heißen ... Guarino war in der dunkelsten Epoche des Faschismus Bürgermeister von Campi gewesen. Und obendrein noch der Schwager von Achille Starace, dem Sekretär der faschistischen Partei und einem der treuesten Anhänger des Duce. »Mein Vater war kein echter Faschist«, erklärte Tonino dem Journalisten im selben Interview und fügte hinzu, dass es immerhin während der Amtszeit seines Vaters gewesen sei, dass Campi fließendes Wasser bekommen habe, Faschismus hin oder her. »Am 3. November 1928 drängelten sich die Menschen auf dem Platz, um meinem Vater zuzujubeln, als er den Brunnen einweihte. Noch nie haben sie so viel Wasser aus einem Rohr sprudeln sehen! Jahrhundertelang hatte man zum Brunnen gehen und das Wasser mühsam hochziehen müssen.« Dann kam er erneut auf den Faschismus und seinen Vater zu sprechen: »Ich habe nie faschistische Parolen aus seinem Mund gehört, und das Schwarzhemd hat er nur angezogen, wenn es unbedingt nötig war.«

Die Geschichte kann man nicht auslöschen, nein. Da hat der Bürgermeister von Campi recht. Und es stimmt, dass Campis Bürger:innen in der Zeit des Faschismus fließendes Wasser bekamen. Daran lässt die Geschichte keinen Zweifel. Trotzdem kann man sie nicht nach Belieben zurechtbiegen. Einen Platz in seiner Heimatstadt nach dem früheren faschistischen Bürgermeister zu benennen ist eine symbolische Geste, genauso wie es eine symbolische Geste war, den Corso Starace nach Ende des Faschismus in Corso Italia umzubenennen.

Darum kreisen meine Gedanken, als Jacques und ich die Tabakfabrik verlassen, zum Largo Fontana di don Pippi gehen und uns auf eine Eisenbank neben dem kleinen Springbrunnen setzen. Wie kann es sein, dass niemand nach Cosima, Michelina, Maria, Concetta, Oronza, Rosaria und dem schweren Schicksal all der anderen Arbeiterinnen aus der Tabakmanufaktur fragt, deren Dienstausweis Tonino so sorgsam aufbewahrt hat?

Während des Besuchs der Fabrik hatte der Museumsführer auch den Geruch erwähnt, der durch die Straßen von Campi zog, wenn die Tabakblätter im Sommer in der Sonne trockneten: Überall, in den Gassen und Innenhöfen der Stadt, saßen die Frauen auf den Stufen vor ihren Häusern oder auf dem Boden und befestigten die Blätter mit Schnüren an Holzgestellen. Diese Tiraletti lehnten sie dann an die Hauswand und holten sie erst am Abend hinein, um den Tabak vor der Feuchtigkeit zu schützen. Auch ich habe eine vage Erinnerung an die Tiraletti; als ich klein war, wurden die Tabakblätter noch in den Höfen hinter unserem Haus in der Sonne getrocknet; ich atmete den herben Geruch das Tabaks ein, manchmal streckte ich den Finger nach einem Blatt aus, das bei der geringsten Berührung zu kleinen Krümeln zerfiel.

Der Führer hatte erzählt, dass Donna Maria eine Kastenkamera mit wechselbaren Platten besaß und jedes Jahr auf dem Fest Erinnerungsfotos schoss. Jemand hatte Tonino, der im Laufe der Jahre all die Erinnerungen, Dokumente und Objekte seiner Familie zusammengetragen hatte, für seine Geduld und Gewissenhaftigkeit gelobt. Doch niemand hatte auch nur mit einem Wort die Lebensbedingungen der Arbeiterinnen erwähnt, die Lieder, die sie anstimmten, wenn sie bei Sonnenuntergang erschöpft nach Hause gingen, die Aufstände 1925 und 1926, die Festnahmen 1927 oder das Massaker in Tricase 1935, als die Polizei der faschistischen Regierung auf die Demonstrantinnen schoss. Um die siebzig Frauen wurden verletzt, fünf Arbeiterinnen starben noch auf der Straße.

Was ist aus diesen Bruchstücken der Wahrheit geworden? Wer erinnert sich heute noch an die Müdigkeit und an den Schlafmangel der Arbeiterinnen, wenn die Holzkisten mit den getrockneten Tabakblättern in der Fabrik eintrafen, sie im Morgengrauen aufstehen und kilometerweit laufen mussten, bis sie bereits entkräftet bei der Arbeit ankamen und von früh bis spät für einen Hungerlohn Tabakblätter sortierten, zu Bündeln zusammenfassten, pressten und in völlig überhitzte, totenstille Räume brachten, wo sie die Temperatur der Trockenöfen mit bloßen Händen kontrollierten?

Fimmene fimmene ca sciati allu tabaccu, ne sciati ddoi e ne turnati quattru, sangen die Arbeiterinnen, wenn sie am Abend nach der Arbeit von Müdigkeit und Schmerz zerrüttet zurückkamen: »Um zwei gehn sie los, um vier kehrn sie heim, die Frauen aus der Tabakfabrik«. Pausen gab es keine, nicht einmal zum Essen, und ständig waren sie dem unerbittlichen Blick des Mestre ausgesetzt. Sie hatten kaum Zeit, den Brotkanten herunterschlingen, den sie in der Tasche ihrer Bluse versteckt hatten. An die Knochenarbeit der Fimmene scheint sich in Campi niemand mehr zu erinnern, weder die Leute, mit denen Jacques und ich uns in der alten Tabakmanufaktur der Guarinos unterhalten haben, noch Tonino in dem Buch, das er seiner Familie gewidmet hat und das ich mir ein paar Tage nach der Führung besorgt habe: *Legami di sangue, famiglie e vicende all'ombra di Achille Starace*, »Blutsbande, Familien und Geschichte im Schatten von Achille Starace«.

Wenn Toninos Vater und mein Großvater Freunde waren, hilft mir das Buch vielleicht dabei, Arturos Geschichte zu rekonstruieren, sage ich mir und blättere durch die ersten Seiten. Aber schnell gebe ich wieder auf. Tonino erzählt die denkbar harmloseste Version der Geschichte: Donna Maria habe sich rührend um ihre Arbeiterinnen gekümmert, zum Mittagessen habe die Familie Guarino Friselle und eingelegte Auberginen serviert, die Zeit habe seinem Onkel, Achille Starace, dem rechten Arm des Duce, schließlich recht gegeben und so weiter und so fort.

In Campi wohnt Großvater bei der Familie Perrone, Via Umberto I. Er arbeitet rund um die Uhr: Er kümmert sich nicht nur um die Zivil-, sondern auch die Straf- und Verwaltungsverfahren und verbringt fast seine gesamte Zeit im Gericht. Doch wann immer er kann, flaniert er, nachdem er Akten geprüft, Strafen formuliert und mit den Rechtsanwält:innen diskutiert hat, mit Handschuhen und Spazierstock durch die Straßen der Stadt. Auf die Handschuhe und den Spazierstock legt mein Vater in seinen Erzählungen großen Wert. Er weiß nicht, wann genau sich seine Eltern kennengelernt haben, aber er weiß, dass die jungen Frauen aus den besseren Vierteln stehen blieben und Großvater neugierig und interessiert hinterherschauten, wenn er durch die Straßen von Campi spazierte. Am Ende entschied sich Arturo für Rosa, meine Großmutter. »Mama war sehr schön«, sagt mein Vater nachdrücklich, als er mein perplexes Gesicht sieht – auf den Fotos, die ich kenne, ist Großmutter alles andere als schön: Sie sieht verärgert und streng aus, trägt dunkle, hochgeschlossene Kleider und wirkt auch nicht besonders gepflegt. An der Wand des großen Salons bei den Cousinen meines Vaters entdecke ich später das Porträt einer jungen Frau in einem ovalen, rot-goldenen Rahmen im pompejanischen Stil. Das Mädchen vor dem himmelblauen Hintergrund hat offenes Haar und trägt ein dekolletiertes, ockerfarbenes Kleid, ihr anmutiges Gesicht ist gen Himmel gewandt. Sie scheint zu schweben wie ein Engel, in den Händen hält sie einen Rosenkranz. Papas Cousine sagt, dass das Mädchen meine Großmutter sei und dass sich der Maler, den man damit beauftragt hatte, die Wände und Gewölbe des Hauses zu gestalten, in Rosa verliebt hatte und sie zu seiner Muse machen wollte. »Sie war sehr schön«, fügt sie hinzu.

Aber zurück zu meinem Großvater, der mit Handschuhen und Spazierstock durch Campis Straßen stolziert. Eines Abends im Jahr 1925, der Monat März neigt sich schon dem Ende zu, trifft Großvater vor dem Tor zum Haus der Campos gegenüber der Via Umberto I. auf meine Großmutter. Rosa Campo ist gerade sechsundzwanzig Jahre alt geworden, und ihre Mutter möchte, dass sie endlich heiratet. Vor allem möchte sie, dass ihre Tochter dem Werben des jungen Licci – einer sehr guten Partie – nachgibt. »Worauf wartest du, Rosa? Möchtest du unbedingt als alte Jungfer enden? In deinem Alter hatte ich schon drei Kinder. Du musst dich endlich entscheiden.« Doch Rosa will von Licci nichts wissen. Keiner der jungen Männer aus Campi interessiert sie, sie kennt sie alle seit Jahren und langweilt sich mit ihnen auf Festen jedes Mal zu Tode. Aber Arturo macht sie neugierig. Sie weiß sofort, dass sie den neuen Richter vor sich hat – ihre Freundin Ninuzza, die Arturo beim Bürgermeister gesehen hat, hat ihr schon oft vom Richter Marzano erzählt, sie hat ihn als zuvorkommend, aber distanziert beschrieben.

Statt das Tor schnell hinter sich zu schließen, wie Rosa es sonst tut, wenn sie einen Fremden sieht, bleibt sie wie angewurzelt stehen. Arturo tritt näher und stellt sich vor. Auch er weiß genau, wen er vor sich hat, er weiß, dass die Familie Campo eine der angesehensten der Stadt ist und dass Rosas Mutter, Donna Giuseppina, »den Gestank unter der Nase« hat, *la puzza sotto il naso*, wie man im Italienischen sagt, was so viel bedeutet wie »Sie trägt die Nase hoch«. Für ihre Tochter wünscht sie sich nichts weniger als einen adeligen Ehemann und hat bereits viele Anwärter in die Flucht geschlagen.

Rosa spürt, wie ihr die Röte ins Gesicht steigt, und sie lässt die Rufe ihrer Mutter, die von drinnen fragt, was zur Hölle sie denn so lange treibe, unbeantwortet. Sie schneidet eine entschuldigende Grimasse. Arturo antwortet mit einem Lächeln.

Obwohl sich Rosa auf Anhieb in Arturo verliebt hatte und schon bald beschloss, sich mit ihm zu verloben, lehnte ihre Mutter diese Vereinigung kategorisch ab. Arturo mochte Richter sein, aber Aristokrat war er nicht. Er stammte ja noch nicht einmal aus bürgerlichem Hause. Giuseppina stemmte sich mit aller Kraft gegen diesen Bund und kritisierte ihren Schwiegersohn selbst nach der Hochzeit noch für jede Kleinigkeit.

Giuseppina war ihrerseits schon mit siebenunddreißig Jahren Witwe geworden. Sie hatte Angelo, Vincenzo und Rosa ganz allein großgezogen und sich außerdem um den von ihrer Mutter, der Marquise Prato, geerbten Familienbesitz gekümmert. Giuseppinas Vater Carmelo stammte aus einer neapolitanischen Adelsfamilie, es war sein Vater Don Vincenzo Malvani gewesen, der das Haus – ein ehemaliges Renaissance-Kloster – in der Via Vittorio Emanuele gekauft und restauriert hatte.

In dem von meinem Vater geerbten Teil des Hauses, der mittlerweile mir gehört, kann man die Struktur des alten Klosters noch gut erkennen: den Vorbau aus Massivholz und Schmiedeeisen, den Hof, auf den man von den heutigen Salons schaut, die aneinandergereihten Empfangsräume, das hohe Gewölbe mit den freigelegten Steinen, den Hinterhof mit dem alten Brunnen, von dem aus man in den Garten und zu den Terrassen kommt und die vielfarbige Kuppel der Chiesa Madre, die auf der Piazza Libertà in Campi steht, bewundern kann. Als ich das Haus neu verputzen ließ, kamen auch die Fresken, die Verzierungen aus Lecce-Stein und selbst das Wappen der Familie Malvani wieder zum Vorschein: azurblau mit einem roten Balken, ein Zweig, aus dem auf jeder Seite vier Lilien wachsen, und darüber ein goldener Stern.

»Bitte, Mama, lass mich gehen!«

Am 26. Juli 1926 wird in Campi eine große Feier zu Ehren von Achille Starace veranstaltet. Zu diesem Anlass hat Rosa sich von Celeste, der besten Schneiderin des Dorfes, ein Kleid nach der neuesten Mode schneidern lassen: mit tiefer Taille und Glasperlen geschmückt. Rosas Cousine hat zu ihrem Geburtstag ein ähnliches Kleid getragen, sie hat es in Lecce anfertigen lassen, nach einem Modell direkt aus der Hauptstadt.

»Ich halte es für keine gute Idee, heute Abend auf diese Feier zu gehen. Weder deine Cousine Virginia noch deine Cousine Maria gehen, und auch ich habe nicht die geringste Absicht, das Haus zu verlassen. Dieser Kerl, dieser Starace, das ist doch ein Karrierist. *Ci ete? Ce bbole?* Nein, der interessiert uns nicht.«

Nachdem der faschistische Parteisekretär sich die Bauarbeiten am apulischen Aquädukt angesehen hatte, wollte er die Gelegenheit nutzen, um ein paar Städte in seiner Heimatregion, dem Salento, zu besuchen. Und da hatte sein Schwager in Campi beschlossen, ihm an diesem Abend die Ehrenbürgerschaft zu verleihen. Arturo hatte Rosa gefragt, ob sie ihn zur Zeremonie begleiten würde. »Der Präfekt Murri kommt, der Oberstaatsanwalt Leoni, Orsini Ducas, der ›Principe Apostolico‹, und außerdem der Baron Bacile di Castiglione«, hatte er ihr vor einigen Wochen erklärt. »Das wäre doch eine hervorragende Gelegenheit, um unsere Verlobung zu verkünden, oder nicht? Ich bin mir sicher, dass man uns mit offenen Armen aufnehmen würde, Starace kennt meinen Namen, er weiß, dass ich im März mit den anderen Richtern in Rom war, um Mussolini zu begrüßen, erinnerst du dich an das Foto, das ich dir gezeigt habe? Das, auf dem ich neben dem Duce stehe, er mit verschränkten Armen, majestätisch und beeindruckend, und ich gleich links danebeben. Weißt du noch?«

»Virginia und Maria sind viel jünger als ich, Mama. Und ich habe ja nicht vor, mich auf der Straße herumzutreiben. Ich will nur mit Arturo nach der Zeremonie zum Empfang im Rathaus. Alle gehen hin, Mama, warum darf ich nicht?«

»Mir gefällt dieser Richter nicht, Rosa. Wie oft muss ich dir das noch sagen? Dieser Parvenü ist doch nur hinter deiner Mitgift, dem Anwesen und deinem Adelstitel her. Ich bin deine Mutter, ich will nur das Beste für dich und ich rate dir, lass die Finger von ihm! Noch kannst du es dir anders überlegen. Warum suchst du dir nicht lieber jemanden aus Campi, dessen Familie wir kennen, von dem wir wissen, wo er herkommt?«

Giuseppina hatte nach der Grundschule beschlossen, die Schule abzubrechen. »Mehr als lesen, schreiben und rechnen braucht man doch nicht«, sagte sie, wenn jemand sie fragte, warum sie nicht mit der Schule weitergemacht habe. »Als Frau heiratet man, bekommt Kinder und kümmert sich um die Familie, da braucht man keine Gelehrte zu sein. Und ich weiß sehr gut, wie man einen Haushalt und das Personal führt.« Ein starker Charakter, das gibt sogar mein Vater zu, der mit seiner Großmutter aufgewachsen ist. Sie war niemals zufrieden. Die Bediensteten genügten nie ihren hohen Ansprüchen: Lucia vermasselte die Soße, Concetta putzte nicht richtig, der Käse, den sie zu Weihnachten und Ostern von den Landarbeiter:innen bekamen, war von schlechter Qualität. »Für wen halten sich diese *cafuni 'mbrujuni*?« Nichts und niemand war ihr gut genug. Außer ihrem ältesten Sohn natürlich, Nino, dem Onkel meines Vaters. Ihm verzieh meine Urgroßmutter alles, vor allem nach dem Tod ihres Ehemanns: das beim Spiel verlorene Geld, die mehr oder weniger heimlichen Affären, die Oberflächlichkeit und den Zynismus.

»Ich gehe, Mama, wir sehen uns morgen früh.« Rosa, die die Charakterstärke ihrer Mutter geerbt hat, gibt nicht so schnell klein bei. Sie hat beschlossen, mit Arturo zu der Feier zu gehen, also geht sie. Da kann ihre Mutter zetern und die Madonna oder Sankt Pompilio anrufen, soviel sie will. »Wenn dein Vater noch leben würde, würdest du dich das nicht trauen, du unverschämte Göre, der hätte dich längst zurechtgewiesen.« »Und du, Mutter, sag deinem Sohn, er soll sich nicht den Kopf über meine Mitgift zerbrechen. Wenn er genauso viel Zeit damit verbringen würde, darüber nachzudenken, was er beim Kartenspiel und für seine Liebhaberinnen ausgibt, wie damit, seine Nase in meine Angelegenheiten zu stecken, hätte er weniger Ärger. Lass dir von ihm bloß keine Flausen in den Kopf setzen, Mama!«

Laut meinem Vater hat meine Mutter Flausen im Kopf. Genau wie mein Bruder, der da ganz nach ihr kommt. Und ich, wenn ich etwas nicht so mache, wie mein Vater es will, und ich ihm hinterher recht geben muss, weil die Sache natürlich fürchterlich schiefgeht.

Flausen und Lebensfreude, für meinen Vater ist das ein und dasselbe. »Ah, diese Lebensfreude!«, sagte er oft – das »ah« lang und tief und voller Verachtung –, wenn mein Bruder und ich beim Essen plötzlich in Gelächter ausbrachen, weil meine Mutter etwas Lustiges gesagt oder getan hatte, oder weil etwas heruntergefallen war. Der Grund war ganz egal. Als Kind bringt einen jede Kleinigkeit zum Lachen, auch Erwachsenen passiert das manchmal. Aber Lachen oder Scherzen bedeutete für meinen Vater, die Dinge nicht ernst zu nehmen. Und das wiederum war der Beweis dafür, dass wir unserem Dasein keine Bedeutung zu verleihen wussten.

»Im Leben bekommt man nichts geschenkt«, sagte mein Vater immer. »Man muss es sich verdienen. Und dafür braucht man Disziplin, Beharrlichkeit und Ordnung.« All das, was meine Mutter laut meinem Vater nicht hatte.

Als Papa Mama kennenlernte, verliebte er sich Hals über Kopf. Sie war atemberaubend schön. Auf den Fotos von früher erinnert sie mich an die italienischen Schauspielerinnen der Sechzigerjahre. Ich bin sicher, dass die beiden in den ersten Jahren ihrer Ehe glücklich waren. Aber dann ging es langsam bergab, bis mein Vater schließlich überzeugt war, dass meine Mutter für all seine Misserfolge und sein Unglück verantwortlich war.

»Wie findest du dieses Kleid?«, fragte meine Mutter ihren Mann eines Tages. Zu Beginn ihrer Ehe schwammen meine Eltern nicht gerade im Geld. Mama kaufte sich seit Jahren nichts Neues, sie begnügte sich mit dem, was sie hatte, sie brachte Opfer und versuchte, ihrem Mann zu zeigen, dass sie nicht oberflächlich war.

»Ich wünsche dir, dass du es niemals tragen wirst«, sagte mein Vater eiskalt. Ich hatte die Szene zufällig beobachtet, und als ich die tiefe Verachtung in Papas Stimme hörte, flüchtete ich mich in mein Zimmer, schloss mich ein, nahm tröstend meine Puppe in den Arm und sagte ihr, dass sie nicht zu weinen brauche.

Als ich Jaques davon erzähle, verschlägt es ihm die Sprache. Dann fragt er: »Aber ... Wie hat dein Vater das gemeint?«

Auch ich habe weder den Sinn seiner Worte noch die Verachtung gegenüber seiner Frau jemals verstanden. Als wäre der Wunsch, sich ein Kleid zu kaufen, ein Beweis für ihre Schuld. Aber warum? Und für welche Schuld?

»Sag mir nicht, was ich zu tun oder zu lassen habe! Ich bin der Mann, ich entscheide, ich lasse mich von dir bestimmt nicht herumkommandieren. Niemals, hörst du? Niemals!«

Das ist erst einige Jahre her. Ich bin bei meinen Eltern in Rom zu Besuch und höre Geschrei aus der Küche. Hastig laufe ich aus meinem Zimmer und die Treppe hinunter.

Das Gesicht meines Vaters ist puterrot, er hört gar nicht mehr auf zu schreien. Meine Mutter dagegen ist leichenblass.

»Papa, hör auf, schämst du dich nicht? Weißt du eigentlich, was du da sagst?« Jetzt bin ich es, die sich nicht mehr beruhigen kann. Meine Eltern sind seit mehr als fünfzig Jahren verheiratet, seit ich mich erinnern kann, habe ich unzählige solcher Szenen miterlebt. »Es reicht! Ich kann es nicht mehr hören, immer dieses Machtgehabe!«

»Was weißt du schon davon, wie deine Mutter früher war, als ich sie kennengelernt habe? Was ich alles tun musste, damit sie dein Leben und das deines Bruders nicht versaut, so wie ihre Mutter es bei ihrer Tochter und ihrem eigenen Ehemann getan hat?«

Als sich gerade alles zum Besseren wendet – Verlobung, Karriere, Ruf und Ansehen –, versucht jemand, meinem Großvater zu schaden. Im November 1926 erhält Leoni, der Oberstaatsanwalt von Lecce, eine merkwürdige anonyme Beschwerde:

Marzano hat seine Objektivität als Richter verloren. Er leitet das Gericht nicht ordnungsgemäß, ist häufig abwesend, fällt falsche Urteile und vernachlässigt seine Arbeit.

Leoni, der diese jungen, zielstrebigen Kerle, die seit einigen Jahren die Amtsgerichte im Salento bevölkern, nicht leiden kann, nutzt die Gelegenheit und versetzt Arturo im Januar 1927 nach Vico del Gargano, einen kleinen Gerichtsbezirk in der Provinz Foggia, mehrere Stunden Autofahrt von Campi entfernt.

Aber Leoni hat seine Rechnung voreilig und ohne Arturo gemacht. Großvater lässt sich nicht ohne Gegenwehr bestrafen. Nach anfänglicher Verwirrung – was ist passiert, was genau wirft man ihm vor? – beschließt er, beim Generalstaatsanwalt von Bari Einspruch einzulegen, indem er eine öffentliche Untersuchung verlangt. Diese Tölpel werden schon noch sehen, mit wem sie es zu tun haben, denkt sich Arturo, elendes Pack. Wenn die wüssten, dass ich im März in Rom war, um dem Duce persönlich die Ehre zu erweisen, dass ich direkt neben Mussolini gestanden habe, er mir in die Augen geblickt und meine Hand geschüttelt hat.

Die Verlobung von Arturo Marzano und Rosa Campo hat in Campi für Gerede und viele Gerüchte gesorgt. Es sieht ganz so aus, als stecke hinter dem anonymen Beschwerdebrief an den Oberstaatsanwalt eine gehörige Portion Eifersucht.

Die Malvanis nehmen die Nachricht von Arturos Strafversetzung gar nicht gut auf. Donna Giuseppina nutzt die Gelegenheit und versucht wieder einmal, Rosa davon zu überzeugen, diesen Möchtegern von einem Richter endlich aufzugeben. »Sag die Verlobung ab, Rosetta! Schluss mit dem Gerede, denk an den guten Ruf deiner Familie.«

Doch die anonymen Anschwärzer:innen sollten bald feststellen, dass diese Geschichte eine Nummer zu groß für sie ist, sie haben sowohl Rosas Sturheit als auch Arturos Lebenslauf unterschätzt, der ihn nicht nur als hervorragenden Richter, sondern auch von Anfang an als treuen Anhänger des Regimes auszeichnet.

Arturo meldet sich noch einmal persönlich bei Leonis Vorgesetztem, dem Generalstaatsanwalt von Bari, der die Sache sogleich in die Hand nimmt. Und im Dezember 1927, weniger als ein Jahr nachdem mein Großvater nach Vico del Gargano versetzt wurde, fällt die Untersuchungskommission am Berufungsgericht von Bari ein einstimmiges Urteil: Richter Marzano verdiene höchstes Ansehen und in den oberen Schichten Campis sei man über seine Versetzung gar nicht erfreut; statt ihn zu bespitzeln, solle er ermutigt werden.

Arturo wird zum Staatsanwalt am königlichen Gericht von Lecce befördert. Leoni dagegen wird seines Amtes in Lecce enthoben und umgehend nach Potenza versetzt.

Für meinen Großvater ist es ein großer Triumph. Und für

Rosa, die ihr Leben als feine Dame mit Bediensteten und unter dem wachsamen, aber wohlwollenden Blick ihrer Mutter wieder aufnehmen kann, eine enorme Erleichterung.

Am 2. Juni 1927 um 10:15 Uhr begibt sich Arturo aufs Rathaus, um den Podestà darüber zu unterrichten, dass er und Rosa heiraten wollen. Für die Hochzeitsvorbereitungen hat er sich ein paar Wochen freigenommen, er möchte sich persönlich darum kümmern. Er hat es eilig, sowohl die kirchliche als auch die standesamtliche Trauung sollen noch vor Jahresende über die Bühne gehen. Doch Rosa, die aufs Rathaus kommen muss, um sich mit dem Eheaufgebot einverstanden zu erklären, weigert sich, das Haus zu verlassen. Die öffentliche Bekanntmachung der Hochzeit scheint ihr und ihrer Familie ein Dorn im Auge zu sein. »Warum sollten wir herausposaunen, dass Arturo und Rosa heiraten wollen?«, fragt Giuseppina, Rosas Mutter, als Don Giuseppe ihr erklärt, dass es sich dabei um die übliche Vorgehensweise handelt. »Das mag ja für die anderen gelten, aber doch nicht für uns ... Wir sind schließlich nicht jedermann, nicht wahr?«

Als ich das Eheregister des Jahres 1927 öffne und sehe, dass auf der Urkunde Marzano-Campo ein Kreuz prangt, rege ich mich auf. Die beigefügte Notiz erklärt, dass die zukünftige Ehefrau nicht vorstellig geworden sei und die Urkunde deshalb nicht an der Rathaustür ausgehängt werden konnte. Woher kommt bloß dieser Tick, immer alles anders machen zu wollen als die anderen? Und ich entdecke noch etwas: Auch am 10. Oktober 1927 will Rosa das Haus nicht verlassen. Ein ärztliches Attest besagt, dass Fräulein Campo wegen einer Nervenkrankheit nicht in der Lage sei, ihre Hochzeit im Rathaus zu begehen. Der Podestà muss eigens ins Haus der Campos kommen. Und dort, in dem alten Kloster, traut er dann meine Großeltern.

»Papa, wusstest du, dass Großmutter sich geweigert hat, für die Hochzeit aufs Rathaus zu gehen?«

»Wie meinst du das?«

»Sie hat dem Podestà ein ärztliches Attest gegeben, damit die Trauung bei ihr zu Hause stattfinden konnte.«

»Das kommt mir aber komisch vor.«

»In der Tat. Aber so steht es in der Eheurkunde. Und was hat es mit dieser Nervenkrankheit auf sich? Hatte deine Mutter Stimmungsschwankungen?«

Aber mein Vater kann mir auch nicht weiterhelfen. Bevor ich ihm davon erzählt habe, wusste er noch nicht einmal, dass die standesamtliche Trauung am 10. Oktober 1927 stattfand. Er wusste nur von der kirchlichen Trauung in der Santa Maria delle Grazie, bei der seine Mutter, die ihren Vater mit zwölf Jahren verloren hatte, von ihrem Großvater Carmelo zum Altar geführt wurde. Danach sind wohl alle Adelsfamilien der Stadt zu den Campos nach Hause eingeladen worden, es sei eine sehr schöne Feier gewesen, man habe getanzt und gegessen, Rosas Mutter habe schon Wochen vorher mit den Vorbereitungen für das Buffet angefangen.

»Und Großmutters Krankheit?«, hake ich nach. Die Geschichte mit dem ärztlichen Attest geht mir noch mehr auf die Nerven als die Tatsache, dass die Campos die Bekanntmachung der Hochzeit verhindert haben. Welchen Grund hatte meine Großmutter, eine neurologische Störung zu erfinden? Regeln sind nun mal Regeln. Oder ging es ihr wirklich nicht gut? Wieder einmal frage ich mich, wo sich hinter alldem die Wahrheit versteckt.

»Eine Regel ist eine Regel ist einzuhalten«, sagte mein Vater immer, wenn mein Bruder und ich um eine Ausnahme bettelten. Er konnte noch nie ausstehen, was er »den atavistischen Hang der meridionalen Bevölkerungsgruppe zum Umgehen von Regeln« nannte. Obwohl er selbst im Salento geboren ist, hat er sich immer über die Faulheit der Leute aus dem Süden beschwert, über deren Vorliebe, die Dinge hinauszuzögern und für alles Ausreden zu finden. Mein Vater war der Meinung, dass sich diese Mentalität ändern müsse. Als guter Sozialist wollte er den Fortschritt und die Kultur in den Süden bringen. Er hängt an seiner Heimat, trotzdem verachtet er das für diese Gegend so typische Festhalten an alten Traditionen: Hausgemachte Pasta, die über mehrere Tage zubereitete Tomatensoße – all diese Rituale hält er für überholt. Mein Vater hat in Harvard und Cambridge studiert, ist Wirtschaftsexperte und Neokeynesianist, ein Intellektueller und Vordenker. Alles, was bei uns zu Hause nicht rundlief, war die Schuld meiner Mutter, die es nie geschafft hatte, ihre provinziellen, meridionalen Angewohnheiten abzulegen. Er dagegen hatte sich emanzipiert, sich von den Traditionen losgesagt, er hatte in Amerika und England gelebt, abends wollte er *soup and cheddar* essen, aber auf gar keinen Fall die guten alten *orecchiette con le cime di rapa*.

»Seine Familie hat sich immer für anders gehalten«, sagt meine Mutter, die nach Jahren des Stillschweigens endlich den Mund aufmacht. »Sie fühlten sich überlegen, deshalb haben sie die Regeln auch nach ihren Vorstellungen angepasst.« Heute spricht und widerspricht meine Mutter, manchmal schreit sie sogar. »Fünfzig Jahre lang habe ich von mir selbst behauptet, ich hätte keine Ahnung und dein Vater wisse es sicher besser. Jetzt habe ich endlich verstanden, dass er in Wahrheit keine Ahnung vom Leben hat!«

»Eine Regel ist eine Regel«, sagte mein Vater immer. Aber warum ist seine eigene Mutter dann nicht wie alle anderen auch aufs Rathaus gegangen? Plötzlich bin ich es, die verlangt, dass Regeln auch eingehalten werden. So oft habe ich meinen Vater über Regeln sprechen hören, dass ich Ausflüchte, Lügen und Betrug nicht mehr ertrage. Und wenn ich etwas nicht ausstehen kann, dann sind es Leute, die sich für schlauer halten und die Gutgläubigkeit anderer ausnutzen. Jacques hat schon recht, wenn er sagt, dass ich unnachgiebig sein kann. Zu streng mit mir selbst und den anderen. Päpstlicher als der Papst.

Von Arturos und Rosas Hochzeit habe ich nur ein einziges Foto, ohne Datum oder Anmerkungen. Papas Cousinen haben es mir bei meinem letzten Besuch gegeben. Die Fotografie wurde im Hof des Hauses meiner Großeltern aufgenommen, ich erkenne die große Seitentür, die Stufen, die zur Terrasse hinaufführen, und die schmiedeeiserne Balustrade. Ein Jahrhundert später hat sich kaum etwas verändert. Nur der Boden ist nicht mehr derselbe: Damals war der Hof mit wunderschönem Chianche gepflastert, dem für Lecce typischen Stein. Wer hatte bloß die glorreiche Idee, stattdessen diese entsetzlichen Betonplatten zu verlegen, die ich noch aus meiner Kindheit kenne?

Arturo und Rosa stehen in der zweiten Reihe, die fünf Kinder vor ihnen verbergen das Kleid der Braut. Nur der obere Teil von Rosas Gewand ist zu erkennen und der Schleier um ihren Kopf, der das Gesicht verdeckt und an der Stirn von einer Schnur zusammengehalten wird. Im Gegensatz zu Arturo, der ernst dreinblickt, lächelt meine Großmutter höflich. Dafür ist Großvaters Gesicht fein geschnitten, während das von Rosa plump wirkt, wie aufgedunsen. Sie sieht genau wie ihre Mutter aus, die in einem schwarzen Kleid neben ihr steht: ein Helm aus kurzen Haaren und ein dünner Pony, grobe Gesichtszüge und kein bisschen schön. Ich sage Jacques, dass ich Großmutters Hochzeitskleid furchtbar finde. Er meint, dass ich übertreibe: »So waren die Kleider eben damals.« Aber die Bilder, die ich finde, als ich im Internet nach Hochzeitskleidern aus den späten 1920er-

Jahren suche, haben nichts mit Rosas Aufmachung gemein. Das Kleid meiner Großmutter hat weder Spitze noch Fransen, sie trägt keine Brosche, kein Diadem. Statt einer Perlenkette hat sie nur eine Art weißen Schal um den Hals – und dann diese obszöne Schnur um ihren Kopf!

In den Flitterwochen fährt Arturo mit seiner Frau nach Venedig, doch vorher halten sie in Bologna. Nach seinem Medizinstudium ist Rosas Bruder Vincenzo dortgeblieben. Rosa wollte die Stadt, von der ihr Bruder ihr schon so viel erzählt hat, unbedingt sehen. Arturos Erinnerungen an Bologna stammen aus dem Krieg, wenn es nach ihm gegangen wäre, hätten sie einen großen Bogen um die Stadt gemacht, aber schließlich hat er eingewilligt. Auch als seine Frau Vincenzo besuchen will, der im Dispensario di Bazzano arbeitet, einer Gesundheitseinrichtung für Bedürftige, gibt er nach – dabei hasst Arturo Krankheiten, er bekommt Gänsehaut, wenn die Rede von Tuberkulose ist, alles, was mit dem menschlichen Körper zu tun hat, macht ihm Angst, und außerdem verstehen er und Vincenzo sich nicht besonders gut. Der Bruder meiner Großmutter ist kein Freund des Regimes, er ist ein liberaler Antifaschist. Arturo stimmt selbst dann zu, als seine Frau unbedingt in das Atelier von Elena Venturoli in der Via Saragozza möchte: Vincenzo hat seiner Schwester erzählt, dass sich dort die adeligen Frauen aus Bologna einkleiden lassen.

Eine Postkarte vom 16. Oktober 1927 an die Mutter von Papas Cousinen zeigt Arturo und Rosa auf der Piazza Grande in Bologna, umgeben von einer Taubenschar: Das junge Hochzeitspaar schaut in die Kamera, sie scheinen nicht recht zu wissen, ob sie trotz des Vogels auf Arturos Arm still stehen bleiben oder die Tauben verscheuchen und in Kauf nehmen sollen, das Foto zu ruinieren. Die Karte lag bei dem Hochzeitsfoto, das Papas Cousinen mir gegeben haben. Außer dem Abzug und der Postkarte war eine Rechnung mit der Unterschrift von Elena Venturoli dabei.

Als Arturo sah, wie Rosettas Augen beim Anblick der im Schaufenster ausgestellten Kleider leuchteten, hatte er beschlossen, seiner frischgebackenen Ehefrau ein Geschenk zu machen. Meine Großmutter suchte das Modell und den Stoff aus. Doch als das Paket von Elena Venturoli schließlich in Vico del Gargano ankommt – während meine Großeltern darauf warten, dass das Berufungsgericht in Bari sich zu den gegen Arturo vorgebrachten Anschuldigungen äußert, haben sie eine kleine Wohnung in Vico del Gargano gemietet –, bekommt Rosa einen Wutanfall und schreibt einen empörten Brief an die Schneiderin. *»Ce bbete 'stu nastru cafunescu?«* Anklagend zeigt sie auf die goldene Verzierung an der Taille und den Ärmeln des Kleides. »Furchtbar vulgär, diese Borte, findest du nicht?«, fragt sie ihren Ehemann. Arturo ist anderer Meinung, ihm gefällt das Kleid, er findet es kein bisschen vulgär, ganz im Gegenteil. Er hält es für exquisit und elegant. Aber wenn Rosetta sich etwas in den Kopf gesetzt hat, ist es unmöglich, sie zum Umdenken zu bewegen, sie wird laut und schimpft, und dann behauptet sie, Kopfschmerzen zu haben, und bleibt tagelang im Bett, die Augen fest geschlossen.

Am 23. November 1927 bekommt Rosa eine Antwort von Elena Venturoli. Der Rechnung über 431,50 Lire für das Kleid und das Cape aus himmelblauem Samt, die Seide für das Innenfutter des Kleides, die Knöpfe und Schnallen, den Karton und den Versand liegt ein mit Rechtschreibfehlern gespickter, aber sehr gewandter Brief bei:

Sehr gehrte Signora, es tut mir außerordentlich leid, das Ihnen das Kleid nicht gefällt und Sie die Borte entfernen möchten, deren Goldton die Farbe des Capes aufgreift und dem Kleid Eleganz und Erhabenheit verleit und die ihrer Tallie so hervoragend schmeichelt und Sie nicht etwa ungehobelt erscheinen lässt. Seien Sie versichert, das das niemals meine Absicht war (…). Bitte glauben Sie mir, wenn ich sage, das Sie zunehmend Gefallen an dem Kleid finden werden, denn meine Modelle sind nicht nur ein Jar, sondern zwei oder sogar drei Jare in Mode (…). Wenn Sie mir den Besaz an Taille und Ärmeln dennoch zurückschicken möchten, tun Sie das gerne, aber ich weise Sie noch einmal darauf hin, dass Sie dem Kleid damit kein Gefallen tun (…). Ich versichere Ihnen, meine Kreazion lässt Sie ganz sicher nicht ungehobelt wirken, sondern unterstreicht Ihren Stil und Ihre Kultivirtheit.

»Das ist *cafonesco*!«, pflegte mein Vater zu sagen. Mit *cafonesco* ist es ein bisschen wie mit der »Lebensfreude«, auch wenn ich das Prinzip nie richtig verstanden habe. Wer bestimmt, was kultiviert ist und was im Gegensatz dazu vulgär? Wer legt die Kriterien fest? Für meinen Vater war fast alles, was die anderen taten, vulgär oder eben *cafonesco*. Hausgemachte Nudeln, frischer Ricotta, Nagellack oder Miniröcke. Es war vulgär, den ganzen Tag in der Küche zu stehen wie meine Mutter, wenn wir Gäste zum Abendessen erwarteten; es war vulgär, samstagnachmittags bummeln zu gehen wie meine Mutter und ich, als ich noch jünger war …

Mein Vater kann ein überheblicher Snob sein. Genau wie ich manchmal ... Bei knalligen Farben und hohen Absätzen verdrehe ich die Augen. Und wenn jemand meiner Meinung nach zu viel Schmuck trägt, frage ich Jacques, ob er das nicht auch vulgär findet: »Sie sieht aus wie die Madonna von Loreto, findest du nicht?«

Am 15. Januar 1928 wird Arturo ans königliche Gericht von Lecce versetzt und dort am 21. Juni zum Staatsanwalt ernannt. Am 11. Februar 1929 schickt man ihn nach Brindisi, wo er bis zum 4. Dezember 1933 bleibt, bevor er wiederum nach Rom versetzt wird. Auf Wunsch Mussolinis und des Justizministers erhält er am 17. April 1930 das Ritterkreuz des Ordens der Krone von Italien.

Ich wüsste zu gern, was mein Großvater gesagt oder getan hat, um diesen Titel und seine Beförderungen zu bekommen, aber ich habe weder Fotos noch Briefe aus dieser Zeit. Was wollte Arturo 1933 in Rom? Wie lange war er dort? Hat seine Frau ihn begleitet oder ist sie in Apulien geblieben? Als im September 1934 seine älteste Tochter Rosaria zur Welt kam, war Arturo da bei meiner Großmutter oder in Rom? Warum hat er nicht Karriere im Justizministerium gemacht? Für einen Faschisten der ersten Stunde dürfte das doch wohl kein Problem gewesen sein.

»Das Gerichtswesen war unabhängig«, sagt mein Vater, als ich ihn frage, ob er mehr über Arturos Karriere weiß. »Das Gerichtswesen war eine unabhängige Instanz«, wiederholt er rechthaberisch. Er scheint vergessen zu haben, dass die Unabhängigkeit der Judikative von Exekutive und Legislative in Italien erst 1948 eingeführt wurde. Anfang des 20. Jahrhunderts unterlag das Gerichtswesen der strengen Aufsicht des Justizministeriums, und das hat sich während des Faschismus nicht gerade zum Besseren gewendet. Im Gegenteil. Justiz-

121

minister Alfredo Rocco sagte mit unverkennbarem Stolz: »Der faschistische Geist durchdringt das Gerichtswesen viel schneller als alle anderen Behörden des Staates.«

»Nein, Papa, damals unterlagen die Jurist:innen direkt dem Justizministerium, sie waren sogar den Präfekten untergeordnet!« Ich kann nicht einfach so hinnehmen, dass mein Vater Blödsinn erzählt. »Und ab 1932 war eine Mitgliedschaft in der Partei sowieso Pflicht, damit man im Gerichtswesen arbeiten konnte. Nur diejenigen, die beweisen konnten, dass sie echte Faschist:innen waren, durften Karriere machen.«

Alles im Staate, nichts außerhalb des Staates, nichts gegen den Staat. Diese Formel Mussolinis fasst das totalitäre Wesen des Faschismus perfekt zusammen. Der italienische Staat bestimmt langsam, aber sicher über das gesamte Leben der italienischen Bevölkerung – ganz nach dem Motto der Synthese und Einheit aller Werte. Schon bald werden Beamt:innen, die die Grundsätze des Regimes nicht teilen, aus dem öffentlichen Dienst entlassen und alle Parteien außer der faschistischen aufgelöst. Antifaschist:innen werden in die hintersten Ecken des Landes gedrängt, Redefreiheit gibt es nicht mehr. Neue, regierungstreue Präfekt:innen werden eingestellt, sogar ein Sondergericht zur »Verteidigung des Staates« wird eingerichtet.

Ab 1928 muss man zwangsläufig auf der Liste für Arbeitsuchende in seiner Gemeinde eingetragen sein, wenn man sich – ganz egal für welchen Job – bewerben will, und Mitglieder der faschistischen Partei werden kategorisch bevorzugt.

Ab Februar 1929 müssen Lehrer:innen einen Treueschwur auf Mussolini ablegen, ansonsten dürfen sie ihre Arbeit nicht mehr antreten.

Ab 1930 müssen Rektor:innen von Universitäten und

Hochschulen seit mindestens fünf Jahren Mitglied der Partei sein, um ihren Posten behalten zu dürfen. Im selben Jahr findet in Südtirol eine Italianisierungsmaßnahme statt: Die Namen von Männern, Frauen, Städten und öffentlichen Einrichtungen werden allesamt ins Italienische übersetzt.

1931 sind selbst Unversitätsprofessor:innen, die normalerweise unabhängig vom Staat sind, verpflichtet, sich zum Faschismus zu bekennen.

Im selben Jahr, 1931, wird Achille Starace, der Schwager des Podestà von Campi, zum Sekretär des Partito Nazionale Fascista ernannt. In der Ankündigung vom 8. Dezember 1931 beschreibt die *Gazzetta del Mezzogiorno* Starace als »energischen« und »entschlossenen« Mann, als »konsequent in seinen Überzeugungen«, als einen »Nachfahren eines alten Geschlechts«. Es sei jetzt an ihm, »auf das Volk zuzugehen«, »es vor negativen Einflüssen zu bewahren« und »dafür zu sorgen, dass es stets wachsam bleibt«.

Donna Maria und Giuseppe Guarino bereiten zu diesem Anlass einen großen Empfang in Campi vor. Arturo und Rosetta sind ebenfalls eingeladen, doch Arturo sitzt in Brindisi fest, er hat am Tag darauf eine wichtige Gerichtsverhandlung und kann nicht weg. *Leider verhindert – freuen uns mit euch – senden herzliche Glückwünsche – mit den besten Grüßen – Arturo und Rosetta.*

Giuseppe liest seiner Frau das Telegramm vor, sie lächelt stolz und sagt: »Wir stoßen an Weihnachten mit ihnen an, Pippi, ich weiß ja, wie sehr du Arturo schätzt. Und Achille schätzt ihn auch, er sagt, ihm gefallen seine Disziplin und Kraft, seine Energie und sein Mut.«

Qui giace Starace vestito d'orbace – in guerra fugace – a letto pugnace – requiscat in pace. Diesen Reim kenne ich von

meinem Vater, er bedeutet so viel wie »Hier liegt Starace, gekleidet in Orbace – feige im Krieg – forsch im Bett – möge
er in Frieden ruhen.« Eine Art Inschrift, nur dass sie auf keinem Grabstein stand. Gleich nach dem Sturz des Faschismus
machte sie in Bologna die Runde, vielleicht sogar schon davor. Die Studierenden hatten Starace von Anfang an verachtet. Er muss ein richtiger Dummkopf gewesen sein. Mein Vater hatte den Reim umgedichtet, bei ihm lautete er: *Qui giace
Starace, di niente capace, di tutto rapa*ce. »Hier liegt Starace,
unfähig, aber zu allem bereit.« Nicht nur die sexuellen Abenteuer des Faschisten ließ mein Vater weg, sondern auch das
lateinische *requiscat in pace*: »Ruhe in Frieden«. Vielleicht
hatte schon sein liberaler, antifaschistischer Onkel Vincenzo
den Reim umgedichtet und dem Neffen beigebracht. Jedenfalls gab mein Vater, jedes Mal, wenn wir zu Hause über
den Faschismus sprachen, diesen Kehrreim zum Besten. Er
sagte ihn auf und brach in schallendes Gelächter aus, in das
mein Bruder und ich sofort einstimmten. Wir hielten Starace
ebenfalls für einen Dummkopf. »Eine traurige Gestalt, dieser Starace«, sagte Papa, wenn er sich wieder beruhigt hatte.
»Ein armer Kerl. Es war seine Idee, dass die Männer keinen
Zylinder mehr tragen sollten, dass die Krippe eine faschistische Tradition war, im Unterschied zum Weihnachtsbaum,
und dass Faschisten Tee tranken, keinen Kaffee. Kurzum:
Ein echter Idiot! Der Faschismus war eine Katastrophe für
Italien, Kinder. Vergesst das nie!«
Der Faschismus war eine Katastrophe. Punkt.
Ich war stolz auf meinen Vater.

Als Kind habe ich nicht verstanden, was mein Vater meinte, wenn er sagte, Mama würde mein Leben und das meines Bruders zerstören. Ich verstand nicht, was er meinte, und trotzdem glaubte ich ihm. Mein Vater war mein Vorbild. Und jahrelang war es meine größte Angst, so zu werden wie meine Mutter.

Ich erinnere mich an die Geburtstagsfeiern, die Mama für mich und meinen Bruder vorbereitete, als wir klein waren. Sie machte alles selbst. Bei uns gab es nie Kanapees oder anderes Gebäck vom Feinkosthändler, das ich nur von den Geburtstagsfeiern meiner Freundinnen kannte und um das ich sie so sehr beneidete. Bei mir war alles selbstgemacht: Spinat-Ricotta-Tarte aus Mürbeteig, Weißbrot mit Mortadella und Käse, Kuchen mit Vanille- und Schokoladencreme. »Ich mag den Likör nicht, den du immer in diesen Kuchen tust, Mama.« »Welchen Likör?« »Na, den rosafarbenen, der brennt so.« »Das ist Alchermes, Schatz, den braucht man nun mal, um diesen Kuchen zu machen, so geht das Rezept, es steht im Backbuch meiner Großmutter.«

Ich erinnere mich an die Kleidung, die ich zur Schule trug. Pullover, Blusen, Kleider – meine Mutter schneiderte alles selbst. Sie strickte, nähte und stickte: Smokarbeiten, Knopflöcher, Schulterpolster, Ärmel, Motive. »Sieh mal, Schatz, dieses Zopfmuster, ist das nicht hübsch?« So etwas sagte sie oft. Aber ich hasste die von meiner Mutter gestrickten Pullover und Kleider. Ich wollte meine Klamotten kaufen, wie die anderen Mädchen auch, warum musste ich anders sein als sie?

Ich wollte so sein wie die anderen, aber ich fühlte mich wie eine Bettlerin in meinen selbstgeschneiderten Kleidern. Bei uns war alles angenäht, geflickt oder repariert: die Knöpfe an den Jeans, die Socken meines Vaters, die Flicken an den Ellbogen von abgetragenen Pullovern und den Knien von durchlöcherten Hosen. Schere, Nadel, Faden, Kleber. Meine Mutter verbrachte unglaublich viel Zeit damit, alles zu verwerten, zu verstauen und wiederzuverwenden. Nichts wurde weggeworfen, nichts verschwendet. Ich verstand nicht, warum sie dauernd sagte, wir hätten nicht genug Geld. Warum hatten wir kein Geld? Papa war doch Professor. *Sie* arbeitete nicht, *sie* verdiente kein Geld. Es war ihre Schuld!

Als meine Mutter anfing, Kunstunterricht an der weiterführenden Schule zu geben, gingen mein Bruder und ich noch zur Grundschule. Trotz ihrer Arbeit holte sie uns am Nachmittag ab, half uns bei den Hausaufgaben, kaufte ein, putzte, kochte. Sie kümmerte sich um alles. Und trotzdem hatte mein Vater immer etwas zu meckern, wenn er von der Arbeit zurückkam. »Dein Vater machte einen Kontrollgang durchs Haus, um zu überprüfen, ob alles in Ordnung und an seinem Platz war. Ich hatte jedes Mal furchtbare Angst«, vertraute meine Mutter mir später an. Aber damals ahnte ich von all dem nichts. Damals dachte ich, dass Mama an allem schuld war – warum konnte sie nicht so sein wie Paolas Mutter. Die Mütter meiner Freundinnen sahen immer so elegant aus mit ihren makellosen Wasserwellen. Warum trug meine Mutter diesen schrecklichen blauen Lidschatten, den sie im Supermarkt im Angebot kaufte, warum benutzte sie im Sommer am Strand mit Meerwasser gemischtes Olivenöl statt Sonnencreme?

Niemals wollte ich werden wie sie. Mein Vorbild war mein Vater, ganz sicher, nicht meine Mutter.

Ich weiß nicht, wie genau es dazu gekommen ist. Wahrscheinlich werde ich es nie wissen. Vielleicht war der Auslöser, dass meine Mutter wegen eines Bandscheibenvorfalls operiert wurde und ich sie mehrere Wochen nicht sah. Damals war ich erst anderthalb. Wie habe ich diese Zeit erlebt? Fühlte ich mich allein gelassen? Oder hatte dieses Ereignis nichts mit alldem zu tun, hätte ich meinem Vater so oder so den Vorzug gegeben, lag es vielleicht an den Genen, am Blut, war es eine Frage der Abstammung? Oder hatten auch Gene und Blut keinen Einfluss darauf, haben die Dinge sich einfach so entwickelt und damit basta?

Ich wollte immer, dass mein Vater mich ansieht, dass er mir zuhört, dass er stolz auf mich ist und es mir sagt: *Ich bin stolz auf dich*. Genau so. Nicht mehr und nicht weniger. Aber das hat er nie getan. Oder erinnere ich mich nur nicht daran? Jedes Mal, wenn ich versuche, die Puzzleteile meiner Familiengeschichte zusammenzufügen, habe ich das Gefühl, mich in einem Spiegelkabinett zu verlieren, ich sehe mein Gesicht, hundertfach zurückgeworfen. Nicht nur die Vergangenheit entgleitet mir, sondern auch meine eigene Identität.

Ich erinnere mich nicht an jene einsamen Wochen, als meine Mutter im Krankenhaus war, dafür war ich noch zu klein. Trotzdem bin ich mir sicher, dass ich mich allein und verlassen gefühlt habe, jedenfalls löst es ein Gefühl der Einsamkeit in mir aus, wenn meine Mutter mir von meiner Reaktion erzählt, als sie wieder nach Hause kam – warum hat Papa mich eigentlich nie mit ins Krankenhaus genommen, um sie zu besuchen? Und warum hat meine Mutter nichts gesagt, als sie mich an ihrem letzten Abend zu Hause ins Bett brachte?

Warum ist sie einfach so, ohne jede Erklärung verschwunden?

Jedenfalls wollte ich mich meiner Mutter zunächst nicht nähern, als sie von der Hüfte bis zum Hals eingegipst nach Hause zurückkam. Ich rannte ihr nicht entgegen, ich flog ihr nicht um den Hals, ich blieb einfach stocksteif im Flur in einer Ecke stehen. »Gib mir die Kleine«, hat meine Mutter gesagt. »Wenn ich mich hinsetze und du sie mir gibst, kann ich sie auf den Arm nehmen.«

Ich selbst erinnere mich nicht an diesen Moment. Meine Mutter hat mir erzählt, was passiert ist. Sie hat auch erzählt, dass ich sie gar nicht mehr loslassen wollte, nachdem sie mich einmal in den Arm genommen hatte. Es fällt mir nicht schwer, das zu glauben. Ebenso nachvollziehbar scheint es mir, dass ich offenbar anfing zu weinen, als sie mich abends ins Bett brachte und anschließend aus dem Zimmer gehen wollte. Sie beschloss, bei mir zu bleiben, bis ich eingeschlafen war, aber mein Vater ging dazwischen und sperrte sie in einem anderen Zimmer ein. Ich weinte stundenlang. Früher oder später würde ich mich schon beruhigen, behauptete mein Vater. »Willst du, dass sie schlechte Angewohnheiten entwickelt? Soll sie nicht lernen, dass es im Leben Regeln gibt, die man einzuhalten hat? Willst du sie verwöhnen? Sie ruinieren?«

Ich wollte niemals werden wie meine Mutter, die immer unsicher war, die nicht wusste, wie man sich in der Öffentlichkeit verhielt, deren Ansichten spießig waren – mein Vater sagte das dauernd, und ich glaubte ihm, obwohl ich gar nicht wusste, was spießig überhaupt bedeutet. Ich tat alles, was mein Vater sagte, auch wenn seine Anweisungen absurd waren: Während des Essens trinkt man nicht, sonst wird man dick; kein Paracetamol bei Fieber, das ist eine natürliche Reaktion des Körpers.

Was erhoffte ich mir von meinem Gehorsam? Vielleicht liegt das Problem bereits in der Frage. Ich sollte aufhören, sie mir zu stellen, es gut sein lassen, das Urteil aussetzen. Denn jede Antwort wäre nur ein kleiner Teil der Wahrheit. Sie würde mehr Schaden als Nutzen anrichten. Warum streben wir nach der Wahrheit, als gäbe es nur eine einzige?

Mein Vater kommt am 14. November 1936 in Campi zur Welt. Als Lucia an die Tür von Großvaters Arbeitszimmer klopft, um ihm zu sagen, dass es dem Signurinu gut geht, dass er körperlich und geistig gesund ist und dass Donna Rosetta ihn im ehelichen Schlafzimmer erwartet, kann Arturo seine Emotionen nur mit Mühe zurückhalten – schwierig, sich einen gerührten Faschisten vorzustellen. Ich denke daran, was mein Vater über Arturo gesagt hat: »Im Grunde war dein Großvater ein sensibler Mann.« Und an das, was meine Mutter von ihrer ersten Begegnung mit Arturo erzählt hat: Obwohl er damals schon nicht mehr sprechen konnte, hat ihn die erste Begegnung mit der Verlobten seines Sohnes berührt, er vergoss sogar ein paar Tränen. Es überrascht mich also nicht, dass Arturo von seinen Gefühlen übermannt wurde, als Lucia ihm die Geburt seines Sohnes verkündete. Außerdem: Tragen wir nicht alle Widersprüche in uns? Können wir nicht alle streng mit uns selbst und anderen sein, aber emotional werden, wenn jemand den Finger in die Wunde legt, den Sinn unseres Lebens infrage stellt, unsere Ängste aus Kindheitstagen oder unsere intimsten Wünsche betroffen sind?

Arturo ist 1934, kurz vor der Geburt von Papas älterer Schwester Rosaria, nach Campi zurückgekehrt. Sieben lange Jahre hatten sie sich gedulden müssen, bis meine Großmutter schwanger wurde – vielleicht hat sie deshalb Jahre später nichts gesagt und meiner Mutter nur Thermalkuren empfohlen, als man ihr erklärte, dass sie wegen eines Eileiterverschlusses nicht sofort Kinder haben würde, dass sie bestimmte Behandlungen über sich ergehen lassen und viel Geduld aufbringen müsse. Schließlich hatte sich die Jungfrau Maria vom Rosenkranz gnädig gezeigt und meine Großmutter ein Mädchen zur Welt gebracht. Als Arturo erfuhr, dass sein Erstgeborenes ein Mädchen war, war er zunächst enttäuscht, er hatte sich einen Jungen gewünscht, denn nur die Männer geben den Namen der Familie weiter. Doch dann tröstete er sich mit dem Gedanken, dass Rosetta auch ein zweites Mal schwanger werden könnte, wenn es ihr einmal gelungen war.

Ferruccio wird am 26. Dezember 1936 in der Kirche Santa Maria delle Grazie getauft, zu diesem Anlass laden meine Großeltern Giuseppe Guarino und seine Frau, die Familie Prato und die Cousins Malvani, Magi und Tocci ein. Während die Vorbereitungen für das Fest auf Hochtouren laufen, trifft am Nachmittag ein Telegramm von Achille Starace ein, in dem er den Eltern seine besten Wünsche ausspricht. Arturo eilt in die Küche, legt die Arme um seine Frau und sagt: »Hier, Rosetta, lies! Ich habe dir doch gesagt, dass die Neuigkeit bis nach Rom gelangt!«

Von der Taufe habe ich kein Foto, weder von meinem Vater noch von seinen Eltern. Auch von Staraces Telegramm keine Spur. Das Einzige, woran ich mich halten kann, ist eine kurze Unterhaltung zwischen Arturo und seiner Schwiegermutter Giuseppina, von der mir mein Vater erzählt hat und die er auswendig weiß, weil sie jahrelang in der ganzen Familie für große Belustigung gesorgt hat. Anscheinend war Giuseppina nach der Zeremonie sehr wütend auf den Pfarrer gewesen.

Die Szene muss ungefähr wie folgt abgelaufen sein – ich habe beschlossen, sie so wiederzugeben, wie mein Vater es mir erzählt hat, ohne etwas hinzuzudichten, mich ganz an seine Erinnerung zu halten, ein Fenster zu jenem Tag im Dezember zu öffnen und es gleich darauf wieder zu schließen. Die Taufe meines Vaters ist nur ein Teil des Puzzles, ein Farbtupfer auf dem sonst tristen Fresko meiner Familie, das ab 1936 nur noch in schwarz-weiß gemalt wurde.

»Ci ete 'stu Pirandello? Ca c'entrava quiddu cu lu piccinnu? Wer ist dieser Pirandello? Und was hat er bitteschön mit unserem Ferruccio zu tun? Der wird morgen von mir hören, dieser Quacksalber von einem Pfarrer! Hat er etwa vergessen, mit wem er es zu tun hat?« Als sie aus der Kirche kommt, ist Giuseppina außer sich vor Wut. Sie beschwert sich den ganzen Weg von der Santa Maria della Grazie nach Hause, sie schimpft, während sie die Stufen des Kirchenvorplatzes hinuntersteigt und in die Via Vittorio Emmanuele biegt, und beklagt sich noch, als sie draußen vor dem Tor in der Tasche nach dem Schlüssel kramt. Dabei hat der Pfarrer Don Gennaro nichts anderes verbrochen, als in seiner Predigt den kürzlich verstorbenen Luigi Pirandello zu erwähnen. *»Ci ete 'stu Pirandello?«*, fragt Giuseppina noch einmal, dabei sieht sie ihren Schwiegersohn anklagend an. Sie schnaubt vor Wut.

»Giuseppina, nun komm schon, beruhige dich!« Arturo lächelt. »Luigi Pirandello ist einer der Helden unseres Landes. Vor zwei Jahren hat er sogar den Nobelpreis für Literatur gewonnen.«

»Na und? Was hat das mit Ferruccio zu tun?«

»Pirandello ist vor ein paar Tagen gestorben, Don Gennaro wollte ihm nur eine letzte Ehre erweisen. Und ihn bei Ferruccios Taufe zu erwähnen war seine Art, unseren Sohn gebührend willkommen zu heißen.«

»Das bezweifle ich … Aber wenn du es sagst.«

»Auch unser Ferruccio wird einmal Großes vollbringen, wart's nur ab. Eine glorreiche Zukunft liegt vor ihm.«

»Aber ...«

»Das reicht jetzt, hör auf mit dem Gezeter!«

Ende der Szene.

Mein Vater hat Mühe, die Geschichte zu Ende zu erzählen, so sehr muss er lachen. »Manche Dinge hat meine Großmutter einfach nicht verstanden«, sagt er. »Die Arme. Woher sollte sie auch wissen, wer Pirandello war? Sie hatte ja nicht studiert, sie las nie. Für sie gab es nur die Oper.«

Das früheste Foto von meinem Vater stammt aus dem Jahr 1937, es wurde am 30. Januar aufgenommen. Darauf sieht man Arturo im Profil, wie er den kleinen Ferruccio im Arm hält und betrachtet. Mein Vater ist in ein weißes Baumwolltuch mit Stickereien gewickelt, seine Mütze ist ebenfalls weiß. Hinten auf dem Foto steht: *Mein Ferruccio (und sein Vater) mit zwei Monaten und sechzehn Tagen.*

»Wer hat das auf das Foto geschrieben, Papa?« In den Weihnachtsferien bin ich bei meinen Eltern, und mein Vater hat ein Fotoalbum herausgeholt.

»Das ist die Schrift meines Vaters«, sagt Papa, nachdem er mehrere Sekunden lang auf den Text gestarrt hat. »Er hat sich immer um die Fotos gekümmert.« Mein Vater blättert durch das Album, er sagt, dass es Arturo wichtig war, er wollte, dass seine Schwester und er später eine Erinnerung an diese fernen Tage hätten. »Sehr hübsch, das Foto hier mit meiner Mutter, findest du nicht?«, murmelt er und zeigt auf ein Foto, auf dem Rosetta im Garten neben dem Steinbrunnen steht und ihren Sohn im Arm hält. Auch auf diesem Foto steht hinten etwas geschrieben: *Rosetta und mein Ferruccio, 28. 8. 1937.*

»Aber Papa, wann hatte Großvater denn Zeit für Fotos?

War er zu der Zeit nicht schon Oberstaatsanwalt? Warum hat sich deine Mutter nicht darum gekümmert?«

»Weil Papa sich um alles gekümmert hat!«

Schon zehn Jahre sind Arturo und Rosetta mittlerweile verheiratet. Kein Tag vergeht, an dem Rosetta Gott nicht für dieses unerwartete Geschenk dankt: Arturo weiß immer, wie er sich verhalten, was er sagen soll. Er weiß ihrer Mutter die Stirn zu bieten. Und ihr Bruder Angelo kann sich aufspielen, soviel er will, Arturo lässt sich von ihm nicht einschüchtern.

Gut, manchmal geht es mit ihrem Ehemann durch. Dann schließt er sich in seinem Arbeitszimmer ein, und es kann Stunden dauern, bis er wieder herauskommt. Leicht war es nicht, Campi nach der Hochzeit zu verlassen und mit Arturo nach Vico del Gargano zu gehen. Auch allein im Dorf zu bleiben, als ihr Mann nach Rom versetzt wurde, war nicht leicht. Aber nach und nach haben sich die Dinge gefügt: Die Jungfrau Maria war ihnen gnädig und Arturo ist nach Hause zurückgekehrt. Jetzt, da sie wieder vereint sind und Ferruccio auf der Welt ist, braucht sie sich keine Sorgen mehr zu machen. Alles wird gut. Arturo ist Oberstaatsanwalt am Jugendgericht von Lecce, der Präfekt hat ihn sogar zum Mitglied der örtlichen Aufsichtskommission für Zeitungen ernannt. Nur eine Sache bereitet Rosetta Kopfzerbrechen: Warum sagt ihr Mann manchmal, dass er gern Karriere machen würde? Was für eine Karriere will er denn noch?

Strukturiert, präzise, aufmerksam. Immer wieder hat mein Vater versucht, meinem Bruder diese Werte einzubläuen. Er war wie besessen. Als ob es irgendetwas bringen würde, von einem sechs- oder siebenjährigen Kind Struktur, Präzision und Aufmerksamkeit zu verlangen.

Mein Vater hatte schon immer zwei Seiten: Wenn er guter Dinge war, erfand er Lieder und Reime, die heute, aus ihrer Zeit und der Situation herausgelöst, sogar witzig wirken. Aber wenn er angespannt und gereizt war, dann drohte, schrie und schlug er.

Se vuoi bere da bagordo, aspettar devi il raccordo. »Auf dem Ring könnt ihr dann trinken, Wasser bis zum Abwinken.« August, Autofahrt von Campi nach Rom: zwischen acht und zehn Stunden ohne Klimaanlage. Aber damals hatte niemand eine Klimaanlage, das war nicht das Problem. Das Problem war, dass mein Bruder und ich während der gesamten Autofahrt nicht trinken durften. Da war mein Vater unerbittlich: »Sonst wollt ihr nur aufs Klo und wir müssen extra anhalten.« Er hielt nur an, um zu tanken, ansonsten fuhren wir in einem durch, es gab die von meiner Mutter vorbereiteten belegten Brote und allerhöchstens ein Glas Wasser. »Ich hab Durst!«, beharrte mein Bruder, er ließ sich von den väterlichen Verboten nie einschüchtern. Ich hatte auch Durst, aber ich traute mich nicht, etwas zu sagen. Das Nein meines Vaters war kategorisch. Einmal, auf der Autobahn, auf dem Weg zurück von Rom, als mein Bruder wieder jammerte, dass er trinken wolle, dass er verdurste, dass er es wirklich nicht mehr aushalte, erfand mein Vater diesen Reim, den berühmten Vers vom Trinken bis zum Abwinken: Sobald wir auf der Umgehungsstraße, dem Ring, waren, durften wir trinken, so viel wir wollten. Von dort bis nach Hause dauerte es höchstens noch eine halbe Stunde, er wusste, dass wir uns so lange zusammenreißen konnten, selbst wenn es noch so dringend war, und er keine Zeit auf einem Rastplatz verlieren würde.

E chiesero a Ferruccio il bambino dov'è? Sta rompendo le scatole, cattivello com'è. »Und sie fragten Ferruccio: Wo ist der Junge? Wir haben genug von seiner frechen Zunge.« Die Originalversion dieses Verses stammt aus einem Weihnachtsgedicht: *E chiesero a Giuseppe il bambino dov'è, e caddero in ginocchio davanti al Re dei Re.* »Und sie fragten Joseph: Wo ist das Kind? Vor dem König aller Könige knieten sie nieder geschwind.« Mein Vater hatte ihn in einem unbeschwerten Moment umgedichtet, sodass jetzt mein Bruder die Hauptperson war, sogar den Reim hatte er beibehalten. Papa war sehr stolz auf seinen Vers. Und er war ja auch lustig. Schade nur, dass er für meinen Bruder Strafe bedeutete. Zu lachen gab es wenig, wenn Papa sich mit dem »frechen Jungen« im Arbeitszimmer einschloss, einen Holzlöffel in der Hand, um dafür zu sorgen, dass Arturo seine Hausaufgaben machte. Und auch mir verging das Lachen, wenn ich meinen Bruder schreien und weinen hörte, wenn er abends mit blauen Flecken an den Armen, Beinen und manchmal sogar im Gesicht am Tisch saß.

Mein Vater war überzeugt davon, dass mein Bruder korrigiert, auf den richtigen Weg gebracht, zur Normalität gezwungen werden müsse. Schon als kleines Kind hatte ich nachts durchgeschlafen, aber mein Bruder schlief wenig, er war immer unruhig. Schon in der Grundschule machte ich meine Hausaufgaben konzentriert und saß still auf meinem Stuhl, während mein Bruder spielen und Spaß haben wollte, er konnte es einfach nicht aushalten, stundenlang am Schreibtisch zu sitzen. Wer könnte es ihm verübeln?

Finde dein Gleichgewicht. Wieder und wieder schrie mein Vater meinen Bruder an, dass er endlich sein Gleichgewicht finden solle. Als ob ein Kind verstehen würde, was damit gemeint ist: *Finde dein Gleichgewicht.* Wem gelingt es schon, dieses blöde Gleichgewicht jemals zu finden? Selbst als Erwachsene suchen wir vergeblich danach, lernen, dass es dieses Gleichgewicht gar nicht gibt, niemand ist wirklich ausgeglichen, wir tasten uns alle voran, stolpern so gut wie möglich durchs Leben. Aber das verstand mein Vater nicht, er versuchte es nicht einmal, und mit Arturo war er besonders hart. Alles, was mein Bruder tat, missfiel meinem Vater: In der Schule bekam Arturo oft Ärger, weil er nicht stillsitzen konnte, die Kinder in seiner Klasse machten sich über ihn lustig, statt am Tischkicker spielte er lieber mit Barbies ...

Seid selbstständig, lernt, eure Probleme zu lösen.
Nachdem er auf der vergeblichen Suche nach einem Parkplatz mehrere Runden durch die Nachbarschaft gedreht hatte, ließ mein Vater das Auto immer einfach irgendwo stehen: auf dem Bürgersteig, auf einem Zebrastreifen, in zweiter Reihe. Er schaltete den Warnblinker ein, stieg aus und sagte meinem Bruder und mir – obwohl wir beide noch kleine Kinder waren –, dass er gleich wiederkäme. »Und wenn jemand rausfahren möchte?«, fragten wir jedes Mal, wenn er das Auto wieder einmal in der zweiten Reihe abgestellt hatte. »Dann sagt ihr, er soll warten«, lautete die unbekümmerte Antwort meines Vaters. »Und wenn er es eilig hat und böse

wird?« »Dann sagt ihr, er soll sich gedulden, ich käme gleich wieder.« »Und wenn …« »Das reicht jetzt! Ihr seid groß, ihr kommt schon zurecht.«

Die Geschichte endete immer auf die gleiche Art und Weise: Mein Vater brauchte eine Ewigkeit, in der Zwischenzeit tauchte natürlich der Besitzer oder die Besitzerin des Autos auf, dem wir den Weg versperrten, und wollte hinaus; wir sagten, dass unser Vater gleich wiederkäme, er oder sie wartete ein paar Minuten, sah dann genervt auf die Uhr, kam wieder zu uns herüber und fragte: »Habt ihr die Schlüssel?« Und weil Papa uns die Schlüssel nie daließ, obwohl wir ihn jedes Mal anflehten, riefen die Leute entweder die Polizei oder stiegen ins Auto, lösten die Handbremse und ließen es so weit rollen, bis sie hinauskamen.

Und immer bekamen wir Ärger, wenn mein Vater zurückkam, er schrie uns an: »Nichts kriegt ihr hin, schlimmer als eure Mutter! Aus euch wird nie etwas werden!« Mein Bruder fing dann jedes Mal an zu lachen, und ich wäre am liebsten im Erdboden verschwunden, so sehr schämte ich mich.

Ende 1937 erhält Großvater das Komturkreuz des Ordens der Krone von Italien. Der König ernennt ihn aus eigenem Antrieb, *motu proprio,* zum Kommandeur – ohne Zutun des Duce oder des Justizministers. Aber der Zeitpunkt lässt mich misstrauisch werden, er ist alles andere als unschuldig: Ende 1937 waren die ersten Gesetze zur »Verteidigung der Rasse« bereits veröffentlicht. Um gegen die »Rassenmischung« vorzugehen, werden »Beziehungen ehelicher Natur zwischen weißen Männern und schwarzen Frauen« verboten. Der Faschismus wird zum Rassismus.

Jacques warnt mich vor der Falle des Anachronismus. Er sagt: »Damals war Rassismus noch Nebensache.« Aber für mich ist es keine Nebensache. Als Großvater das Komturkreuz bekam, war der Faschismus schon mehr als nur die Hoffnung enttäuschter junger Leute, die sich von der liberalen Bourgeoisie ausgenutzt fühlten. Das faschistische Regime war bereits fest etabliert, es spielte dem Großbürgertum in die Hände und entwickelte sich langsam, aber sicher auch zu einem rassistischen Regime.

Hat mein Großvater die Auszeichnung einfach so angenommen, ohne mit der Wimper zu zucken? Denn darin liegt für mich das eigentliche Problem. Und die Tatsache, dass es der König war, der ihm das Kreuz verliehen hat, und nicht etwa einer der Funktionäre des faschistischen Regimes, macht es nicht besser. Wie könnte es auch? Wenn Arturo sich auch nur ansatzweise gegen die Rassengesetze ausgesprochen hätte, wäre er niemals zum Kommandeur ernannt worden.

»Damals haben sich noch nicht viele Leute für Rassismus interessiert ...«, versucht es Jacques wieder.

Aber das ist mir egal. Wer nicht aufschreit, wenn angeblich eine bestimmte »Rasse« gegenüber einer anderen verteidigt werden muss, macht sich schuldig. So einfach ist das.

»Rasse: Das ist ein Gefühl, keine Realität«, hat Mussolini 1932 zu dem deutschen Schriftsteller Emil Ludwig gesagt. Zwischen 1929 und 1932 trafen sich der Duce und der Intellektuelle jüdischer Herkunft mehrmals im Palazzo Venezia: Sie unterhielten sich, diskutierten miteinander und gerieten bisweilen sogar in Streit über den Faschismus und den Nationalsozialismus, der in Deutschland zwar noch nicht an der Macht war, die politische Debatte aber bereits mit seinen furchterregenden Theorien zur Rasse dominierte. »Ich werde nie glauben, dass sich die mehr oder weniger reine Rasse biologisch beweisen lässt«, sagte Mussolini zu Ludwig und versicherte ihm, dass Italien niemals die verrückten Ideen der neuen nationalsozialistischen Partei übernehmen würde. »Der Nationalstolz braucht keine Delirien der Rasse«, hatte der Duce gesagt. »Die jüdischen Italiener haben sich als Bürger stets bewährt und als Soldaten tapfer geschlagen.«

Der Verlag Hoepli veröffentlichte 1932 die Gespräche zwischen Mussolini und Ludwig, die sich schnell in ganz Italien verbreiteten. Wie ist es möglich, dass der Duce seine Meinung ab 1937 so radikal ändert? Warum beschließt er 1938, die Rassengesetze gegen die Juden zu übernehmen?

Am 14. Juli 1938 wird in der Abendausgabe des *Giornale d'Italia* das *Manifesto della Razza* das Rassenmanifest gedruckt – von dem Mussolini scheinbar wiederholt behauptet hat, er habe es selbst verfasst. »Die Juden gehören nicht zur italienischen Rasse«, kann man unter Punkt 9 des Manifests lesen. »Die Juden sind die einzigen Menschen in Italien, die sich nie werden assimilieren können, weil sie sich aus Rassenelementen nichteuropäischen Ursprungs zusammensetzen, die sich grundlegend von den Elementen unterscheiden, aus denen die Italiener hervorgegangen sind.« Am 5. August erscheint das Manifest erneut, dieses Mal in der ersten Ausgabe der *Difesa della razza*, einer Zeitschrift, die von Mussolini ins Leben gerufen wurde, um die Prinzipien und die Politik des faschistischen Rassismus zu verbreiten, und die von Telesio Interlandi mit Hilfe von Giorgio Almirante, dem zukünftigen Sekretär der neofaschistischen Partei Movimento Sociale Italiano, geleitet wird. Das Manifest trägt die Unterschrift von gut zehn Wissenschaftlern und wird diesmal von ein paar erklärenden Zeilen begleitet: »Es ist höchste Zeit, dass die Italiener sich zum Rassismus bekennen. Ohnehin ist alles, was das Regime in Italien bislang unternommen hat, rassistischer Natur. Das Konzept der Rasse kommt in vielen der Reden des Duce vor. Die Frage nach der Rasse soll in Italien von einem ausschließlich biologischen Standpunkt, nicht aber von einer philosophischen oder religiösen Perspektive aus beantwortet werden. Die Entwicklung des Rassismus in Italien muss in erster Linie italienisch, in ihrer Orientierung arisch-nordisch sein.«

Nach dem Krieg behaupteten viele, der Duce habe nie wirklich an diese Rassengeschichte geglaubt, dass er die antisemitischen Gesetze nur eingeführt habe, um seinem Freund Hitler zu gefallen. Aber belegt ist das natürlich nicht. In wenigen Monaten vervielfältigen sich die diskriminierenden Gesetze, Normen und Verordnungen, die die jüdische Bevölkerung aus allen Bereichen des Berufs- und Privatlebens vertreiben. So wird beispielsweise eine Volkszählung durchgeführt, Angehörigen des Judentums, die die italienische

Staatsbürgerschaft nach 1919 erhalten haben, wird sie wieder entzogen, »Ausländern der jüdischen Rasse« ist es verboten, sich »in Italien, Libyen oder anderen italienischen Gebieten an der Ägäis niederzulassen«. Sie werden vom Bildungssystem ausgeschlossen, kein jüdisches Kind darf sich mehr in der Schule anmelden.

An die hundert Professor:innen verlieren ihren Job, außerdem 200 Dozent:innen, 133 Lehrbeauftragte, 279 Sekundarlehrer:innen, 100 Schulmeister:innen, 400 Angestellte im öffentlichen Dienst und 150 Soldaten. Darüber hinaus sind 200 Studierende, 1000 Gymnasiast:innen und 4400 Schüler:innen gezwungen, ihre Ausbildung abzubrechen.

Ungerechtigkeit wird zur Normalität. Auch in der Welt des Rechts.

Arturo und seine Kolleg:innen im Gerichtswesen wissen das. Aber kaum jemand sagt etwas oder wehrt sich. Auch dann nicht, als der Justizminister Arrigo Solmi zweihundertvierzehn Stellen für Gerichtsreferendar:innen ausschreibt und von den Kandidierenden nicht nur einen Nachweis über ihre Mitgliedschaft in der faschistischen Partei verlangt, sondern auch darüber, dass sie »nicht der jüdischen Rasse angehören«. Und auch als Solmi die bereits praktizierenden Kolleg:innen um einen solchen Nachweis bittet, weil er die »Rassenreinheit« des gesamten Gerichtswesens überprüfen will, wehrt sich fast niemand.

Auf Grundlage der gesammelten Informationen entlässt der Justizminister vierzehn jüdische Jurist:innen aus dem Dienst und zwingt vier mutige Richter:innen, die seinem Befehl nicht nachkommen und sich weigern, die Bescheinigung vorzulegen, vorzeitig in den Ruhestand zu gehen.

Die Namen, Vornamen und Titel der Jurist:innen, die Opfer dieser faschistischen Säuberungsmaßnahme geworden sind, stehen in den offiziellen Berichten des Ministeriums, die allen Gerichten vorliegen.

Mein Großvater weiß, was vor sich geht, und sagt nichts.

Alle Jurist:innen können diese Berichte lesen. Und zumindest diejenigen in verantwortungsvollen Positionen wissen Bescheid. Selbst wenn es in Lecce, Brindisi oder Bari keine Entlassungen gab, kann mein Großvater nicht so blind sein, dass er nichts davon mitbekommt. Da kann Jacques »Anachronismus« sagen, sooft er will.

Arturo wusste es. Und wie alle anderen hat er geschwiegen.

Ich habe mir nichts vorzuwerfen. Obwohl ich immer wieder versuche, mir das einzureden, fühle ich mich furchtbar. An irgendetwas muss ich mich festhalten, sonst bricht noch alles über mir zusammen: meine unschuldige kleine Welt, die unerschütterliche Überzeugung, dass meine Familie immer auf der richtigen Seite der Geschichte gestanden hat, das gute Gewissen, das ich hatte, weil mein Vater links war. Kann ich mich jetzt noch im Spiegel anschauen, ohne mich zu schämen?

Ich habe mir nichts vorzuwerfen. Immer wieder rufe ich mir das in Erinnerung. Zu Hause haben wir oft über die Shoah gesprochen, auch wenn wir damals »Holocaust« sagten. Erst als ich nach Frankreich kam, habe ich gelernt, dass das ein Fehler war: Die Vernichtung des Judentums war keine »unvermeidliche Zerstörung«, wie es der Begriff »Holocaust« nahelegt, sondern ein Drama, eine Tragödie, eine Katastrophe – und genau das bedeutet »Shoah«.

Das Thema wurde bei uns nie verschwiegen. Ich war erst acht Jahre alt, als ich im Fernsehen die Serie *Holocaust* sah, ein Jahr nachdem ich *Roots* gesehen hatte. Zwischen meinem siebten und achten Lebensjahr lernte ich, dass die Weißen die Schwarzen zur Sklaverei verdammt hatten und die Nazis die jüdische Bevölkerung auslöschen wollten. Ich lernte, dass die Menschen in ihrem Wahnsinn und ihrer Brutalität vor nichts zurückschrecken und dass sie nicht nur dazu in der Lage sind, unverzeihliche Verbrechen zu begehen, sondern auch völlig absurde und untragbare Argumente dafür zu finden.

Es war Papas Idee gewesen, dass mein Bruder und ich *Holocaust* und *Roots* sehen sollten. »Sie müssen wissen, was geschehen ist, Paola«, hatte er meiner entgeisterten Mutter erklärt.

»Aber sie sind noch so klein, bist du sicher, dass es eine gute Idee ist, ihnen diese Filme jetzt zu zeigen?«

»Kinder müssen wissen, dass es auch Leid und Kummer gibt, gerade wenn sie noch klein sind«, hat mein Vater geantwortet. »Wie sollen sie sonst das Gute vom Bösen unterscheiden können, wenn sie älter sind?«

Ich habe mir nichts vorzuwerfen. Nachdem ich *Holocaust* gesehen hatte, habe ich Anne Franks Tagebuch, *Ist das ein Mensch?* von Primo Levi, Elio Vittorinis *Gespräch in Sizilien* und *Die Gärten der Finzi-Contini* von Giorgio Bassani gelesen. In meinem Kinderzimmer wurde ich zur Antifaschistin, Widerständlerin, Sozialistin. Unter dem Faschismus hatte Italien ein dunkles Kapitel durchlebt, aber mein Vater hatte mir beigebracht, links und revolutionär zu sein. Ich stand auf der guten Seite der Geschichte, niemals würde ich die Ideale meines Vaters und meiner Familie verraten. Um mich selbst zu beruhigen, rufe ich mir das in Erinnerung.

Aber stand meine Familie wirklich immer auf der »guten Seite«? Habe ich mir wirklich nichts vorzuwerfen, oder suche ich nur nach Vergebung für eine dunkle Vergangenheit, die die Vergangenheit so vieler Italiener:innen ist?

Vergebung geschieht nicht »weil«, sondern »obwohl«, genau wie die Liebe, schreibt der französische Philosoph Vladimir Jankélévitch: »Der geliebte Mensch und das Verziehene sind nicht eigentlich der vernünftige Grund für Verzeihung und Liebe, sondern vielmehr deren Unvernunft und sogar Unverstand.« Warum suche ich dann so verbissen nach Erklärungen? Warum kann ich nicht akzeptieren, dass die Geschichte meiner Familie genauso düster ist wie die Geschichte Italiens?

»Die wenigen Juden, die seit Jahrzehnten in Terra d'Otranto lebten, sich dort perfekt integriert hatten und sich nicht im Geringsten von den anderen Italienern unterschieden, gingen weiterhin ungestört ihren gewohnten Aktivitäten nach«, schreibt Tonino Guarino in dem Buch über seine Familie, in dem er auch mehrmals den Namen meines Großvaters erwähnt. »Obwohl die jüdische Abstammung der wohlhabenden Familien Misraghi und Petrachi allseits bekannt war, mussten sie sich keine Sorgen machen, sie hatten Starace immer sehr nahgestanden, und diese Tatsache änderte sich auch später nicht«, fügt der Neffe des faschistischen Parteisekretärs hinzu. In Bezug auf seinen Onkel schreibt er: »In der Familie sprach Achille dieses Thema niemals an, im Salento war ohnehin alles anders. Die einzige Veränderung bei uns war der Hinweis ›arische Abstammung‹ in den Ausweisen, vom dem sich die salentinische Bevölkerung aber im Gegensatz zu anderen Regionen Italiens nicht beeindrucken ließ.«

Unglaublich, denke ich und werfe das Buch wutentbrannt auf den Boden. Wie kann man heutzutage bloß so etwas schreiben? Ich bin außer mir. Und der Verlag? Hat der nichts dagegen gesagt? Es einfach durchgewunken?

In den 1930er-Jahren lebten in Italien nicht viele Menschen jüdischer Abstammung. Das stimmt. Die Statistiken, die während des Faschismus erhoben wurden und traurige Berühmtheit erlangten, belegen das: In Apulien sind es gerade mal 94 – im Vergleich dazu lebten im Latium 11789 und in Venetien 3460 jüdische Menschen, um nur ein paar Beispiele zu nennen. Aber es stimmt auch, dass die Pressekampagne für die Rassengesetze in Apulien besonders heftig war. Genauso wie das Echo auf Staraces Propaganda »gegen jede Art von Mitleid«. Ganz zu schweigen von der Verfolgung jüdischer Familien in den Bezirken von Lecce, Maglie und Galatone. Man braucht sich nur das Schicksal des Oberstleutnant Mosè Cohen anzusehen, dem es nichts gebracht hat, ein vieldekorierter Veteran zu sein. Oder das der Familie Agranati, die eine Tabakfabrik hatte und die gleich nach Kriegseintritt Italiens ins Konzentrationslager von Lacedonia transportiert wurde.

»Die Geschichte lässt sich nicht auslöschen«, hatte der Bürgermeister von Campi 2017 gesagt, als er gefragt wurde, warum er einen Platz in der Stadt nach Giuseppe Guarino, dem ehemaligen faschistischen Podestà und Schwager von Starace, benannt habe. Warum konnten andere Teile der Geschichte Campis dann einfach unterschlagen werden? Die Geometrie dieser Geschichte scheint äußerst variabel zu sein.

Ich war nicht da, falls ich da war, habe ich nichts gesehen, und falls ich etwas gesehen habe, erinnere ich mich nicht. Diese Ausrede zählt nicht. Die »Delirien der Rasse«, die Italien laut Mussolini »nicht brauchte«, haben zahlreiche Opfer gefordert, auch im Süden des Landes. Ganz gleich, ob man stets brav seinen Pflichten als Bürger:in nachgekommen war oder dem Land als Soldat tapfer gedient hatte. Die jüdische Abstammung wurde auch in Apulien zu einem Stigma, einem Zeichen der Schande.

Ich war nicht da, falls ich da war, habe ich nichts gesehen, und falls ich etwas gesehen habe, erinnere ich mich nicht.

Diese Ausrede lasse ich nicht durchgehen. Denn die Leute im Salento waren da gewesen. Und damit meine ich nicht nur Achille Starace, der die Rassengesetze sogar unterschrieben hat, oder Tonino Guarino, der behauptet, sein Onkel habe in der Familie niemals über dieses Thema gesprochen – als ob die ganze Sache nicht existiert hätte, nur weil bei ihm zu Hause nicht darüber gesprochen wurde. Ich meine damit auch meinen Großvater, der als Richter und Staatsanwalt für die Gesetze und ihre Einhaltung verantwortlich war, und nicht zuletzt auch die Leute, die im Salento lebten und die glaubten, dass der Vermerk »arischer Abstammung« in ihren Ausweisen sie zu anständigen, ehrbaren Leuten machte.

Alle wussten davon und machten gemeinsame Sache mit dem faschistischen Regime.

Ich hebe Toninos Buch wieder auf und lese die Stelle noch einmal. »Die Juden, die in Terra d'Otranto lebten, unterschieden sich nicht im Geringsten von den anderen Italienern.« Was soll das überhaupt bedeuten? Dass jüdische Menschen woanders sich von den Italiener:innen unterschieden? Wollte er sagen, dass man ihnen das Jüdischsein ansah? »Die einzige Veränderung bei uns war der Hinweis ›arische Abstammung‹ in den Ausweisen, vom dem sich die salentinische Bevölkerung aber im Gegensatz zu anderen Regionen Italiens nicht beeindrucken ließ.« Wie darf ich das verstehen? Man verpasste den Menschen ein Etikett und sie reagierten nicht einmal? Beruhigte die Tatsache, dass sie »arisch« und nicht »jüdisch« waren, die Bürger:innen des Salento? Wenn man nun aber »jüdisch« war, musste man sich dann schämen? Lügen? Sich verstecken?

Wenn wir uns der Vergangenheit nicht stellen, geben wir ihr Macht über uns.

Wenn wir denken, wir haben die Vergangenheit aus-
gelöscht, flammt sie um so heller auf.

Früher oder später holt sie uns ein. Und dann müssen wir
unsere Rechnung begleichen.

Wie hoch ist meine Rechnung? Nachdem ich alles aufgelistet habe, was ich in letzter Zeit über meine Familie herausgefunden habe, muss ich feststellen, dass die Summe erdrückend ist, ein Erbe, mit dem ich nicht gerechnet habe. Auch wenn es eigentlich nichts Besonderes ist, nichts Außergewöhnliches: Viele italienische Familien aus der bürgerlichen Oberschicht, die aktiv am Faschismus beteiligt waren, teilen dasselbe Erbe. Aber für mich, eine Frau mit linken Werten, die immer überzeugt davon war, auf der »richtigen« Seite zu stehen, ist es zu viel. Am liebsten würde ich dieses Erbe ausschlagen. Aber wie soll das gehen? Ich kann es nicht einfach ignorieren. Ich habe diese Zeitreise begonnen, also muss ich sie auch zu Ende führen. Aber bin ich stark genug, um mich dieser Vergangenheit zu stellen?

Die Wahrheit, die ich an die Oberfläche trage, zehrt an mir. Schon die Vorstellung, die Wohnung zu verlassen, zur Uni zu gehen und meine Kurse zu geben, macht mich nervös. So geht das jetzt schon seit einer Weile. Wenn ich abends zurückkomme, habe ich das Gefühl, mein Kopf platzt. Ich räume nicht mehr auf, kaufe nicht mehr ein, ich kümmere mich um nichts. Und weil Jacques den Haushalt immer mir überlassen hat, läuft alles aus dem Ruder.

Nachts wache ich immer wieder auf, Zweifel und Sorgen quälen mich. Ich gleite von einem Albtraum in den nächsten. Die meisten dieser Träume habe ich morgens wieder vergessen, sie hinterlassen keine Spur, keine Bilder, keine Worte, an denen ich mich festhalten könnte. Nur manchmal bleibt einer dieser Träume in meinem Gedächtnis hängen und verfolgt mich. Aber was bringt es einem, wenn man sich an einen Traum erinnert, den man nicht zu deuten vermag?

Unsere Wurzeln bestimmen nicht unser Wesen, schließlich sind wir keine Bäume. Aber trotzdem tragen wir das Erbe unserer Familie in uns. Wir sind die Früchte der Geschichte, die sich von Generation zu Generation weitervererbt, die in uns allen fortbesteht und in uns lebt; sogar wenn wir uns nicht selbst an diese Geschichte erinnern können, formt sie unser Wesen und leitet unser Handeln, sie schlägt sich in unserer Sprache nieder, in unserer Art, die Dinge zu benennen.

»Los, jetzt sag mir schon, was du geträumt hast!« Jacques hat genug von dem düsteren Gesicht, das ich seit dem Morgen mache.

»Es war furchtbar! Ich habe geträumt, dass ich beim Arzt war: Er hat mich untersucht und wollte dann ein Pflaster für meinen Rücken aussuchen.« Ich knicke ein. Ich erzähle Jacques alles, auch wenn ich mich für den Traum schäme.

»Der Arzt hat gezögert, er meinte, er wisse nicht, welche Art von Pflaster er verwenden solle. ›Es muss mit der Hautfarbe übereinstimmen‹, hat er gesagt, ›wenn wir den Polymorphismus der DNA nicht berücksichtigen, wird das Pflaster vielleicht abgestoßen. Die Pigmentierung Ihrer Haut ist eher dunkel, sind Sie afrikanischer Herkunft?‹«

»Wie meinst du das?«, fragt Jacques.

»Keine Ahnung. Genau das Gleiche habe ich den Arzt in meinem Traum auch gefragt, aber er hat mir nicht geantwortet, sondern stattdessen meine Mutter einbestellt. Dann hat er mich wieder hereingerufen und gesagt: ›Ihre Mutter ist Europäerin, daran gibt es keinen Zweifel. Aber Sie nicht, bei Ihnen kann ich kein europäisches Pflaster verwenden. Die

Wahrheit ist: Ihre Mutter ist nicht Ihre Mutter.‹ Begreifst du, Jacques?«

»Beruhige dich! Es war nur ein Traum ...«

»Warte, bis ich dir das Ende erzählt habe, das ist noch viel schlimmer. Nachdem mir der Arzt also eröffnet hat, dass meine Mutter in Wahrheit nicht meine Mutter ist, sagt er noch: ›Es tut mir leid, Ihnen das sagen zu müssen, es mag vielleicht brutal erscheinen, aber früher oder später müssen sie sich ohnehin damit auseinandersetzen, junge Frau: Sie stammen nicht von derselben Rasse ab wie Ihre Mutter.‹ Genauso hat er es gesagt, Wort für Wort, ich schwöre es. Er hat gesagt, dass ich nicht dieselbe Rasse habe wie meine Mutter!«

Es ist August, wir verbringen die Ferien am Meer. Mein Bruder ist dreizehn, höchstens vierzehn, ich selbst bin also sechzehn oder siebzehn. Die von meinem Vater auferlegte Sperrstunde beginnt um 23:45 Uhr, mit einer Kulanzzeit von einer Viertelstunde, mehr nicht. So ein Mist, denke ich jedes Mal, wenn ich auf die Uhr sehe und feststelle, dass ich losmuss, obwohl es gerade erst lustig wird. Trotzdem halte ich mich strikt an die Regel – mein Vater versteht keinen Spaß. Als meine Mutter ihn darauf hingewiesen hat, dass mein Bruder und ich die einzigen sind, die so früh nach Hause gehen müssen, hat er ihr den Mund verboten: »Ich stelle hier die Regeln auf, wie oft soll ich dir das noch sagen?«

An jenem Abend ist es schon zehn nach zwölf. Mein Vater verliert die Geduld, er schreit: »Wo ist dein Bruder?«

»Weiß ich nicht. Wir waren nicht zusammen.«

»Wie bitte?«

»Wir haben nicht dieselben Freunde, ich habe keine Ahnung, wo er ist.« Mein Vater ist fuchsteufelswild und kurz davor, eine Dummheit zu begehen, das spüre ich.

»Bitte, Papa, reg dich nicht auf!«

»Sag mir nicht, dass ich mich nicht aufregen soll!«

Ich fühle mich beklommen, als ob meine Brust von einer riesigen Faust zusammengedrückt würde, ich bekomme nur schwer Luft. Ich ertrage dieses Geschrei nicht, ich kann nicht mehr.

»Wo ist dein Sohn?« Mein Vater reißt die Tür zu Mamas Zimmer auf. Sie ist ins Bett gegangen, sie weiß, dass es in diesen Momenten aussichtslos ist, mit ihrem Mann zu diskutieren. »Du stehst jetzt auf und suchst nach ihm!«, zetert er. »Sofort!« Er ist verrückt.

Meine Mutter steht auf. Stumm zieht sie sich an. Sie ist schon fast zur Tür hinaus, als ich sie aufhalte.

»Mama geht nirgendwohin!« Jetzt bin ich es, die schreit. Und zwar noch lauter als mein Vater. »Lass sie in Ruhe, es ist doch nicht ihre Schuld.« Ich zittere am ganzen Körper. »Ich hasse dich!«

In diesem Moment kommt Arturo nach Hause. Er begreift, was los ist, und fängt an zu lachen. Es ist eine Art Selbstschutz, schon früher ist er bei jedem Problem oder Streit in Gelächter ausgebrochen. Aber dieses Mal ist es zu viel. Ich ertrage nicht länger, dass mein Vater meine Mutter wegen Arturos Dummheiten demütigt. Also stürze ich mich auf meinen Bruder.

»Wo zum Teufel warst du? Hast du mal auf die Uhr geguckt?« Mein Bruder lacht immer noch. »Du Vollidiot!« Ich pfeffere ihm eine. Aber Arturo verzieht keine Miene, er ist Schläge gewöhnt.

Immer wenn ich an diese Szene zurückdenke, fühle ich mich schlecht. Mein Bruder war noch klein. Ich hätte ihn verteidigen sollen, mich nicht gegen ihn wenden dürfen. Statt mich gegen meinen autoritären Vater durchzusetzen, habe ich von meinem kleinen Bruder verlangt, sich ebenfalls zu beugen. Wie eine Kollaborateurin. Welchen Weg hätte ich wohl im Faschismus gewählt?

Die Stimmung zu beschreiben, die früher bei uns zu Hause herrschte, ist nicht leicht. Jacques zum Beispiel hat lange nicht verstanden, warum ich nicht gegen meinen Vater rebelliert habe.

»Es ist ja nicht so, als ob er ein Monster wäre«, meint er. »Klar, er ist nervig, er hört nie richtig zu und manchmal kann er unausstehlich sein, aber so sind doch alle Väter, oder nicht?« Sein Vater hat auch manchmal geschrien und sich mit Jacques' Mutter gestritten, aber das war nicht Jacques' Problem, er hat trotzdem sein Leben gelebt und sich um seinen eigenen Kram gekümmert.

Aber bei mir zu Hause konnte man sich gar nicht um seinen eigenen Kram kümmern. Als ob wir in einem Aquarium lebten oder besser noch: in einem Gefängnis ohne Fenster und Türen. Mein Vater war überall, er wachte ständig über uns alle, ein bisschen wie in Benthams Panoptikum. Eine Zeit lang habe ich mir gewünscht, dass meine Mutter den Mut fände, sich von meinem Vater zu trennen, dass sie gehen und mich und meinen Bruder mitnehmen würde. »Warum trennst du dich nicht endlich, Mama?«, habe ich gefragt. Aber sie ist geblieben, sie hat nichts gesagt, und ich habe sie dafür verachtet.

Später hat sie mir anvertraut, dass sie ihren Mann tatsächlich habe verlassen wollen, aber dass er ihr gedroht habe: »Wenn du gehst, siehst du deine Kinder nie wieder.«

»Und das hat du ihm geglaubt?«

»Natürlich. Er hätte es durchgezogen, und es wäre ihm gelungen, er hätte alle davon überzeugt, dass ich die Verrückte bin, dass er dich und deinen Bruder zu eurem eigenen Besten von mir fernhält. Du kannst dir nicht vorstellen, was ich alles über mich ergehen lassen musste, als ihr noch klein wart.«

Als ich mit der Psychoanalyse anfing, habe ich meine Mutter gehasst. Ich habe sie gehasst, weil sie mir nicht das Vorbild war, das ich mir wünschte. Ich habe sie gehasst, weil sie Arturo und mich nicht gegen unseren Vater verteidigt hat. Ich habe sie gehasst, weil ich eine starke Mutter brauchte, auf die ich mich verlassen konnte. Sie hat sich alle Mühe gegeben, perfekt zu sein, um die Anerkennung ihres Mannes und die Liebe ihrer Kinder zu gewinnen, aber es hat nichts gebracht: Mein Vater erniedrigte sie, mein Bruder gehorchte nicht und ich selbst konnte den Anblick ihres stets verletzten Gesichts nicht ertragen.

»Du hast ja keine Ahnung, wie es ist, mit einundzwanzig plötzlich Familienvater zu werden«, sagte mein Vater, wenn ich ihn fragte, warum er früher immer so angespannt war und meine Mutter so schlecht behandelte.

»Du kannst dir nicht vorstellen, was ich alles über mich ergehen lassen musste, als ihr noch klein wart«, sagte meine Mutter, als ich ihr später vorwarf, dass sie uns nicht verteidigt hatte.

Die zerstörerische Kraft von Geheimnissen und Schweigen.

Genauso zerstörerisch wie die Kraft der Worte, die mein Vater wie Steine nach meiner Mutter und ihrer Familie warf. »Ist dir überhaupt klar, was du da sagst, Papa? Hör auf, bitte! Hör auf, hör auf, hör auf …«

Ich hielt mir die Ohren zu, damit ich ihn nicht mehr hören musste.

Ich flüchtete mich in mein Zimmer, schloss die Tür ab und verschwand in meinen Büchern, die Hände auf die Ohren gepresst. Auf der anderen Seite der Tür schrie mein Vater: »Krankes Blut! Verfluchte Rasse!«

»Nein, die Familie meiner Mutter war nicht jüdisch.« Das will meine Therapeutin wissen, nachdem ich ihr erzählt habe, dass Papa Mama und ihre Familie mit »verfluchte Rasse« beschimpfte. Wie kommt sie denn darauf? So ein Blödsinn!

Mein Vater hat dauernd von »Rasse« gesprochen. Meistens begleitet von »verflucht«, »schändlich« oder »krank«. Wenn er sich mit meiner Mutter stritt und die Beherrschung verlor, zum Beispiel. Wenn Arturos Lehrerin eine Rüge in sein Heft geschrieben hatte oder er schlechte Noten mit nach Hause brachte. Wenn er seine Hausaufgaben nicht machen wollte. Wenn er nicht gehorchte. Mein Vater duldete keinen Ungehorsam. Meine Mutter, mein Bruder und ich mussten genau das tun, was er von uns verlangte.

Einmal holte er Arturo und mich von der Schule ab. Auf dem Weg nach Hause hielten wir an einem Schreibwarenladen. Mein Bruder war sieben, seine Lehrerin hatte ihm aufgetragen, Fineliner in verschiedenen Farben zu kaufen: blau für Diktate, rot für Grammatik, schwarz fürs Addieren und Subtrahieren, grün fürs Multiplizieren und Dividieren. »Pass auf, dass du Fineliner mit mittlerer Spitze kaufst, nimm nicht die dünnen«, hatte mein Vater meinem Bruder eingeschärft. »Die dünnen sind nicht gut. Es kommt weniger Farbe heraus, also muss man den Stift fester aufdrücken und schon hat man ein Loch im Heft.« Als mein Bruder schließlich mit einem Zwanzigerpack dünner Fineliner zurückkam – natürlich hatte er nicht auf meinen Vater gehört –, war die Hölle los: Geschrei, Ohrfeigen, Verwünschungen, »verfluchte Rasse« ... Und das alles nur wegen ein paar Finelinern.

Und wenn es nicht die »Rasse« war, dann war es das »Blut«. Auch das war »krank«, »verseucht«. Wenn mein Vater sich in Rage geredet hatte, gab er meiner Mutter und ihrer Familie die Schuld an allem, sie waren für jedes Unheil verantwortlich, das abschreckende Beispiel, dem man auf keinen Fall folgen durfte. Er würde niemals zulassen, dass aus seinem Sohn ein Versager würde, nur über seine Leiche.

Nachmittags schloss er sich mit Arturo in dessen Zimmer ein: Mein Bruder saß am Schreibtisch, mein Vater stand dicht daneben, in der einen Hand ein Buch, in der anderen einen Kochlöffel. »Hör auf zu gähnen und konzentrier dich«, schimpfte mein Vater, sobald Arturo es wagte, den Blick vom Heft zu lösen. »Was soll das da heißen?«, fragte er mit Blick auf Arturos Aufsatz. »Vorlesen!«, brüllte er. Und Arturo lernte, sich eine Parallelwelt zu bauen. Sein Körper saß dort mit Papa im Zimmer, aber seine Gedanken waren ganz woanders. Er erfand, erschuf, entfloh. Eine überbordende Fantasie.

Allein das Wort »Rasse« ist schändlich. Was hatte mein Vater nur immer mit der Rasse? Warum diese Besessenheit? Was hatte das Wort in den 1970er-Jahren im Wortschatz eines sozialistischen Professors zu suchen?

Ich fing an, an den Nägeln zu kauen. Mir die Haare auszureißen. Ich hatte ständig Hunger. Ich versuchte, mich zu beherrschen, ich wollte keine »widerliche, dicke Dampfwalze« werden, wie mein Vater alle Frauen mit Übergewicht nannte. Aber als Jugendliche hatte ich einfach immer Hunger, ich wollte nichts anderes tun als essen, essen, essen. Bis ich dann mit den Diäten anfing, bis ich lernte, mich aufzulehnen, genau wie mein Bruder, indem ich mir selbst Leid

159

zufügte: Ich gab dem Hunger nach und kotzte hinterher alles wieder aus. Aber danach fühlte ich mich besser, ruhiger.

Mehr noch als das Essen kotzte ich meine Wut hinaus.

Tausendmal habe ich meinen Vater nach Erklärungen für sein Verhalten gefragt. Jedes Mal gab er meiner Mutter und deren Mutter die Schuld.

»Deine Großmutter war eine erbärmliche Frau.«

»Warum, Papa?« Ich verstand nicht, was er mir damit sagen wollte.

»Sie war eine geschwätzige Frau, ein richtiges Waschweib.«

»Was meinst du damit?«

»Anstatt sich um deine Mutter zu kümmern, ging sie lieber Canasta spielen, und ihr Dummkopf von einem Ehemann hat sie machen lassen.«

Bis heute verstehe ich nicht, wo der Zusammenhang zwischen meiner Großmutter, meinem Bruder, der »verfluchten Rasse« und dem Versagen liegt.

Wovor wollte mein Vater uns bewahren? Wovor hatte er so schreckliche Angst?

Die Fakten: Meine Großmutter und ihre Freundinnen trafen sich regelmäßig bei einer von ihnen, um Tee zu trinken, Kekse zu essen und Canasta zu spielen. Als kleines Mädchen bin ich einmal mitgegangen, mir haben die vielen roten, gelben, grünen und weißen Spielmünzen gefallen. »Wie spielt man mit diesen bunten Dingern, Oma? Muss man sie aufpiksen wie bei einem Steckspiel?«

Meine Großmutter ging also Canasta spielen. Wie viele andere Hausfrauen damals verbrachte sie die Zeit nach der Hausarbeit mit ihren Freundinnen, sie unterhielten sich, machten Spaziergänge und spielten Karten.

Na und?

»Deine Mutter hat doch auch nicht gelesen, oder, Papa? Und soweit ich weiß, hat sie auch keine Fremdsprachen gelernt oder sich ehrenamtlich engagiert.« Aber da wurde mein Vater wütend. »Wie sprichst du eigentlich von deiner Großmutter? Du solltest dich schämen«, sagte er. »Meine Mutter hat sich ihrem Mann mit Leib und Seele verschrieben. Niemals hätte sie ihre Zeit mit Kartenspielen verschwendet, sie war nicht so eine verwöhnte Frau wie die Mutter deiner Mutter. Aber sie war ja auch nicht mit einem Schwächling verheiratet.«

Noch mehr Fakten: Der Vater meiner Mutter liebte seine Frau über alles. Er verwöhnte sie und hatte nichts dagegen, dass sie nachmittags mit ihren Freundinnen Canasta spielte. Warum auch? Meine Großmutter erledigte den Haushalt und am Nachmittag traf sie ihre Freundinnen. So hatten meine Großeltern sich arrangiert und es passte ihnen. Wo ist das Problem, Papa? Hätte Großmutter die ganze Zeit zu Hause bleiben sollen? Rund um die Uhr für ihren Mann da sein? Abgesehen davon hatte Großvater auch seine Macken. Ich erinnere mich noch gut daran, dass er einmal furchtbar beleidigt war, weil Großmutter das Fleisch für seinen Geschmack zu lange gebraten hatte. Keinen Bissen hat er davon gegessen. Stattdessen schmollte er stundenlang. Jede Beziehung besteht doch aus Geben und Nehmen, findest du nicht, Papa?

Weitere Fakten: Als Kind wurde meine Mutter vernachlässigt, wenn mein Vater nicht gerade über ihre Familie herzieht, sagt sie das selber. Ihre Eltern schickten sie häufig zu ihrer Großmutter, oft verbrachte sie auch die Nacht dort. Warum, hat meine Mutter nie wirklich verstanden, und sie leidet noch heute darunter. Sie hat mir erzählt, dass sie ihre Mutter einmal nach den Gründen gefragt, aber keine richtige Antwort bekommen habe. Schon möglich, dass meine Großmutter eine etwas oberflächliche, ordinäre Frau war. Trotzdem hat mein Vater kein Recht, Dinge, die meine Mutter ihm im Vertrauen erzählt hat, als sie sich kennenlernten, gegen sie zu verwenden. Was für eine absurde Logik: Die Schwachen mit starker Hand und die Starken mit schwacher Hand leiten, ist das die Moral der Geschichte, Papa?

Wovor hattest du Angst? Warum hat es dich so gestört, dass dein Sohn nicht werden wollte wie du, dass du ihm kein Vorbild warst, dass die Männlichkeit, die du vor dir hergetragen hast, ihm zuwider war? Warum hat es dich so gestört, wenn Mama ein wenig Freiheit und Unabhängigkeit wollte? Hast du dich in deiner Freiheit bedroht gefühlt?

Giuseppina Malvani, die Großmutter meines Vaters, wurde mit siebenunddreißig Jahren Witwe. Dieses Schicksal hat ihre Tochter Rosetta, meine Großmutter, zwar nicht ereilt, aber mit sechzig Jahren war sie trotzdem so gut wie allein, mit einem halbseitig gelähmten Mann im Rollstuhl.

In der Familie meines Vaters sterben die Männer früh oder sie werden krank. Oder sie heiraten nicht und verschwenden ihr Erbe ans Glücksspiel und Frauen, wie der Onkel meines Vaters. Die Frauen dagegen überleben, sie haben das Sagen. Hinter der Fassade der braven Ehefrau stellen sie die Regeln auf. Liegt darin der Grund für die Ängste meines Vaters?

Wenn ich versuche, mit ihm darüber zu sprechen, verschließt er sich.

Er verschließt sich und spricht kein Wort mehr mit mir.

Il diritto razzista. Das rassistische Recht. Das war der Name einer politisch-juristischen Zeitschrift, die ab 1939 in Italien erschien und ausschließlich der Rassenthematik gewidmet war.

Mein erster Gedanke ist, dass sich der Titel selbst widerspricht, dass »rassistisches Recht« ein Oxymoron ist. Aber zur Zeit des Duce sah man das wohl anders. Im Faschismus fußte das Recht auf der Überlegenheit einer bestimmten Rasse, nicht auf Gleichberechtigung.

Lange Zeit war ich der Meinung, dass wir das Wort »Rasse« aus unserer Verfassung löschen müssen. Da alle Menschen 99,9 Prozent ihrer DNA teilen, schien es mir absurd, den Begriff beizubehalten. Doch nachdem ich mich genauer mit dem Rassismus in den Dreißigerjahren auseinandergesetzt hatte, änderte ich meine Meinung: Wir gehören alle derselben Rasse an, daran gibt es nicht den geringsten Zweifel. Aber Rassismus existiert, es hat ihn immer gegeben und es wird ihn leider immer geben. Deshalb muss das Wort »Rasse« als eine Art Warnung in der Verfassung stehen, als ethische und juristische Stütze, die an die Verurteilung der Rassengesetze und der Shoah gemahnt. So hatte es nach dem Krieg auch der Abgeordnete Renzo Laconi erklärt, als es um die Formulierung von Artikel 3 der italienischen Verfassung ging: Wir brauchen diesen Begriff, um daran zu erinnern, dass das Prinzip »Rasse« als politisches Instrument, als »Kriterium zur Diskriminierung der Italiener und deren Aufteilung in Auserwählte und Verdammte« verwendet wurde.

Die erste Ausgabe der Zeitschrift wurde im Mai 1939 unter der Leitung von Squadrista Stefano Cutelli herausgegeben. Im Gegensatz zur *Difesa della razza*, die ein bloßes Propagandainstrument war und wenig Tragweite besaß, präsentierte *Il diritto razzista* sich selbst als seriöse Zeitschrift mit einem wissenschaftlichen Komitee aus renommierten Jurist:innen wie Santi Romano oder Antonio Azara.

In einem Artikel dieser ersten Ausgabe steht, dass der »faschistische Staat, auch im Hinblick auf das Konzept der Rasse, die demokratische Forderung nach der absoluten Gleichheit aller Rechtssubjekte ablehnt« – der Autor heißt Michele La Torre, ein ehemaliger Staatsrat. Im Grunde könnte ich jeden Artikel zitieren. Die Wörter und Sätze ähneln sich, die Autor:innen habe ihre eigene Art, die Dinge auszudrücken, aber im Grunde reproduzieren sie alle denselben erbärmlichen Gedanken. »Anders wäre es auch gar nicht möglich«, schreibt La Torre, »denn die Gleichberechtigung zweier ungleicher Personen ist genauso ungerecht wie die ungleiche Behandlung zweier Personen, die die gleichen Rechte haben.«

Ich schreibe den Satz Wort für Wort ab. Ich denke nach. Suche nach dem Sinn in diesen absurden Behauptungen. Dann geht mir auf, dass La Torre ein altes aristotelisches Prinzip aufgreift und an den Faschismus anpasst: *Gleiches gleich und Ungleiches ungleich behandeln*. Das Prinzip ist nicht per se absurd, ganz im Gegenteil, es ist sogar äußerst praktisch, wenn es um Güter, Dienstleistungen und Ressourcen geht, die nach dem Prinzip der Verteilungsgerechtigkeit je nach ökonomischer und sozialer Situation verteilt werden. Nur dass La Torre das Prinzip auf die Unterschiede zwischen den Menschen überträgt – wie schon Aristoteles zu seiner Zeit – und dabei außer Acht lässt (oder vergisst), dass alle Menschen in ihrer Würde, ihrem Wert und ihren Rechten gleich sind und gleichbehandelt werden müssen. Noch heute wird *Gleiches gleich und Ungleiches ungleich behandeln* fälschlicherweise als Prinzip des Zivilrechts betrachtet. Als es 2016 im italienischen Parlament um eingetragene Lebenspartnerschaften für gleichgeschlechtliche Paare ging, beriefen sich einige der homophoben Delegierten auf Aristoteles. »Warum sollten homosexuelle Personen dieselben Rechte haben wie heterosexuelle?«, fragte ein Abgeordneter der Partei von Matteo Salvini nach meinem Redebeitrag. »Sind homosexuelle Paare nun anders oder nicht, Marzano? Erklären Sie das doch bitte dieser Versammlung und den Menschen, die uns in diesem Moment von zu Hause aus zuhören. Denn wenn sie anders sind, sind sie auch vor dem Gesetz nicht gleich, und weshalb sollten sie dann heiraten dürfen wie heterosexuelle Paare?«

Die Geschichte ist ein ewiger Kreislauf. *Corso e ricorso*, »Ablauf und Wiederkehr«, wie der italienische Philosoph Giambattista Vico es ausdrückte. Wahrscheinlich hätte der Abgeordnete Marzano 1953 die Forderungen der Abgeordneten Marzano aus dem Jahr 2016 strikt abgelehnt.

»Es reicht nicht, die italienische Bevölkerung einfach zu vergrößern, es kommt nicht mehr nur auf Quantität an. Wir müssen auch darauf achten, die Reinheit des italienischen Volkes zu wahren, Begegnungen mit minderen Rassen und eine mögliche Infektion des Blutes durch Letztere zu vermeiden.« Diesen Satz aus einem Artikel von La Torre lese ich am Ostersonntag 2020, das Wort »Infektion« ist seit kurzer Zeit Teil des alltäglichen Sprachgebrauchs. Seit mehreren Wochen hat die Corona-Pandemie die gesamte Welt im Griff, selbst die Sprache verändert sich: Schutzmaßnahmen, Lockdown, Angst, Schmerz, Wut, Hilflosigkeit. Es ist die Zeit der Kontaktbeschränkungen: kein Händeschütteln, keine Umarmungen, keine Küsse, stattdessen Masken und Gel, Desinfektionsmittel und Alkohol, Videokonferenzen und Homeoffice.

Es ist grotesk, in Zeiten der Pandemie von der Überlegenheit einer Rasse zu lesen. Selbst wenn man gerade in den Nachrichten sehen kann, dass die Intensivstationen in manchen Ländern keine alten Menschen mehr aufnehmen, weil es nicht genug Betten gibt und man irgendwo einen Schnitt machen muss. Nicht mehr die Hautfarbe, Herkunft oder Religion sind die Grundlage für Diskriminierung, sondern das Alter. Ist das besser? Gleich schlimm? Schlimmer? In meinen Ethik-Kursen an der Uni könnte ich jetzt sagen, dass wir gerade Zeugen davon werden, wie der Utilitarismus sich durchsetzt. Ab sofort müsste ich nicht mehr den Umweg über irgendwelche Gedankenexperimente gehen, um ihnen zu erklären, was ein moralisches Dilemma ist: Wer darf leben und wer muss sterben?

Bis jetzt habe ich immer einen Text von John Harris verwendet, um den Studierenden den Widerspruch innerhalb des Utilitarismus zu erklären: *Die Überlebenslotterie*.

Der Ausgangspunkt des englischen Philosophen ist folgender: Die Wartelisten für eine Organspende sind extrem lang, Tausende von Patient:innen warten tagtäglich auf ein Herz, eine Niere oder eine Leber. Bis sie an der Reihe sind, sterben viele von ihnen, weil menschliche Organe Mangelware sind – damit ein Organ transplantiert werden kann, muss es dem Körper in der kurzen Zeit entnommen werden, wenn das Herz noch schlägt, aber die Spender:in bereits für hirntot erklärt wurde. Im Sinne des größtmöglichen Gemeinwohls schlägt Harris also vor, nach dem Zufallsprinzip einen Menschen auszuwählen, ihm all seine Organe zu entnehmen und mit nur einem Menschenleben viele andere zu retten. Meistens sind die Studierenden sprachlos. »Aber das geht

166

doch nicht, Madame«, sagen sie verstört. Wie würden sie wohl reagieren, wenn ich stattdessen die überfüllten Intensivstationen während der Pandemie als Beispiel nehmen würde? Wären sie immer noch der Meinung, dass es ungerecht ist, ältere Menschen zu opfern, um die jungen zu retten? Dass jedes Menschenleben gleich viel zählt, ungeachtet der Hautfarbe, der Glaubensrichtung, des Berufs, Geschlechts, der Nationalität und des Alters?

Die Vergangenheit ist nie vorbei. Es bringt nichts, sich einzureden, dass bestimmte Dinge nicht noch einmal geschehen können. Die Geschichte trifft uns immer wieder unvorbereitet.

Wenn wir unserer Vergangenheit nicht ins Maul schauen, wird sie uns irgendwann verschlingen. Sie wird uns zwingen, unsere Fehler zu wiederholen, ohne uns eine Wahl zu lassen.

Die Nacht war furchtbar. Ich hatte einen so merkwürdigen Albtraum, dass es mir nicht gelingt, ihn zu deuten. Obwohl ich es seit einigen Stunden versuche. Dieses Mal hat mir mein Unterbewusstsein einen bösen Streich gespielt. Keine Ahnung, was es mir mitteilen möchte. Irgendeine Bedeutung gibt es bestimmt. Eine Spur. Einen Faden. Ein Zeichen. Aber jedes Mal, wenn ich versuche, die Bilder in meinem Kopf zusammenzusetzen, gerät alles durcheinander.

Ich weiß noch, dass es vier Uhr fünfzig war, als ich aufwachte – Jacques stand auf, um auf die Toilette zu gehen, und als er wieder zurückkam, nahm er mich in den Arm und sagte: »Du hast geweint.«

Ich weiß noch, dass in meinem Traum ein Mann vorkam, und dass er seine Tochter »dreckige Hure« nannte. »So gehst du nirgendwohin«, hat er geschrien, als er ihren Minirock sah – aber war der schreiende Mann wirklich ihr Vater?

Ich weiß noch, dass ich der Szene hilflos und starr vor Schreck zusah – aber war ich wirklich nur stumme Beobachterin oder war ich selbst die »Hure«?

Ich weiß noch, dass aus dem Gullyschacht ein hilfloses Weinen ertönte, bevor es vom Abwasser fortgespült wurde. Das Weinen eines Babys – aber wie war es in den Gully gelangt? Und warum rettete es niemand? Wer war dieses Baby?

Obwohl ich mir alle Mühe gebe, das Puzzle zusammenzusetzen, kann ich kein Motiv erkennen. Die Konturen bleiben unscharf. Puzzleteile fehlen. Das Bild will einfach keine Form annehmen.

Oder sind die Puzzleteile in Wahrheit alle da und es liegt an mir, dass ich sie nicht zusammensetzen kann – oder will?

Auf einem Blatt Papier notiere ich Stichworte: Mann, Gewalt, Hure, Angst, Baby, Tod. Wieder und wieder lese ich die Worte, aber sie ergeben keinen Sinn. Ich höre nur das Schlagen meines eigenen Herzens. Was hat dieser Albtraum zu bedeuten? Hat er mit meinem Buch zu tun oder hat die Pandemie ihn ausgelöst?

Als der französische Präsident Macron den sanitären Notstand ausrief, sagte er, wir befänden uns im Krieg. »Das ist also der Krieg«, denke ich, als ich am 18. März die Bilder aus Bergamo sehe – Militärlaster voller toter Körper, überfüllte Leichenhallen und überlastete Krematorien, die Särge müssen bis nach Ferrara, Bologna, Modena und Padua gebracht werden. Niemand konnte diesen Toten einen Blumenstrauß bringen, sie sind ohne ein Wort des Abschieds, ohne ein »Ich liebe dich« gestorben.

Ich denke an die Sängerin Barbara, an den Chanson, den sie ihrem Vater gewidmet hat: *Madame soyez au rendez-vous / Vingt-cinq rue de la Grange-au-Loup / Faites vite il y a peu d'espoir / il a demandé à vous voir (...) Il voulait avant de mourir / se réchauffer à mon sourire / mais il mourut à la nuit même / sans un adieu sans un »je t'aime«.* »Madame, er will Sie nochmal sehn / Grange-au-Loup Nummer zehn / Viel Hoffnung gibt's nicht mehr / Er bat darum, kommen Sie her.‹ (...) Er wollte sich noch vor dem Sterben / an meinem Lächeln kurz erwärmen. / Er wollte nicht gehen, bevor ich käme, / ohne ein ›Adieu‹, ohne ein ›Je t'aime‹«. Meine Augen füllen sich mit Tränen. Was, wenn mein Vater heute Nacht sterben würde? Wenn ich es nicht rechtzeitig nach Rom schaffen würde, um ihn noch einmal zu umarmen, wenn »Ich hasse dich« das Letzte bleiben würde, was ich zu ihm gesagt hätte?

Es muss schwer sein, die richtigen Worte dafür zu finden, was es bedeutet, seinen Eltern nicht auf Wiedersehen sagen zu können. Wie es ist, sich an all die gemeinsam erlebten Dinge und all die niemals umgesetzten Pläne zu erinnern, an die Worte, die wir am liebsten zurücknehmen würden, und die, die wir niemals ausgesprochen haben, an die versteckten und zurückgewiesenen Zärtlichkeiten. Wieder einmal ist es die Erinnerung, mit der wir lernen müssen zu leben, selbst wenn sie noch viel zu frisch ist.

Ich kann mich nicht mehr auf die Arbeit konzentrieren. Ich fühle mich wie erstarrt, gefangen in einem Raum-Zeit-Kontinuum, in dem es keine Worte gibt. Ich war immer der Meinung, dass die Sprache Ordnung in diese Welt bringt und Leid mindert, aber jetzt verliere ich mich im Durcheinander der Worte. Bei meinem Versuch, die Jahre des Faschismus und die Katastrophe des Zweiten Weltkriegs zu rekonstruieren, navigiere ich nach Sicht, durch den Sturm der Epidemie, der meine sorgsam gezeichnete Karte unbrauchbar macht.

Am 14. April 1939 fragt der Sekretär der faschistischen Partei von Lecce meinen Großvater, ob er Mitglied des Disziplinarausschusses werden möchte. Beim Durchforsten des Online-archivs der *Gazzetta del Mezzogiorno* finde ich einen kurzen Artikel dazu. Ich versuche, die verschiedenen Etappen in Großvaters Karriere zwischen 1939 und dem Ende des Zweiten Weltkriegs zu rekonstruieren, aber im Internet gibt es nicht viel.

Ich hatte vorgehabt, nach Rom zu fahren und dort ins Nationalarchiv zu gehen, wo die Akten der zwischen 1860 und 1970 tätigen Jurist:innen aufbewahrt werden. Ich hatte gehofft, die Akte meines Großvaters lesen zu können. Ich hatte bereits einen Flug nach Italien gebucht und meinen Eltern Bescheid gegeben. Ich hatte meine Kurse an der Uni umgelegt. Ich hatte an alles gedacht. Absolut alles. Bis auf die Pandemie. Und die gestrichenen Flüge. Und die Machtlosigkeit.

Wie besessen tippe ich die Schlagworte »Arturo«, »Marzano«, »Staatsanwalt«, »König«, »Lecce«, »1939«, »1940«, »1941«, »1942« und »1943« in die Tastatur meines Macs. Aber außer amtlichen Berichten und alten Zeitungsartikeln, in denen sein Name vorkommt, finde ich nichts. Wenn ich Vornamen und Nachnamen meines Großvaters in die Suchmaske eingebe, kommen stattdessen zahlreiche Einträge zu meinem Bruder, der den Vornamen Arturo zum Andenken an unseren Großvater trägt. Aber in den Artikeln, in denen

171

er zitiert wird, geht es um die Geschichte der jüdischen Italiener:innen, die zwischen 1920 und 1940 nach Israel ausgewandert sind, um den Zionismus und den israelisch-palästinensischen Konflikt oder um Chancengleichheit und Gender Studies. Die Forschungsgebiete meines Bruders. Auf einer der Google-Seiten halte ich inne. Das Schicksal scheint mir einen Streich zu spielen: Es gibt einen Link zu Amazon und dem letzten Buch meines Bruders, *Onde fasciste. La propaganda araba di Radio Bari (1934–1943)*. »Faschistische Wellen. Die arabische Propaganda von Radio Bari (1934–1943)«. Der Link direkt darunter führt zum historischen Portal der Abgeordnetenkammer: *Arturo Marzano (1897–1976), Zweite Legislaturperiode, National-Monarchistische Partei.* Ein böser Streich oder die Nemesis der Geschichte? Vielleicht auch beides, denke ich. Ich suche weiter, aber ohne Erfolg. Die Frage, wann ich endlich wieder nach Italien reisen kann, lässt mir keine Ruhe.

Ich beschließe, mich auf das zu konzentrieren, was ich bereits habe.

1938 ändert die faschistische Partei die Bedingungen für die Mitgliedschaft. Ab sofort werden »italienische Bürger, die laut dem Gesetz der jüdischen Rasse angehören« aus der Partei ausgeschlossen. Außerdem werden die Mitglieder der Disziplinarausschüsse in den Vorstand aufgenommen. Also auch mein Großvater. Er und die anderen fünf Mitglieder aus Lecce sind ab 1939 dazu berechtigt, all jene, die »die politische Disziplin oder Moral der Partei« untergraben, zu »ermahnen«, zu »suspendieren« oder sogar »auszuschließen«.

Im selben Jahr nimmt Arturo gemeinsam mit dem Präfekten Petragnani regelmäßig an den Sitzungen des Ausschusses zur Frage des »Confino« teil. Dieser Ausschuss soll entscheiden, wer ein Feind des Regimes ist und in den sogenannten

Confino geschickt, also unfreiwillig ins Exil verbannt werden soll, wie es Carlo Levi in *Christus kam nur bis Eboli* erzählt. Mit dieser traurigen Aufgabe betraut man Arturo, und er macht mit. Der Präfekt von Lecce lobt ihn sogar für seinen Eifer und seine Kompetenz. Mein Großvater steckt bis über beide Ohren in der faschistischen Welt, der Welt, die ich so fürchte und hasse. Ich brauche nichts hinzuzudichten oder zu interpretieren. In den Jahren 1938 und 1939 sind die Bande zwischen Arturo und der faschistischen Partei eng. Das ist eine Tatsache. Mehr gibt es dazu nicht zu sagen.

Was uns in der Gegenwart quält, hat seinen Ursprung oft in unserer persönlichen Geschichte. Eine vermeintlich durchgestandene Krise ist nie ganz durchgestanden, genau wie die Vergangenheit nie wirklich vergeht, obwohl sie längst hinter uns liegt. »Alles bricht über mir zusammen«, sagte ich zu meiner Psychoanalytikerin, als ich wie jede Woche in ihre Praxis kam, mich auf dem Diwan ausstreckte und versuchte, mein Leben wieder in den Griff zu bekommen. Aber eigentlich brach nicht in diesem Moment alles über mir zusammen, sondern schon viel früher.

Das Unterbewusstsein kennt keine Zeit: Alles, was jemals passiert ist, bleibt für immer ein Teil von uns. Aber wir hängen in dem Moment fest, in dem wir das Gefühl haben, dass alles einstürzt.

Der Verlust eines geliebten Menschen ist manchmal unüberwindbar – es muss furchtbar sein, wenn man sich weder von seinen Liebsten verabschieden noch sie begraben kann, unerträglich, wenn Träume, Projekte und Hoffnungen sich plötzlich in Luft auflösen. Heute wirkt selbst der Frühling grausam, die Sonne scheint vom wolkenlosen Himmel, aber für wen eigentlich? Und die Kirchenglocken, für wen schlagen die? Ich denke an Hemingways Roman *Wem die Stunde schlägt*. Damals herrschte Krieg, der Schrecken der Gräben, Blut wurde vergossen, und über allem lag das langsame Geläut der Totenglocken.

All das geht mir durch den Kopf, während ich das Fenster

meines Arbeitszimmers öffne und auf den Ausschnitt blauen Himmels starre, bevor meine Gedanken zu der Inschrift an einer der Mauern von Auschwitz wandern – ich weiß nicht mehr, wo ich davon gelesen habe, jedenfalls war ich noch ein Kind, und die Worte haben sich in mein Gedächtnis gebrannt: »Selbst wenn Finsternis mich umgibt, glaube ich an das Licht, selbst wenn er schweigt, glaube ich an Gott.« Dieser Satz hat sich in meinem Herzen eingenistet, Angst in meinen Augen und ein Fragezeichen auf meinen Lippen hinterlassen: Wie kann man im Angesicht des Todes an das Licht und Gott glauben?

Als Mussolini am 10. Juni 1940 um Punkt achtzehn Uhr auf den Balkon des Palazzo Venezia tritt und verkündet, dass Italien soeben Großbritannien und Frankreich den Krieg erklärt hat, ist mein Großvater in Campi.

Er ist an diesem Montag nicht ins Gericht gegangen, sondern hat von zu Hause gearbeitet, doch jetzt ist er fertig und könnte hinunter zu seiner Familie gehen. Aber er hat weder Lust auf das Gemurre seiner Schwiegermutter noch darauf, mit dem kleinen Ferruccio zu spielen. Arturo hat andere Dinge im Kopf: Er ist angespannt, er macht sich Sorgen, er rechnet mit dem Schlimmsten. Seit Tagen spricht ganz Italien davon, dass der Krieg unmittelbar bevorsteht, der Sieg der Deutschen war plötzlich und erdrückend, Frankreich zieht sich bereits aus den besetzten Zonen zurück. Arturo bleibt in seinem Arbeitszimmer und schickt sogar Lucia fort, die ihm auf das Drängen seiner Ehefrau eine Tasse Tee bringen wollte: Er will von niemandem gestört werden, wie oft muss er das noch sagen? Er sitzt in seinem roten Sessel neben dem Schreibtisch, er schaltet das Radio ein und dreht die Lautstärke auf. Und als der Duce zu sprechen beginnt, hält er den Atem an.

Ich sehe mir das Video von jenem Nachmittag im Internet an, das Archiv des Istituto Luce hat es erst vor Kurzem hochgeladen. Die Rede von Mussolini dauert nur wenige Minuten. Ich sehe mir das Video ein zweites Mal an und achte dabei nicht nur auf Mussolinis Worte, sondern auch auf die Bilder der Plätze aus ganz Italien, auf denen sich die

Menschen drängen, während die Stimme des Duce aus den Lautsprechern dröhnt. Von Zeit zu Zeit halte ich das Video an, um Notizen zu machen. Dann klicke ich wieder auf Play.

»Duce! Duce! Duce! Duce!«, schreien die Leute, sobald Mussolini auf dem Balkon erscheint. Er hebt den rechten Arm zum Gruß. »Duce! Duce! Duce Duce!«, schreien die Leute immer weiter. Mussolini stützt sich auf die Balustrade, er lauscht der allgemeinen Euphorie, er scheint sehr zufrieden mit sich und hebt erneut den rechten Arm. »Duce! Duce! Duce! Duce!« Mussolini bedeutet der Menge zu schweigen, und sie schweigt. Die Hände in die Hüften gestemmt, fängt Mussolini an zu sprechen, es ist beinahe lächerlich: »Kämpfer zu Lande, zu See, in der Luft! Schwarzhemden der Revolution und der Legionen! Männer und Frauen aus Italien, des Kaiserreichs und des Königreichs Albanien! Hört!«

Eine lange Pause. Und wieder schreien die Leute: »Duce! Duce! Duce! Duce!« Mussolini ignoriert sie und ergreift wieder das Wort: »Eine vom Schicksal bestimmte Stunde hat unserem Vaterland geschlagen. Die Stunde der unwiderruflichen Entscheidungen.«

Im Video sieht man die überfüllten Plätze von Florenz, Forlì, Neapel, Bologna und Bari, die Stimmung ist überall dieselbe.

»Die Kriegserklärung wurde bereits den Botschaftern Großbritanniens und Frankreichs überreicht.« Er betont jedes Wort, spricht es klar und deutlich aus: »Einige Jahrzehnte der jüngsten Geschichte lassen sich mit diesen Worten zusammenfassen: Phrasen, Versprechungen, Drohungen, Erpressung. [...] Wenn wir heute entschlossen sind, die Risiken und Opfer eines Krieges in Kauf zu nehmen, dann deshalb, weil die Ehre, die Interessen, die Zukunft uns dies zwingend aufdiktieren.«

177

Hin und wieder hält Mussolini inne, er weiß genau, wie er die Reaktion des Volkes steuern kann.

»Die Parole ist eine einzige, kategorisch und herausfordernd für alle. Sie verbreitete sich und erobert die Herzen von den Alpen bis zum Indischen Ozean: SIEG!«

Pause des Diktators.

Wieder rufen die Leute, trommeln mit den Händen, klatschen, jubeln dem Duce zu, ihrem Retter, ihrer großen Hoffnung. Verstehen sie denn nicht, auf welche Tragödie sie zusteuern?

»Und wir werden gewinnen, um Italien, Europa und der Welt endgültig eine lange Zeit des Friedens und der Gerechtigkeit zu geben. Italienisches Volk! Ergreife die Waffen. (Ja!) Zeige Deine Härte, Deinen Mut und Deine Tapferkeit!«

»Ja!«

Erneut grüßt Mussolini, dann geht er hinein und die euphorische Menge explodiert.

Wie hat mein Großvater auf diese Rede reagiert? Ist auch er in euphorischen Jubel ausgebrochen? Oder hat er den Wahnsinn des Moments durchschaut und das unausweichliche Drama dahinter erkannt? Italien war nicht bereit für einen Krieg. Und die Männer an der Spitze des Regimes wussten das.

Natürlich werde ich nie genau wissen, was in meinem Großvater vor sich ging. Das Puzzleteil von jenem Nachmittag des 10. Juni 1940 fehlt. Aber inzwischen kenne ich meinen Großvater gut genug, um seine Handlungen und Emotionen zu erraten, und ich bin mir ziemlich sicher, dass es für ihn alles andere als ein euphorischer Augenblick war.

Arturo verfolgt die Entwicklung des Krieges genau. Er ist erleichtert, als Mussolini anfangs erklärt, dass Italien zwar Stellung beziehe, aber selbst nicht zu den Waffen greife. Er stimmt Vittorio Emanuele III. zu, als dieser sich zu einem Kriegsbeitritt Italiens zurückhaltend äußert und sagt, dass »die Kriegsmaschinerie noch zu schwach« sei. Bis zum letzten Augenblick hat Großvater gehofft, dass Italien verschont bleiben würde.

Aber nun hat der Duce gesprochen. Und mein Großvater fügt sich – wieder einmal. Mussolini wird es schon wissen, hat er vermutlich gedacht. Ganz offensichtlich ist es nur noch eine Frage von Wochen, vielleicht sogar Tagen, bis Deutschland siegt. Italien kann es sich nicht erlauben, bei den Verhandlungen für den Waffenstillstand zu fehlen, den Sieg nicht für sich zu nutzen. Sie dürfen sich nicht noch einmal reinlegen lassen. Wer könnte die Schmach von 1919 so schnell vergessen haben? Ein ehemaliger Soldat sicher nicht. Dieses Mal lassen sie sich den Sieg nicht verderben, Mussolini hat schon recht, es geht nicht anders, Italien hat keine Wahl, sie müssen sich einmischen.

Keine Euphorie, aber auch kein Protest. *Glauben, gehorchen, kämpfen.* Die faschistische Devise ist Arturo in Fleisch und Blut übergegangen. Er hat immer an den Duce geglaubt. Ihm immer gehorcht.

Ein paar Tage später wird Arturo als Militäranwalt nach Bologna zitiert. Er macht sich sofort auf den Weg. In Bologna angekommen, schreibt er Rosa einen beruhigenden Brief: *Keine Zwischenfälle auf der Reise. Die Stadt ist sehr schön, ich habe mich mit Vincenzino auf einen Kaffee getroffen und mich dann bei der Leitung des 6. Armeekorps vorgestellt. Dort habe ich auch den Kommandanten kennengelernt, mit dem ich zusammenarbeiten werde. Abends bin ich früh ins Hotel zurückgekehrt und beinahe auf der Stelle eingeschlafen. Versprich mir, dir nicht allzu viele Sorgen zu machen, liebste Rosetta!*

179

Meine Großmutter antwortet umgehend: *Du hast eine große Leere zurückgelassen und alle Hoffnung mit dir genommen. Wir sind einsam ohne dich, und wer weiß, wie lange du fort sein wirst. Ferruccio ist untröstlich, wenn ich ihn ins Bett bringe, fragt er immer wieder nach seinem Papa, und wenn ich ihm dann sage, dass er dir einen Kuss schicken soll, fängt er an zu weinen und hört gar nicht mehr auf.*

Arturo schreibt Rosetta täglich und berichtet ihr von seinem eintönigen Alltag: *Unser Korps hat noch immer keinen Marschbefehl erhalten, es gibt nur wenig zu tun. Sag Ferruccio und Rosaria, dass mir ein kleines Vögelchen gezwitschert hat, dass sie unartig sind und dass ich ihnen nichts aus Bologna mitbringe, wenn sie nicht brav sind. Sag ihnen, dass ihr Vater jeden Morgen und jeden Abend für sie betet und sie umarmt und dass er fortmusste, um für die Ideale unseres Vaterlandes zu kämpfen, sag das vor allem Ferruccio, meinem geliebten Sohn, damit er von klein auf lernt, was Vaterlandsliebe bedeutet.*

Jeden Tag antwortet Rosetta abwechselnd mit verschiedenen Ratschlägen und Klagen: *Achte darauf, dass du regelmäßig und nicht zu viel isst, vor allem abends, das bist du nicht gewohnt. Geh nicht zu spät ins Bett und rauch nicht, ansonsten mache ich mir Sorgen und bekomme Migräne …*

Es ist der 25. April 2020, der 75. Jahrestag der Befreiung Italiens. Und zum ersten Mal kann ich ihn nicht ruhigen Gewissens feiern. Auch ich möchte voller Stolz #iorestalibera (ich bleibe frei) in den sozialen Medien posten. Weil ich daran glaube und weil ich immer daran geglaubt habe, also warum sollte ich das Hashtag nicht auch benutzen, warum sollte ich nicht *Bella ciao* singen dürfen? Dieses Jahr heißt es #bellaciaovombalkon, weil man wegen des Lockdowns nicht hinunter auf die Straße darf. Aber irgendwie kann ich es dieses Jahr nicht. Ich bin schlecht drauf. Meine Geschichte ist eine andere als die der Enkelkinder, Nichten und Neffen der Widerstandskämpfer:innen. Im Gegensatz zu ihnen habe ich keinen Grund, stolz zu sein.

Fünfundsiebzig Jahre später ist es einfach, von damals zu sprechen. Aber wo waren unsere Großeltern und Eltern am 25. April 1945? Haben sie für die Freiheit gekämpft oder im letzten Moment die Seiten gewechselt? Waren sie im Widerstand oder verspätete Überläufer:innen? Wie dem auch sei, heute scheint das ohnehin keinen Unterschied mehr zu machen, das eine ist nicht besser als das andere. Schluss mit dem Extremismus von rechts, Schluss mit dem Extremismus von links. Schluss mit allen Ideologien. Ist das nicht die Losung unserer Zeit? Ich war im Plenarsaal und habe sie alle beifällig nicken sehen, als der Vorsitzende der demokratischen Partei, Matteo Renzi, den Wandel gepredigt hat: »Ab sofort sind es nicht mehr links und rechts, die wir gegenüberstellen, sondern Fortschritt und Stillstand.« Und alle haben sie geklatscht und gejubelt, nur um einen Sitz im Parlament zu be-kommen oder eine Beförderung. Ist das nicht auch eine Art der Kollaboration? Was ist aus dem Widerstand geworden, liebe Kamerad:innen?

Möglich, dass ich langsam verbittere. Das muss am Lock-down liegen. Oder daran, dass ich schon so lange nicht nach Italien konnte. Auf der Website der italienischen Botschaft in Paris steht schwarz auf weiß, dass man einen »triftigen Grund« braucht, um auf die Halbinsel zu reisen, selbst wenn die Grenzen offiziell nicht geschlossen sind. Dieser Grund muss familiärer oder beruflicher Natur sein. Heimweh scheint nicht zu zählen. Aber Italien fehlt mir. Meine Mutter-sprache fehlt mir, die einzige Sprache, in der ich mich wirk-lich zu Hause fühle. Ist das etwa kein triftiger Grund?

Ich habe nicht das Glück, als Enkelin eines Widerstands-kämpfers geboren worden zu sein. Aber im Alltag leiste ich selbst Widerstand: Ich wehre mich gegen das Einheitsden-ken, indem ich auf meine eigene Art und Weise denke.

Der Widerstand liegt nicht in unseren Genen oder unse-rem Wesen. Es ist eine Wahl, eine Entscheidung, der Wille, daran zu glauben, dass wir ohne Freiheit schon vor dem Tod sterben.

Ich zahle den Preis für meine Vergangenheit, für die Fehler meines Großvaters, aber ich entscheide mich für den Widerstand. Ich wehre mich. Und ich zehre vom Mut all der Menschen, die gelernt haben, sich gegen die Widrigkeiten des Lebens zu wehren, denn mutig sein, das bedeutet auch, dem Unglück, das uns widerfährt, die Stirn zu bieten, die Zähne zusammenzubeißen, nach vorn zu blicken und loszugehen.

Dritter Teil

Vergessen

Ziehe einen Schriftsteller bis auf die Haut aus,
deute auf seine Narben, und über die kleinen wird er dir
die Geschichte jeder einzelnen erzählen. Die großen
bescheren ihm Romane, aber keinen Gedächtnisverlust. Ein
wenig Talent ist ganz schön, wenn man Schriftsteller werden
will, aber die einzig wirklich erforderliche Fähigkeit ist die,
sich an die Geschichte jeder einzelnen Narbe zu erinnern.

Stephen King

»Wann hast du zum ersten Mal von der Shoah gehört, Papa?«

Mein Vater hat darauf bestanden, dass mein Bruder und ich als Kinder *Holocaust* sehen, dafür muss es doch einen Grund geben. Denke ich. Damals haben viele Eltern ihren Kindern diese Serie verboten, weil sie der Meinung waren, dass es besser für sie sei, von gewissen Dingen nichts zu wissen.

»Als ich in Amerika war, während des Pessach-Fests, da haben die amerikanischen Studenten die Ausländer an der Universität immer zum Mittagessen eingeladen. Ich weiß nicht mehr genau, wann das war, irgendwann im Frühling, aber ich weiß noch, dass wir beim Essen über nichts anderes gesprochen haben. Ich wusste damals so gut wie nichts darüber.«

»Und wie ist es gelaufen?«

»Es war ein Schock. Von Konzentrationslagern oder Gaskammern hatte ich noch nie gehört. Doch, doch, wirklich«, fügt er hinzu, als er meinen ungläubigen Blick sieht. »Heute scheint das undenkbar, aber damals hatte ich keine Ahnung …«

Das war 1962. Ein knappes Jahr nachdem in Jerusalem der Prozess gegen den ehemaligen SS-Obersturmbannführer Adolf Eichmann zu Ende ging, der vom israelischen Geheimdienst Mossad aus Argentinien nach Israel gebracht worden war. In Israel wurde der Prozess live im Radio übertragen. Im Rest der Welt kamen mit ein paar Tagen Verspätung die Bilder im Fernsehen an. Trotz der »Konkurrenz« durch die erste Raumfahrtmission der Weltgeschichte, bei der der Russe Juri

Gagarin ins All geschickt wurde, und der sich zuspitzenden Kubakrise war der Eichmann-Prozess das mediale Ereignis des Jahres 1961. Millionen von Menschen hörten zum ersten Mal von Vernichtungslagern, selbst in Israel war das Ausmaß des Schreckens unbekannt gewesen. Unmittelbar nach dem Zweiten Weltkrieg und den Nürnberger Prozessen sprach man nicht über die Verbrechen, die im Namen des Nationalsozialismus und des Faschismus begangen worden waren. Als ob dieses Kapitel vorbei gewesen wäre.

»Habt ihr auch über den Eichmann-Prozess gesprochen?«

»Das weiß ich nicht mehr. Aber als ich dann in England war, habe ich das Gerichtsverfahren verfolgt. Kannst du dich noch an Duccio erinnern? Als du klein warst, waren wir im Sommer oft bei ihm und seiner Familie. Er ist Jude, ich kenne ihn aus dem Studium, am Churchill College haben viele Juden Wirtschaft studiert. Habe ich dir schon von Eva erzählt, der Tochter von Ursula Hirschmann?«

»Ja, Papa, schon tausendmal. Aber nochmal zu Eichmann. Was hast du dann gemacht, als du zurück nach Italien gekommen bist? War dir der faschistische Hintergrund deines Vaters da nicht unangenehm? Hast du versucht, zu verstehen, warum Großvater sich so verhalten hat? Irgendwie war er doch auch an der Shoah beteiligt gewesen, oder nicht?« Immerhin war Mussolini ein Verbündeter Hitlers gewesen und hatte 1938 die Rassengesetze eingeführt.

Stille. Das ergibt doch alles keinen Sinn. In den Sechzigern stolpert mein Vater über die Tragödie der Shoah, spricht in seinem Freundeskreis darüber, entdeckt den Zionismus für sich – und dann, zurück in Italien, tut er so, als wisse er von nichts?

Klar, in Italien war man in den Sechzigerjahren nicht so weit wie in den USA oder Israel. Selbst in Deutschland öffnete man nach zehn Jahren kollektiven Vergessens langsam wieder das Kapitel des Nationalsozialismus. Und 1963, zwei Jahre nach dem Prozess in Jerusalem, beginnt in Frankfurt dank der Hartnäckigkeit des hessischen Generalstaatsanwalts Fritz Bauer der zweite Auschwitzprozess. Während in Italien absolut gar nichts passiert. Aber mein Vater lebte nicht nur in Italien, sondern auch in England. Warum hat er sich nicht für die Geschichte seines eigenen Vaters interessiert?

Eine Freundin hat mir von einem Buch erzählt: *Die Gedächtnislosen* von Géraldine Schwarz. Die Autorin, ungefähr so alt wie ich, ergründet darin die verborgene Vergangenheit ihrer Familie und erzählt sie parallel zur Geschichte Deutschlands. Es gab eine Verbindung zwischen ihrem Großvater und dem Naziregime, aber ihr Vater hat nie genauer nachgeforscht »Wozu?«, hat er seiner Tochter gefragt. Er hatte einen Verdacht, hat aber weder versucht, ihn zu widerlegen, noch, ihn zu bestätigen. Wozu? Hat sich mein Vater dieselbe Frage gestellt, als er damals in den Sechzigerjahren nach Italien zurückkam?

Jacques wirft mir vor, auf das »Dammbruchargument« reinzufallen. Aber das stimmt nicht. Die italienischen Rassengesetze von 1938 zielen vielleicht nicht darauf ab, das gesamte jüdische Volk auszulöschen, wie die sogenannte Endlösung der Judenfrage in Deutschland, trotzdem beruhen sie auf einem biologisch begründeten Rassismus. Der amerikanische Historiker Raul Hilberg behauptet, dass Mussolini geschockt war, als er 1942 von der Existenz der deutschen Gaskammern erfuhr. Gleichwohl hält er an dem militärischen und ideologischen Bündnis mit Nazideutschland fest. Im November 1943 verordnet die italienische Regierung erst die Beschlagnahmung aller jüdischer Besitztümer und dann die Verhaftung und Internierung der jüdischen Bürger:innen. Das ist der Beweis dafür, dass die Rassengesetze von 1938 nur der Anfang waren. Vor allem, weil die Verfolgung der jüdischen Italiener:innen weder unerwartet kam noch auf Befehl Hitlers geschah, wie Renzo De Felice und George Mosse behauptet haben. Sie ist das Erbe der italienischen Kolonialzeit. Als der Duce 1936 gegen die »Rassenmischung« in den Kolonien in den Krieg zieht und behauptet, »Mischlinge« seien eine biologische Bedrohung für die Unversehrtheit der italienischen Rasse, ist der Rassismus in Italien bereits weit verbreitet. Erst die Schwarzen, dann das Judentum.

Die Italiener:innen weigern sich, diesem Teil ihrer Geschichte ins Gesicht zu sehen. Lieber sehen sie sich als gutmütiges Volk, dem die Brutalität der Furia Francese, der karolingischen Kavallerie oder der plündernden Armée d'Italie fremd ist, ganz zu schweigen von der Wut der Nazisoldaten. *Italiani, brava gente!* Aber das ist ein Allgemeinplatz. Die Wahrheit sieht anders aus. Jacques täuscht sich.

Aber vielleicht täusche ich mich auch? Ist es ein Fehler, sich derart darauf zu versteifen, dass mein Vater die Vergangenheit verdrängt hat? Schließlich habe ich selbst fünfzig Jahre lang nicht nachgefragt. Für mich war Großvater Monarchist, dass sein Bild neben dem von König Umberto II. bei Paps Cousinen an der Wand hing, war mir Beweis genug, ich habe die Familienlegende niemals infrage gestellt. Habe ich damit nicht meinen Teil zum kollektiven Vergessen beigetragen?

Plötzlich verstehe ich, dass ich nur versuche, mich selbst zu rechtfertigen, wenn ich die Schuld bei meinem Vater suche: Der Schaukasten mit Großvaters Medaillen hing gut sichtbar im roten Salon in unserem Haus in Campi, als Kind kam ich beim Spielen dauernd daran vorbei, genau wie an den Fotos, auf denen Arturo eine Uniform und eine Schirmmütze mit faschistischem Zierstreifen und goldenem Adler trägt.

190

Und?
Welche Schlüsse habe ich daraus gezogen?

Ich habe eine Liste mit Entschuldigungen zusammengestellt: Nach dem Tod meiner Großeltern Ende der Siebzigerjahre sind wir nicht mehr nach Campi gefahren. Zu der Zeit, als wir in der Schule den Faschismus durchnahmen, war die Situation bei uns zu Hause angespannt und ich wollte nichts als weg. Als ich auf der Scuola Normale in Pisa war, hat die Magersucht angefangen. Nach meiner Doktorarbeit bin ich direkt nach Paris gezogen.

Ich habe ein Faible für Listen. Listen mit Kleidern, die gewaschen werden müssen, Listen mit Dingen, die ich kaufen möchte, Listen mit Artikeln, die ich schreiben könnte, Listen mit Büchern, die ich lesen will. Ich bin besessen von Listen. Es beruhigt mich, die Dinge untereinander aufzulisten, sie nach Tagen zu sortieren, manchmal sogar nach Stunden. Ich bin mit einer langen Reihe von Regeln aufgewachsen, mit Uhrzeiten, die ich unbedingt einzuhalten hatte, ich kann mir ein Leben ohne festen Zeitrahmen nicht vorstellen, und wenn etwas nicht so läuft, wie es soll, komme ich damit nicht zurecht. Auf meinem Mac habe ich eine Datei mit dem Namen »Dinge, die ich erledigen muss«. Jede Woche aktualisiere ich diese Datei, die dringendsten Aufgaben unterstreiche ich rot, die weniger wichtigen grün, und gelb diejenigen, die ich erst einmal aufschieben kann. Jedes Mal, wenn ich die Farbe Gelb benutze, fühle ich mich schlecht, ich habe das Gefühl, dass ich nicht mehr richtig atmen kann, manchmal muss ich die Luft regelrecht in meine Lungen zwingen, sodass ich verkrampfe und tagelang einen steifen Nacken davon habe. Nacken-, Rücken-, Lendenschmerzen – irgendetwas tut mir immer weh, und die Wärmepflaster helfen nicht. Letztens hat mir eine Freundin gesagt, es liege sicher daran, dass ich immer so viel mit mir herumschleppe, wenn meine Wirbel, Muskeln, Sehnen nachließen. Ich stehe derart unter Strom, dass es irgendwann einfach knallen muss. Manchmal denke ich, dass mein Leben ganz anders verlaufen wäre, wenn die Regeln und festen Zeiten meines Vaters mich nicht so unter Druck gesetzt hätten. Deshalb nervt es mich, wenn die Leute darüber klagen, dass ihre Eltern ihnen als Kinder zu viele Freiheiten gelassen hätten.

Ich schweife ab.

Ich verstecke mich hinter meinen Listen und meinem Ordnungswahn, ich vermeide es, der Realität ins Auge zu sehen.

Und vor allem vermeide ich es, die Wahrheit hinter den Ausreden zu sehen, die ich weiter oben aufgelistet habe. Meine Strategie ist immer dieselbe: Flucht.

Seit meiner Kindheit fliehe ich.

Vor meiner Vergangenheit und meinem Vater.

Vor meinem Land und meiner Muttersprache.

Und jetzt vor meiner Schuld.

Als ich beschloss, das Haus in Campi zu behalten, war einer der Gründe, dass ich dorthin zurückkehren wollte, wo alles angefangen hat. Als ich zum ersten Mal wieder dort war, gemeinsam mit dem Architekten, sind die Erinnerungen über mich hereingebrochen und ich hatte Angst, darin zu ertrinken. Mit jedem Zimmer, das ich betrat, stürzten neue Bilder auf mich ein. Das Bild meines Vaters, wie er am Ende des Sommers das Tor hinter sich schloss; meine Großmutter, die sich an den Knauf klammerte und ihn mit Küssen bedeckte, weil sie nicht gehen wollte. Das Bild meiner Tante, die mir und meinem Bruder immer Kekse gab, sie legte sie auf einen Teller, hielt ihn sich dicht vor die Augen und rückte ihre Brille mit den dicken Gläsern zurecht, um die Kekse abzuzählen; ich hatte einen Moment der Unachtsamkeit genutzt und einen stibitzt, sodass es eine ungerade Zahl war und sie einen weiteren Keks dazulegen musste. Das Bild meiner Großmutter in ihrem Sarg, der im großen Salon aufgebahrt worden war; ich hatte sie unbedingt sehen wollen, aber als ich ihre eiskalte Stirn berührte, bekam ich Angst.

Nachdem die Renovierungsarbeiten beendet waren, kam mein Vater, um zu sehen, was aus seinem alten Haus geworden war. Ich war so stolz, dass ich am liebsten geschrien hätte: »Siehst du, Papa, ich habe es geschafft! Es war eben doch nicht unmöglich.« Aber ich habe es weder geschrien noch gesagt. Was hätte ich damit auch erreicht? Meinen Vater zu demütigen? Ihm zu beweisen, dass ich erreicht hatte, was ihm niemals gelungen war? Worauf war ich eigentlich so stolz?

Gut, ich hatte das Anwesen meiner Familie renovieren lassen. Aber das Andenken seiner früheren Bewohner:innen konnte ich dadurch nicht wiederherstellen.

In meinem ersten Sommer in Campi würdigte ich die Kisten und Kartons im Keller von Papas Cousinen keines Blickes. Wir hatten gerade erst das Haus von Jacques' Mutter ausgeräumt, da würde ich jetzt bestimmt nicht gleich mit den Sachen meines Großvaters weitermachen. Das konnte fürs Erste warten, sagte ich mir. Warum sollte ich meine Ferien damit verschwenden?

Ich habe Ausreden erfunden und mich selbst beruhigt.

Ich bin geflohen. Wieder einmal.

Und ich habe noch eine ganz Weile gebraucht, bevor ich mich der Vergangenheit meiner Familie gestellt habe. Erst Jacopos Geburt hat mich dazu gezwungen, die Flucht aufzugeben. Plötzlich stand ich vor einer Wand: Warum habe ich keine Kinder bekommen? Wenn mein Bruder, der immerhin homosexuell ist, eines bekommen hat, warum dann nicht ich?

Seit Wochen kann ich nicht aufhören, an die Kisten voller Akten und Dokumente zu denken, die ich Anfang Januar im Keller von Papas Cousinen gefunden habe. Ich ärgere mich über meine eigene Dummheit. Nach dem Ende der Vorlesungszeit, vor der Prüfungsphase, wollte ich eigentlich für ein paar Wochen nach Campi fahren. Stattdessen stecke ich in Paris fest. Die Pandemie hat meine Pläne durchkreuzt. Jetzt ärgere ich mich noch mehr. Wie viel Zeit ich verloren habe!
Ich war dumm, oberflächlich, eine Idiotin.

»Die Zeit braucht ihre Zeit«, sagte meine Großmutter früher, wenn ich als Kind mal wieder zu ungeduldig war.
Auf einmal fällt mir dieser verhasste Satz wieder ein, und zum ersten Mal erkenne ich darin noch einen anderen Sinn: Um gewisse Dinge zu verstehen, muss man die Zeit wirken lassen, ihr die Gelegenheit geben, sich zu setzen.
Erinnerung ist nicht linear.
Und manche Dinge hat man direkt vor sich, ohne sie wirklich zu sehen. Auch wenn sie Spuren hinterlassen haben.

Meine Mutter erzählt mir, dass Papa sich unverantwortlich verhält. Jetzt, wo die Regeln des Lockdowns gelockert wurden, möchte er, dass Giorgio wieder kommt, der Junge, der ihm seit ein paar Jahren mit dem Computer hilft. Dabei ist das Virus weiterhin im Umlauf und mein Vater über achtzig.

»Und wenn Giorgio uns nun ansteckt?«, hat meine Mutter ihn gefragt. Die letzten Monate, die sie ganz allein mit meinem Vater verbracht hat, waren schwierig für sie. »Bitte, Michela, sprich mit ihm, du bist die Einzige, auf die er manchmal hört!«

Also rufe ich ihn an. Auch wenn mein Vater nie auf mich hört. Stattdessen dreht er den Spieß um, weil er trotz allem eben doch sehr klug ist und immer einen Weg findet, sich herauszuwinden, zu schummeln, die Situation zu seinen Gunsten zu nutzen. Als ich ihm zum wiederholten Mal sage, dass er gerade besser keine Fremden ins Haus lässt, weil er nun mal älter und anfällig ist, ändert er seine Taktik.

»Ich habe etwas gefunden, was deinem Großvater gehört hat. Interessiert es dich?« Mein Vater weiß genau, dass mich alles interessiert, was mit Großvater zu tun hat. Aber er wartet, bis ich ihm die Antwort gebe, die er hören will. »Natürlich interessiert es mich, Papa! Was ist es denn?«

»Ein Buch. Und auf der ersten Seite steht etwas, das sehr wichtig für dich sein könnte, glaube ich. Aber ich sage dir nicht, was es ist, bis du deine Mutter davon überzeugt hast, dass Giorgio wieder kommen kann.«

So ist mein Vater. Selbst mit über achtzig Jahren ist er

noch ganz der Alte. Um seinen Willen durchzusetzen, ist ihm jedes Mittel recht.

»Wenn du krank wirst, ist das dein Problem, nicht meins.«

»Schon klar.«

»Dann hätten wir das ja geklärt. Kannst du mir jetzt bitte sagen, was für ein Buch das ist und was auf der ersten Seite steht?«

»Es ist ein Roman von Arthur Koestler, er heißt *Sonnenfinsternis*.«

Das Buch erschien 1940 zunächst auf Englisch, sechs Jahre später dann auch auf Italienisch. Koestler erzählt darin die Geschichte eines ranghohen Funktionärs der kommunistischen Partei in der Sowjetunion, der wegen angeblicher konterrevolutionärer Verbrechen mitten in der Nacht festgenommen, eingesperrt, für schuldig befunden und zum Tode verurteilt wird. Auf die erste Seite hat mein ordnungsliebender Großvater geschrieben: *Arturo Marzano, Anwalt, Kanzlei Campi Salentina, Lecce, 8. Februar 1949.*

Ich habe meinen Großvater im Oktober 1944 als Militäroberstaatsanwalt zurückgelassen. Nun finde ich ihn im Februar 1949 als einfachen Rechtsanwalt wieder. Warum ist er nicht mehr in der Staatsanwaltschaft? Was ist in der Zwischenzeit passiert? Hat Arturo beschlossen, dass er als freier Anwalt mehr Geld verdienen kann? Geld, das er nicht brauchte. Es sieht ihm gar nicht ähnlich, die Staatsanwaltschaft freiwillig für einen Job als Rechtsanwalt zu verlassen.

Ich frage meinen Vater, aber er weiß nichts darüber. Er weiß nur noch, dass Arturo Ende 1949 als Mitglied der Staatsanwaltschaft an einem berühmten Prozess gegen eine Gruppe Kommunist:innen teilnahm, die man eines Blutbads in Ginosa beschuldigte, einer kleinen kommunistischen Stadt unweit des Hafens von Tarent. Die Angeklagten wurden ausnahmslos freigesprochen. Ende 1949 war Arturo also wieder Staatsanwalt. Und dazwischen?

Ich suche im Internet nach Informationen, aber ich finde nichts. Ich brauche Großvaters Akte. Ohne sie komme ich nicht weiter.

Endlich sind die Lesesäle des Archivio centrale dello Stato, des Zentralen Staatsarchivs, wieder geöffnet. Ich brauche also nur noch nach Rom zu fahren. Vor der zweiten Prüfungsphase bleibt mir noch genug Zeit für einen Abstecher in die Hauptstadt, denke ich.

Das einzige Problem: Das Hygienekonzept des Archivs sieht nur zehn Leute pro Tag vor, weshalb man online einen Termin reservieren muss. Aber als ich es versuche, muss ich feststellen, dass alle Plätze bis Ende Juli ausgebucht sind.

»Frag doch, ob sie dir die Unterlagen per Post schicken können«, schlägt Jacques vor.

Gesagt, getan. Zwei Tage nachdem ich der Archivleiterin eine E-Mail geschrieben habe, erhalte ich eine äußerst präzise Antwort. Sie schreibt, dass sie sich die Namensliste der Staatsanwaltschaft angesehen und den Namen meines Großvaters gefunden habe, allerdings in einem Teil des Katalogs, der nur dem Personal zugänglich sei. Die Akte von Arturo Marzano befinde sich in Umschlag Nr. 619. Wenn ich sie einsehen möchte, solle ich dem Direktor des Lesesaals schreiben und ihn um eine Kopie bitten.

»Siehst du, Klischees stimmen nicht immer«, sagt Jacques.

Aber mein Mann täuscht sich. Die Archivleiterin ist eine ehrenwerte Ausnahme, das Klischee des italienischen Verwaltungswesens bestätigt sich nur allzu bald: Der Direktor des Lesesaals antwortet mir salopp und nach einer Woche Wartezeit, er fordere mich auf, einen offiziellen Antrag für eine digitale Rechercheanfrage zu stellen und ihn vorschrifts-

197

mäßig auszufüllen, vorausgesetzt natürlich, ich sei berechtigt, den Antrag zu stellen. (Was soll das bitte bedeuten?) Ich gebe mir alle Mühe, das Formular »vorschriftsmäßig« auszufüllen: Außer den üblichen Angaben zur Person wollen sie wissen, in welchem Jahr ich meinen Doktortitel erhalten habe, in welcher Forschungseinrichtung ich tätig bin, darüber hinaus erwarten sie eine Liste mit meinen wichtigsten Publikationen zu dem Thema, in dessen Kontext ich die besagte Archivakte zu konsultieren wünsche. Ich gebe an, dass ich noch nichts im Zusammenhang mit dieser Akte veröffentlicht habe und dass meine Recherche den Zweck hat, das Leben meines Großvaters zu rekonstruieren. Diese Antwort scheint dem Direktor nicht sonderlich zu gefallen, jedenfalls bekomme ich keine Antwort. Ich schreibe ihm noch einmal und füge hinzu, dass die Recherche für eine zukünftige Publikation ist. Dann drücke ich die Daumen. Und tatsächlich trifft nach ungefähr zehn Tagen eine neue E-Mail ein: *Ihr Antrag ist bei uns eingegangen. Aufgrund der hohen Nachfrage können wir uns leider nicht umgehend um Ihr Anliegen kümmern. Wir bemühen uns, Ihren Antrag so bald wie möglich zu bearbeiten.*

So bald wie möglich ... Ich muss an meinen Mathelehrer denken, der sich, nachdem er an der Tafel einen Beweis aufgestellt hatte, mit einem Lächeln zu uns umdrehte und sagte: »Was zu beweisen war.« Soeben wurden die schlimmsten Klischees über die italienische Verwaltung bewiesen: Inkompetenz, Langsamkeit, Faulheit.

Ich beschließe, meinen Freund Stefano um Hilfe zu bitten, als Historiker kennt er die Abläufe des Staatsarchivs. Ich erzähle ihm alles, schildere mein Problem, er macht sich sofort an die Arbeit. Nur wenige Tage später berichtet er mir, dass er mit dem Direktor des Lesesaals gesprochen habe. »Jetzt sollte es eigentlich klappen«, sagt er. »In Kürze müsste sich jemand bei dir melden, und schneller, als du denkst, ist die Sache geregelt.«

Am Tag darauf bekomme ich tatsächlich einen Anruf aus dem Archiv, aber die Sache ist ganz und gar nicht geregelt. Der Mitarbeiter am Telefon sagt, dass er die Akte meines Großvaters zwar gefunden habe, aber dass sie viel zu umfangreich sei, um eingescannt zu werden. Normalerweise seien die Akten der Staatsanwaltschaft eher dünn, aber diese hier sei so dick, dass er unmöglich alles kopieren könne.

»Und jetzt?«

»Ich könnte Ihnen einen Platz für den 23. oder 24. Juli reservieren, wäre Ihnen das recht?«

»*Farò, farai, faremo*«, sagte mein Vater immer, wenn er wollte, dass mein Bruder und ich etwas erledigten, wozu wir keine Lust hatten: »Ich werde, du wirst, wir werden tun.« Oft schickte er noch ein Sprichwort im römischen Dialekt hinterher: »*Quiddu c'à fare crai, fallu osce.*« »Was du heute kannst besorgen, das verschiebe nicht auf morgen.« Vorausschauen. Organisieren. Planen. Im Vorhinein an alles denken, sonst hat man hinterher nichts als Ärger. Das Anti-Aufschiebeprinzip meines Vaters konnte auf viele verschiedene Weisen ausgedrückt werden: Wer zuerst kommt, mahlt zuerst. Wer nicht wagt, der nicht gewinnt. Zeit ist Geld. Der frühe Vogel fängt den Wurm. Die Idee dahinter war immer dieselbe: Die Zeit vergeht unaufhaltsam, wer zu lange wartet, vergibt seine Chance.

Mit diesem Damoklesschwert über dem Kopf bin ich aufgewachsen, alles, was mein Vater sagte, habe ich wörtlich genommen, obwohl er selbst sich nie an seine Prinzipien hielt. Im Gegenteil. Sein Leben lang hat er Dinge aufgeschoben, Ausflüchte gesucht, ist nicht in die Gänge gekommen.

Aber ich habe das Anti-Aufschiebeprinzip für immer verinnerlicht. Ich habe es sogar radikalisiert: Alles, was ich nicht sofort erledige, wird nie etwas.

Sofort – nie. Zwei Seiten derselben Medaille. Seit Ewigkeiten bin ich in diesem Schwarz-Weiß-Denken gefangen, obwohl ich mein Bestes gebe, um dem Dualismus zu entkommen: alles – nichts, richtig – falsch, gut – schlecht, schwarz – weiß. Trotz meiner zwanzig Jahre Psychoanalyse

funktioniere ich immer noch wie ein Computer: im Binär-
code. 0 – 1. Ich bin in zwei Teile gespalten.

Sigmund Freud bezeichnet mit dem Wort Spaltung den
psychischen Abwehrmechanismus von jemandem, der ein
Trauma erlitten hat. Habe ich auch ein Trauma erlitten?
Ich weiß es nicht. Und vermutlich werde ich auch nie
wirklich verstehen, was in meiner Kindheit passiert ist. Vielleicht ist das auch gar nicht so wichtig. Meistens steht kein
konkreter Zeitpunkt, kein konkretes Ereignis am Anfang
unseres Leidens. Das Problem ist oft ein emotional insta-
biles Umfeld, in dem wir aufwachsen, oder das wiederholte
Durchleben schmerzhafter Momente. Unsichtbarkeit, Trans-
parenz. Und ein tiefer Riss.
In der Psychologie ist man sich einig, dass es für ein Kind
nichts Schlimmeres gibt als ambivalente Eltern, die manchmal für einen da sind und dann wieder nicht, die mal mit Zuneigung und mal mit Abneigung reagieren. Zwischen Ideali-
sierung und Verachtung, Liebe und Hass. Und auf einmal ist
alles schwarz.
Wie schafft man es, nicht in einen Abgrund zu fallen,
wenn man als Kind mit widersprüchlichen Anforderungen
aufwächst? Tu, was ich dir sage, aber mach es nicht so wie
ich. Hör auf mich, ohne meinem Beispiel zu folgen.

»Irgendwann mal eine Aufführung von Verdis *Rigoletto* im
San Carlo zu sehen, das ist mein größter Traum!«
Jahrelang sprach mein Vater davon, dauernd trällerte er
vor sich hin: »*Cortigiani, vil razza dannata, per qual prezzo
vendeste il mio bene?*« »Feile Sklaven, ihr habt [um meine
Tochter] verhandelt! Sagt, was wurde euch als Preis gegeben?«
Jedes Mal zog sich mein Herz zusammen, armer Rigoletto,
armer Papa! Er sang: »*Senza te in terra qual bene avrei? Ah,*

figlia mia!« »Welch' anderes Glück kann die Erde mir geben? Oh, meine Tochter!« Er sang und sang. Aber obwohl er so lange davon träumte, *Rigoletto* eines Tages im Teatro San Carlo in Neapel oder sogar in den Caracalla-Thermen zu sehen, hat er nie etwas unternommen, um sich diesen Wunsch zu erfüllen. Dabei sind die Caracalla-Thermen nur eine halbe Stunde Autofahrt von unserem Haus entfernt. Und an Tickets zu kommen ist auch nicht besonders schwierig. Warum ist er nie hingegangen?

Ich will, aber ich kann nicht. Und wenn ich kann, will ich nicht mehr.

Bloß nicht riskieren, glücklich zu sein.

Wer glücklich ist, macht sich schuldig, das hat Papa uns immer gepredigt. Lebensfreude – was für eine Schande!

Am 25. Juli 1943 wird Mussolini festgenommen, als er nach der Tagung des Großen Faschistischen Rats den Palazzo Venezia verlässt, und König Vittorio Emmanuele III. verkündet im Radio, was er schon zwanzig Jahre zuvor beim Marsch auf Rom hätte sagen sollen: »In dieser feierlichen Stunde für das Schicksal unseres Vaterlandes soll ein jeder die Pflicht, den Glauben und den Kampf wieder aufnehmen: Kein Verrat wird mehr geduldet, keine Beschwerde entgegengenommen.« Der König setzt Marschall Pietro Badoglio als Ministerpräsidenten und Nachfolger Mussolinis ein, der in der Zwischenzeit an einem geheimen Ort eingesperrt wurde.

Am 2. August wird die faschistische Partei aufgelöst, es wird beschlossen, dass der Begriff »faschistisch« aus dem Namen von Organisationen und Institutionen gestrichen und das Abbild der Fasci littori von den Uniformen der Soldaten, den Stempeln und dem Briefpapier der Regierung entfernt werden soll.

Am 8. September gibt Marschall Badoglio bekannt, dass er das Waffenstillstandsabkommen mit den USA und Großbritannien unterzeichnet habe. Im Morgengrauen des 9. September flüchten er, der König und einige andere Amtsträger heimlich aus Rom nach Brindisi, in die alte Hafenstadt in Apulien, die bereits unter englischer und amerikanischer Herrschaft steht.

Italien ist zweigeteilt. Während Mussolini – der in der Zwischenzeit von den Deutschen befreit wurde – die Republik von Salò im Norden des Landes regiert und an der

Seite von Hitlers Landsleuten kämpft, erklärt das Königreich im Süden Deutschland offiziell den Krieg und versucht, das Blatt zu wenden. Badoglio wird zum Hauptbündnispartner der Alliierten und versucht mit allen Mitteln, ein Wiederaufleben des Faschismus auf dem neuen Regierungsgebiet zu verhindern.

»Aus Sicherheitsgründen, Don Giuseppe.« Der Podestà von Campi, der soeben seines Amtes enthoben wurde, steht wie vom Donner gerührt auf der Schwelle seines Hauses. Ungläubig starrt er die Carabinieri an, die gekommen sind, um ihn festzunehmen. Sie heben den Arm zum römischen Gruß. Alles wirkt sehr formell. »Bitte entschuldigen Sie, Signuria, wir führen nur unsere Befehle aus.«

Die vier Carabinieri, die den Podestà am Abend des 13. Oktobers 1943 verhaften sollen, flehen Don Giuseppe regelrecht an, ihnen zu folgen. »Das sind die Amerikaner, Don Giuseppe, wir haben damit nichts zu tun, bitte, das müssen Sie uns glauben.«

Ich habe die Szene vor Augen, während ich die Memoiren von Giuseppe Guarinos Sohn Tonino lese, der sich über Campis Einwohner:innen beschwert. In wenigen Wochen hatten sie ihre Überzeugungen über Bord geworfen. Nach der Landung der Alliierten Anfang September 1943 und dem überstürzten Rückzug der Deutschen, die sich nicht im Stiefelabsatz hatten einschließen lassen wollen, habe die gesamte Stadt Campi der Familie Guarino den Rücken gekehrt. Plötzlich war Don Guarinos Verwandtschaft mit Achille Starace keine Ehre mehr, sondern eine Schande. »Was für undankbare Menschen«, schreibt Tonino. Außer meinem Großvater anscheinend, den er gleich mehrmals erwähnt: »Staatsanwalt Marzano, treuer Freund der Familie.«

Nicht schon wieder, denke ich genervt. Aber dann überdenke ich mein Urteil. Auf der einen Seite finde ich den Gedanken unerträglich, dass mein Großvater der Familie von Starace half, der sich in der Zwischenzeit der Republik von Salò angeschlossen hatte – im April 1945 sollte er nach einem Schnellverfahren auf der Piazzale Loreto in Mailand erschossen werden. Andererseits finde ich es gut, dass Großvater seinem Freund jeder Gefahr zum Trotz treu blieb. Ohne zu zögern stellt er der Familie Guarino sein juristisches Wissen und sein Netzwerk zur Verfügung. Als Staatsanwalt hat er einen Eid auf den König geschworen und darf seinem Beruf deshalb auch weiterhin nachgehen.

»*Sursum corda*, Tonino.« Arturo versucht, Don Guarinos Sohn zu beruhigen. Großvater hat sich von seinem Chauffeur zum Haus des ehemaligen Podestà bringen lassen, ist ausgestiegen und auf die Haustür zugegangen. Doch noch bevor er klopfen konnte, hat Tonino auf Zehenspitzen die Tür geöffnet und sie hinter ihm vorsichtig wieder geschlossen, er will seine Mutter nicht aufwecken.

»Ich habe ihr noch nichts gesagt. Mama macht sich furchtbare Sorgen, seit sie Papa verhaftet haben.« Tonino versucht, sich zusammenzureißen, aber als Arturo ihn umarmt, kann er die Tränen nicht zurückhalten. »Vielen Dank, Herr Staatsanwalt«, sagt er gerührt.

»*Sciamune*, Tonino! Beeil dich und steig ins Auto, wir sind spät dran. Und was soll das ›Herr Staatsanwalt‹? Wie oft muss ich dir noch sagen, dass du mich nicht so nennen sollst?« Er klopft dem Jungen auf die Schulter, steigt hinter ihm ins Auto und setzt sich neben ihn.

Die Straßen von Campi sind verlassen. Niemand traut sich zur Sperrstunde hinaus, und nur hinter wenigen Fenstern brennt noch Licht. Jeden Abend scheint sich das Dorf von Neuem zu leeren. Auf den kleinen Straßen, die nach Tarent führen, ist die Dunkelheit so vollkommen, dass man weder die Weinberge noch die Olivenhaine sieht. Die Luft scheint stillzustehen. Außer dem gelegentlichen Echo eines Schusses in der Ferne hört man nichts.

»Ganz ruhig, Tonino. Ich kümmere mich darum«, sagt Arturo, als das Auto vor dem Militär-Kontrollposten hält und ein britischer Soldat mit gezücktem Gewehr sie fragt, wo sie um diese Uhrzeit hinwollen. »Zum Befehlshaber des 9. Armeekorps«, antwortet mein Großvater. »Es hat alles seine Ordnung, Soldat.« Großvater zeigt ihm seine Papiere und den Passierschein. »Ich bin Oberstaatsanwalt.« Er hebt die Stimme. »Seiner Majestät und der königlichen Marine zu Diensten!«, sagt er laut und deutlich.

Dass mein Großvater damals in der Gegend ein einflussreicher Mann war, wusste ich. Dass er großzügig war, hatte ich mir aus den Erzählungen von Verwandten und Freund:innen der Familie zusammengereimt. Dass er 1944 einen Matrosen des Marineboots MAS 433 freigesprochen hatte, der seinem Kapitän den Befehl verweigert hatte, weil der sich im Norden dem Duce und der Republik von Salò anschließen wollte, erfuhr ich zufällig, als ich im Internet auf einen Auszug aus dem berühmten Urteil stieß. Und jetzt entdecke ich eine weitere Facette meines Großvaters: Er war ein treuer Freund.

Obwohl das Detail, dass es sich bei Großvaters Freund um den Schwager von Achille Starace handelt, ernüchternd ist, bin ich erleichtert. Gut, Großvater war Faschist, aber wenigstens war er treu. Letzten Endes ist doch nichts schlimmer als Verrat und Heuchelei.

Während im Norden weiterhin der Krieg wütet, unterschreibt der König am 27. Juli 1944 ein Dekret zur »Entfaschisierung« Italiens und ernennt einen Hochkommissar, der mit der Epurazione, der »Säuberung« der Behörden, beauftragt wird. Was wurde in dieser Zeit aus meinem Großvater?

Als ich mir die jüngste Forschungsliteratur zur Entfaschisierung des Gerichtswesens anschaue, muss ich feststellen, dass die Dinge viel komplizierter waren, als es zunächst den Anschein hat. Von Anfang an war größte Vorsicht geboten. Vor allem, weil sich die Jurist:innen nicht nur gegenseitig, sondern auch selbst richten mussten. Und die Kriterien, nach denen sie urteilen, sanktionieren oder freisprechen sollten, waren alles andere als eindeutig. Was genau warf man ihnen vor? Die Mitgliedschaft in der faschistischen Partei? Die Art, wie sie die faschistischen Gesetze angewandt hatten? Die Zugehörigkeit zu besonders abscheulichen Institutionen wie etwa dem Rassengericht?

Schließlich wurde beschlossen, die mehr oder weniger militante Haltung der Jurist:innen als Grundlage zu nehmen: Diejenigen, die nur das Gesetz angewandt hatten, wurden freigesprochen, während diejenigen, die beispielsweise einen Artikel in einer faschistischen Zeitschrift veröffentlicht hatten, verurteilt wurden. Aber besteht nicht ein Zusammenhang zwischen dem, was man in einem Zeitungsartikel schreibt, und den Argumenten, auf deren Grundlage man eine Anklage begründet oder ein Urteil rechtfertigt? Wenn man ein Gesetz anwendet, interpretiert man es doch auch

auf seine eigene Art. Jedes Urteil ist immer auch ein Bekennt-
nis.

Eines der ersten Dinge, die ich in meinen Seminaren mit den
Studierenden bespreche, ist der Unterschied zwischen recht-
lichen und moralischen Normen; ich erkläre ihnen, dass sie
unbedingt Recht und Ethik voneinander unterscheiden müssen: »Wie soll man sonst den moralischen Wert einer Norm
beurteilen?« Manchmal wandern ihre Blicke dabei in die
Ferne. Aber spätestens, wenn ich auf die Todesstrafe zu sprechen komme, kehren sie wieder ins Hier und Jetzt zurück.
Italien war das erste Land der Welt, das die Todesstrafe abge-
schafft hat, auch wenn sie während des Faschismus wieder
eingeführt wurde. In Westdeutschland wurde sie 1949 abge-
schafft, in der DDR erst 1987.

Meistens mache ich dann mit den Rassengesetzen weiter.
Ich frage die Studierenden: »Was meinen Sie, beruhen die
Rassengesetze auf moralisch vertretbaren Normen?«

»Nein, Madame«, lautet stets die Antwort.

»Also gibt es Situationen, in denen Ungehorsam eine moralische Pflicht ist. Denken Sie an Antigone. Wer von Ihnen
hat Sophokles gelesen?«

Nur wenige Hände heben sich, kaum jemand weiß, wer
Antigone überhaupt ist, und selbst die, die schon mal von ihr
gehört haben, erinnern sich nicht mehr, warum sie sich ihrem
König eigentlich widersetzt und seine Befehle missachtet hat.

»Auch glaub ich nicht, dass das von dir Erlassne so
große Macht besäße, dass, wer sterblich ist, der Götter un-
geschriebne und ewig gültige Gesetze könnte setzen außer
Kraft.« Ich lese einen Auszug aus der Tragödie vor, ich halte
inne, um zu sehen, ob die Studierenden mir folgen, dann lese
ich weiter. »Denn sie bestehn nicht erst seit heute oder gestern: Die leben schon seit je, und keiner weiß, wann sie zu-

erst erschienen. Indem ich diese überträte, wollt ich nicht, aus Furcht vor irgendeines Mannes Denken, vor den Göttern büßen.« Ich erkläre ihnen, warum Antigone trotz des Verbots von Kreon beschließt, ihren Bruder Polyneikes zu begraben: Sie ist der Meinung, dass jeder Mensch das Recht auf eine Beerdigung hat. Und für diesen Ungehorsam verurteilt der König sie zum Tode. »Denn wer, wie ich, in vielen Übeln lebt, wie trüge der im Tode nicht Gewinn davon?«

In diesen Momenten herrscht absolute Stille im Hörsaal. Die Studierenden hängen an meinen Lippen. Manchmal meldet sich jemand zu Wort: »Aber Madame, nicht alle von uns können Helden sein.«

Beim Prozess in Jerusalem fragte der Generalstaatsanwalt Hausner den Angeklagten Eichmann: »Wurden diese Juden ins Vernichtungslager geschickt? Ja oder nein?« Und Eichmann antwortet nur: »Ich leugne es nicht. Ich habe es nie geleugnet. Ich habe Befehle bekommen und sie ausgeführt, weil ich einen Eid geschworen hatte. Ich hätte nicht anders handeln können und ich habe es auch nicht versucht. Aber es war nie mein eigener Wille.« Gideon Hausner fragte weiter: »Wollen Sie damit sagen, dass Sie vollkommen passiv waren?« Und Eichmann erwiderte: »Passiv würde ich es nicht nennen. Ich habe genau das getan, was ich eben gesagt habe; ich habe gehorcht und die Befehle ausgeführt, die man mir gegeben hatte [...]. Ich war kein Trottel, aber ich musste gehorchen.«

Aber ist das Ausführen von Befehlen eine Entschuldigung? Wenn die Befehle unmoralisch sind, muss man sie dann trotzdem ausführen?

In ihrem Essay zum Eichmann-Prozess schreibt Hannah Arendt, dass die Figur Eichmann ein Beispiel dafür sei, dass jeder Mensch, der nicht mehr selbstständig denkt, sondern vorbehaltlos Befehle ausführt und die davon betroffenen Menschen aus den Augen verliert, problemlos Böses tun könne. »Je länger man ihm zuhörte, desto klarer wurde einem, daß diese Unfähigkeit, sich auszudrücken, aufs Engste mit einer Unfähigkeit zu denken verknüpft war. Das heißt hier, er war nicht imstande, vom Gesichtspunkt eines anderen Menschen aus sich irgendetwas vorzustellen. Verständigung mit Eichmann war unmöglich, nicht weil er log, sondern weil ihn der denkbar zuverlässigste Schutzwall gegen die Worte und gegen die Gegenwart anderer, und daher gegen die Wirklichkeit selbst umgab.« Aber kann das wirklich jedem von uns passieren?

Mir wird klar, dass nichts von dem, was ich meinen Studierenden beibringe, mir dabei hilft, die Entfaschisierung der italienischen Staatsanwaltschaft nach dem Ende des Faschismus besser zu verstehen. Im Grunde bin ich überzeugt, dass der freiwillige Rücktritt der Jurist:innen die einzige moralisch richtige Handlung gewesen wäre. Aber damit sind diejenigen, die nicht freiwillig zurückgetreten sind, die nichts anderes getan haben, als die Gesetze anzuwenden, natürlich nicht bestraft.

Ich verliere den Faden. Plötzlich weiß ich nicht mehr, was eigentlich zählt. Ich bin immer noch überzeugt, dass der Ungehorsam gegenüber einer ungerechten Autorität nicht nur unser Recht, sondern sogar unsere Pflicht ist, dass wir unmoralische Befehle nicht ausführen dürfen. Ich bin immer noch der Meinung, dass das, was der Heilige Thomas von Aquin über ungerechte Gesetze sagt – *lex iniusta non est lex* –, auch heute noch die beste Begründung für zivilen Ungehorsam ist. Ich denke an die Worte des Theologen Dietrich Bonhoeffer, eine der wichtigsten Figuren des deutschen Widerstandes:

In einem Brief von 1944 fragt er sich, wo man die Grenze zieht zwischen dem »notwendigen Widerstand« eines Don Quichote und der ebenso notwendigen »Schicksalsergebenheit« eines Sancho Panza.

In der Theorie sind all diese Ideen schön und gut, trotzdem frage ich mich, wie man sich als Jurist:in einem Regime widersetzt, auf dessen König man einen Treueeid geschworen hat.

Am 23. Juli 2020 geht mein Bruder für mich ins Staatsarchiv. Letzten Endes ist er es, der mir hilft. Wenn ich ihn brauche, ist Arturo immer da.

Umschlag-Nr. 619: Dossier-Nr. 84021; Stärke: 15 cm, schreibt Arturo und schickt mir über WhatsApp ein paar Fotos von Großvaters Akte, aufgenommen von vorn und von der Seite. Auf den ockerfarbenen Umschlag hat jemand mit blauem Stift den Vor- und Nachnamen meines Großvaters geschrieben. Im Umschlag selbst befinden sich Hunderte von Dokumenten: Briefe, Ernennungsurkunden, Beförderungen, Beschwerden, Empfehlungsschreiben, Lobreden, Auszeichnungen, Protokolle. Außerdem gibt es ein »vertrauliches Dossier«, das mein Bruder sich als Erstes vornimmt und in dem er zwei weitere Umschläge findet, die ausschließlich dem Entfaschisierungsprozess gewidmet sind, dem mein Großvater sich zwischen Oktober und Dezember 1944 unterziehen musste.

Um pünktlich zur Öffnungszeit um halb zehn vor den Türen des Staatsarchivs in Rom zu stehen und die wenigen Stunden nutzen zu können, in denen der Lesesaal so kurz nach dem Lockdown geöffnet ist, musste mein Bruder um sechs Uhr morgens in Pisa losfahren. Seitdem schickt er mir Fotos von jedem Dokument, das ihm wichtig erscheint. Zwischendurch schreibt er mir eine SMS oder ruft mich an – auch wenn er der Historiker ist, an der Uni in Pisa unterrichtet und zum Faschismus geforscht hat, bin ich diejenige, die sich seit Monaten mit der Geschichte unseres Großvaters beschäftigt, nur ich kann die Dokumente in ihren Kontext einordnen.

Noch am selben Abend schickt er mir seine gesamte Ausbeute, als guter Historiker hat er sie bereits in verschiedene Ordner und Unterordner einsortiert: »Personalakte«, »vertrauliches Dossier«, »Verteidigung«, »Anhang 1 und 2«, »Urteil und Dokumente der Entfaschisierungskommission«.

Die Fülle an Dokumenten erschlägt mich: Ich fühle mich verloren, ich weiß nicht mehr, wo ich anfangen soll. Wahllos klicke ich mich durch die Fotos, dann mache ich den Ordner wieder zu. Zu viele Informationen, zu viel Schande, zu viel Schmerz.

Als ich mir die Dokumente später genauer ansehe, stelle ich fest, dass ich vieles schon wusste: aus dem Onlinearchiv der *Gazzetta Ufficiale* oder von den Dokumenten und Gegenständen, die sich bereits in meinem Besitz befinden. Aber als ich die Umschläge Nr. 5 und 9 öffne, entdecke ich, dass die Wahrheit meine kühnsten Vorstellungen übersteigt. Alles ist noch viel schlimmer und tragischer, als ich gedacht hatte. Auch wenn in der Akte natürlich nicht Großvaters persönliche Wahrheit steckt. Und wenn ich ehrlich bin, ist es diese persönliche Wahrheit, die eben nicht in den Prozessunterlagen steht, die mich interessiert.

Was ist Ende 1944 wirklich passiert, wie hat mein Großvater das alles erlebt? Papa war acht Jahre alt. Hat er damals aufgehört, an die Lebensfreude zu glauben?

Am 16. Oktober 1944 wird Arturo Marzano vom Ober-staatsanwalt in Lecce vorgeladen. Es ist ein Montag, sein Termin ist um zehn Uhr, aber er ist bereits um neun Uhr dreißig da. Er kann sich denken, was ihn erwartet. Doch noch gibt er die Hoffnung nicht auf. Staatsanwalt De Mitri bittet ihn, sich zu setzen. Er sagt, dass es ihm leidtue, und hält ihm die Mitteilung Nr. 472 hin, in der die Kommission dem Staatsanwalt Marzano mitteilt, dass er auf Antrag des Hochkommissars einem Entfaschisierungsprozess unterzogen wird.

Arturo überfliegt das Schreiben. Man wirft ihm vor, sich aktiv am politischen Leben beteiligt und den Faschismus verherrlicht zu haben. Man beschuldigt ihn Fürsprecher, Lehrer für die Geschichte und die Lehre des Faschismus und Mitglied des Disziplinarausschusses der faschistischen Ortsgruppe von Lecce gewesen zu sein. Ferner bezichtigt man ihn, Squadrista, Teilnehmer beim Marsch auf Rom, Faschist der ersten Stunde und Teil der Milizia Volontaria per la Sicurezza Nazionale, der Freiwilligen Miliz für die Nationale Sicherheit, gewesen zu sein und außerdem die Littorio-Schärpe erhalten zu haben. Arturo wird schwarz vor Augen. Seine Kraft und Gewissheit, seine Zuversicht und Willensstärke, seine Eitelkeit und sein Stolz – alles beginnt zu bröckeln. Die Welt um ihn herum bricht zusammen.

Der Staatsanwalt rät ihm, keine Zeit zu verlieren und eine hieb- und stichfeste Verteidigungsschrift vorzubereiten, er sagt, Arturo solle sich Unterstützung von Kolleg:innen und Freund:innen suchen, die sich dem faschistischen Regime widersetzt haben und für seine moralische Lauterkeit bürgen können. Arturo nickt und dankt dem Staatsanwalt für sein Entgegenkommen. Aber er kommt sich ohnmächtig vor. Als er das Büro verlässt, zittern seine Beine. Stundenlang irrt er durch die Straßen von Lecce, er denkt an den Tag, als er in Rom war, um der Gründung der faschistischen Kampfbünde beizuwohnen. Er denkt an den Prozess im August 1924 gegen die Jugendlichen, die *Bandiera rossa* gesungen haben, an seine Begegnung mit dem Duce 1926, an all die Hoffnung, die er in das faschistische Italien gesteckt hat. Als er am anderen Ende der Straße bekannte Gesichter entdeckt, macht er auf dem Absatz kehrt, auf keinen Fall will er sich jetzt in eine Unterhaltung verwickeln, zu einem Kaffee oder einem Glas Wein überreden lassen. Er muss einen Ausweg finden. Er denkt an die letzten Jahre, in denen er sich als Staatsanwalt für Recht und Ordnung eingesetzt hat, und fühlt sich etwas besser. Er hat sich nichts vorzuwerfen. Doch als er am Nachmittag nach Campi zurückkehrt, fühlt er sich leer und verlassen.

Zu Hause schließt Arturo sich in seinem Arbeitszimmer ein. Er will seine Frau nicht beunruhigen, aber er braucht Zeit zum Nachdenken. Als Erstes muss er versuchen, die Vorwürfe einen nach dem anderen zu widerlegen. Natürlich kann er nicht behaupten, kein Squadrista, kein Faschist der ersten Stunde und nicht beim Marsch auf Rom dabei gewesen zu sein, oder die Littorio-Schärpe nicht erhalten zu haben. Das sind Tatsachen, sie stehen in seiner Akte. Aber kann man ihm deshalb gleich Verrat und die Verherrlichung des Faschismus vorwerfen? Er kann nicht behaupten, er sei nicht von Anfang an in der faschistischen Partei gewesen, aber was hat sein jugendlicher Eifer schon mit den Ausschreitungen des Regimes zu tun?

Er greift nach einem Blatt Papier und beginnt zu schreiben. Ich muss ihnen klarmachen, dass ich meine Pflicht als
Staatsanwalt immer objektiv und ehrlich ausgeführt habe,
sagt er sich und legt den Stift nieder. Er steht auf und geht
zum Bücherregal. Er sucht den Ordner, in dem er in chrono-
logischer Reihenfolge die Empfehlungsschreiben seiner Vorgesetzten abgeheftet hat. Er findet ihn, blättert darin, nimmt
ein paar Briefe heraus. Dann sucht er nach einem anderen
Ordner mit Unterlagen zu einigen Prozessen, die ihm für
seine Verteidigung vielleicht nützlich sein können. Da ist er:
ein dicker, schwarzer Ordner. Er zieht ihn aus dem Regal,
geht die einzelnen Dossiers darin durch, nimmt ein paar heraus und legt sie auf seinen Schreibtisch. Dann setzt er sich
und greift wieder nach dem Stift.

*Bei meiner Ehre als Mann, Staatsanwalt und Offizier
schwöre ich, dass ich weder ein Verräter noch ein Fürsprecher
des Faschismus noch ein wahrer Faschist gewesen bin. Bei der
Ausübung meines Berufs und bei meinen juristischen Entscheidungen haben mich stets Unvoreingenommenheit und
Unerschütterlichkeit, ein wohlüberlegtes Urteil, der Wunsch,
das positive Recht zu humanisieren, das Verständnis für die
Leiden der Menschen, Güte (nicht Gier) und Mitgefühl geleitet – Qualitäten, die meine Vorgesetzten stets an mir ge-
schätzt und die sie gern hervorgehoben haben.*

Arturo liest noch einmal, was er geschrieben hat: Er hat das
Gefühl, dass etwas fehlt, aber er weiß nicht, was. Er liest die
Sätze ein weiteres Mal und setzt ein *feierlich* hinter *schwöre
ich*. Schon besser, denkt er, nachdem er den gesamten Absatz noch ein paar Mal gelesen hat. Was ich jetzt brauche,
sind konkrete Beispiele, um meine Behauptungen zu belegen.
Er will sich auf die Tatsachen berufen, so wie er es immer

getan hat, wenn er ein Urteil formuliert oder eine Anklage vorbereitet hat.

Er schlägt den schwarzen Ordner auf. Darin befinden sich Unterlagen zu einer Reihe von Prozessen aus dem Jahr 1929 gegen eine Gruppe von Schwarzhemden und Anführern der Freiwilligen Miliz.

In den Prozessen gegen die Offiziere der Milizia Volontaria per la Sicurezza Nazionale, die mir die Staatsanwaltschaft anvertraut hat, habe ich klar Stellung bezogen und mich deutlich für eine Verurteilung der Angeklagten ausgesprochen, schreibt er. Er fügt hinzu, dass diese Stellungnahme alles andere als leicht gewesen sei, *da bekannte Persönlichkeiten der Partei Druck auf ihn ausgeübt* hätten. Aber er habe sich davon nicht beindrucken lassen und die Verurteilung von Schwarzhemd Salvatore Mannucci und Capomanipolo Raffaele Mauro erreicht, indem er sich *allein vom Sinn der Gerechtigkeit* habe leiten lassen und seine Pflicht *objektiv und wohlüberlegt* ausgeführt habe.

Arturo wirft einen Blick auf seine Armbanduhr. Es ist schon spät, bald wird seine Frau kommen, um ihn zum Abendessen zu holen und ihm zu sagen, dass Rosaria und Ferruccio auf ihn warten. Er hat ihr noch nichts von dem Entfaschisierungsprozess erzählt.

Er fährt sich über die Stirn, nimmt die Brille ab und drückt die Fingerspitzen auf die Augenlider. Er macht sich große Sorgen. Aber er will seine Familie so gut wie möglich beschützen. Vielleicht ist es besser, ihnen nichts zu sagen? Aber wie soll er eine so furchtbare Neuigkeit vor ihnen verstecken? Früher oder später wird Rosetta ohnehin Gerüchte hören. Und sie werden alles andere als harmlos sein: »Ihr Mann ist eine Schande für Campi, geschieht ihm ganz recht, dieser Prozess.« Das wird Rosa, der die Meinung der anderen doch so wichtig ist, sicher nicht gut aufnehmen.

Er denkt noch darüber nach, wie er es seiner Frau am besten beibringen kann, als sie ohne zu klopfen das Zimmer betritt. »Das Essen ist fertig, Arturo. Kommst du? Die Kinder warten auf dich.«

»Fangt ohne mich an«, erwidert Arturo. »Morgen erkläre ich dir alles.«

Aber Rosa lässt nicht locker. Sie hat nicht die leiseste Ahnung, was in diesem Moment in ihrem Mann vorgeht. Arturo sagt nichts, er starrt sie einige Sekunden an, dann senkt er den Blick und vergräbt das Gesicht in den Händen. Jetzt merkt auch Rosetta, dass etwas nicht stimmt.

»Was ist los, Arturo?«

»Ich habe eine offizielle Vorladung bekommen. All meinen Bemühungen zum Trotz. Sie wollen mich aus der Staatsanwaltschaft werfen. Sie wollen mir sogar die Pension wegnehmen.«

Rosetta wird blass und lässt sich auf einen Stuhl sinken. Nachdem sie ein paar Augenblicke lang gar nichts gesagt hat, findet sie ihr Selbstbewusstsein wieder: »Und so danken sie einem treuen Diener des Vaterlandes? Die sollten sich schämen, diese Leute. Aber du wirst dich wehren, nicht wahr, Arturo? Und du wirst ihnen zeigen, mit wem sie es zu tun haben.«

Ihr Ehemann seufzt. Aber Rosetta weist ihn zurecht: »Reiß dich zusammen, Arturo. Bis jetzt hast du dich noch aus jedem Schlamassel befreien können, warum nicht auch dieses Mal? Weißt du noch, als sie dich nach Vico del Gargano versetzt haben? Und denk nur an die Beschwerde von diesem Anwalt aus Campi. Jedes Mal hast du gewonnen, Arturo.«

»Geh wieder zu den Kindern, Rosetta«, bittet Arturo seine Frau und denkt bei sich: Sie hat ja keine Ahnung, sie versteht nicht, wie ernst es diesmal ist. Doch wie auch, wenn die Situation selbst mich überfordert?

Sobald Rosetta das Arbeitszimmer verlassen hat, macht sich Arturo wieder an seine Verteidigungsschrift. Es gibt eine Sache, die er unbedingt klarstellen möchte. Man wirft ihm vor, Squadrista gewesen zu sein, am Marsch auf Rom teilgenommen zu haben, ein Faschist der ersten Stunde zu sein, Medaillen und Ämter des faschistischen Regierungsapparats gesammelt zu haben. *Ich möchte Sie darauf hinweisen, dass ich im Oktober 1940 zum Squadrista ernannt wurde, nicht im März 1939, als dieser Titel zum ersten Mal eingeführt wurde; dass ich die Lizenz für den Marsch auf Rom am 10. Oktober 1940 erhalten habe, obwohl die meisten dieser Lizenzen schon 1922 ausgestellt wurden, einen Monat nach dem Marsch; und dass mir die Littorio-Schärpe infolge der anderen beiden Titel verliehen wurde, nicht etwa als Auszeichnung nach zehn Jahren Dienst für das Regime. Und auch wenn ich im Februar 1924 zum Offizier der Freiwilligen Miliz, genauer zum Capomanipolo ernannt wurde, so habe ich diesen Titel doch schon im Mai 1925 wieder abgegeben.*

Arturo liest noch einmal in Ruhe, was er geschrieben hat. Er fügt ein paar weitere Erklärungen hinzu und bestreitet, jemals faschistische Propaganda betrieben zu haben. Er gibt zu, im Namen der Ortsgruppe Lecce politische Vorbereitungskurse abgehalten zu haben, allerdings habe es sich ausschließlich um Kurse zum öffentlichen Recht gehandelt, nicht um Kurse zur faschistischen Geschichte und Lehre. Er ist sich nicht sicher, ob diese Argumente ausreichen. Also beschließt er, ein weiteres Dokument beizulegen, seine Geheimwaffe sozusagen.

Als weiterer Beweis dafür, dass ich mich weder aktiv für den Faschismus und dessen Institutionen eingesetzt noch das Königreich Italien verraten habe, dass ich unvoreingenommen Urteile gefällt und mit den Ausschreitungen des Regimes nichts zu tun habe, füge ich einen Brief mit der Unterschrift

verschiedener Anwälte aus Lecce und Umgebung bei, die
gemeinhin als Antifaschisten bekannt sind und denen daher
nicht vorgeworfen werden kann, mich zu begünstigen oder
zu protegieren.

Wann hat Arturo zum ersten Mal geahnt, dass er ein Leumundszeugnis brauchen würde? Er muss sich schon eine ganze Weile vorher um diese Briefe bemüht, muss überlegt haben, welche seiner Freund:innen dem Regime nicht immer treu waren. Wenn er doch nur mehr Namen vorweisen könnte, Namen von bekannten Figuren des Widerstands, Verfechter:innen der Moral. Aber wer hätte den Mut, ihm zu helfen? Wer würde einen solchen Brief unterschreiben?

Arturo zerbricht sich den Kopf, versucht, sich an die Namen der antifaschistischen Jurist:innen zu erinnern, mit denen er im Laufe seiner Karriere Kontakt hatte, er überlegt, wen er zum Essen zu sich nach Hause eingeladen hat, wer ihm für einen Gefallen ewige Dankbarkeit geschworen hat. Er greift nach einem Blatt Papier und beginnt Namen aufzuschreiben.

Am 25. Oktober schickt Arturo seine Verteidigungsschrift nach Rom. Auf fünfzehn schreibmaschinengetippten Blättern schildert er die einzelnen Etappen seiner Karriere, um zu beweisen, dass die gegen ihn vorgebrachten Anschuldigungen unbegründet sind und geringere Disziplinarmaßnahmen wie eine Mahnung oder ein Verweis ausreichen würden. Er fügt hinzu: *Sollte der ehrenwerte Ausschuss zu dem Ergebnis kommen, dass die von mir dargelegten Erklärungen als Entlastung nicht ausreichend sind, stehe ich selbstverständlich für weitere Fragen zur Verfügung.*

Dem Verteidigungsschreiben legt Arturo einen von elf Jurist:innen aus Lecce und der Region unterzeichneten Brief bei, in dem seine Kolleg:innen ihr Bedauern über die Suspendierung des Staatsanwalts Marzano im Zusammenhang mit seinem Entfaschisierungsprozess äußern und sich bereiterklären, vor dem Ausschuss auszusagen. *Geehrter Freund, schreiben sie, in Ihrer Funktion als königlicher Staatsanwalt von Lecce (September 1934 – September 1942) haben Sie sich durch Ihre Integrität, Expertise und Besonnenheit, durch Ihre Unabhängigkeit, Ihren Großmut und Ihre Güte sowie Ihr Verständnis für das menschliche Handeln und Empfinden ausgezeichnet. Für diese Qualitäten haben wir sie schätzen gelernt, niemals hatten wir den Eindruck, dass Sie sich in Ihrem Urteil von der faschistischen Ideologie haben beeinflussen lassen [...] und niemals war die Rede davon, dass Sie Offizier der Milizia Volontaria waren [...]. Auf der Straße hat man Sie nie in Uniform gesehen.*

Ein merkwürdiges Telefonat mit meiner Mutter: Ich erzähle ihr, was ich dank der vertraulichen Akte im Staatsarchiv über Großvater herausgefunden habe, berichte nicht nur von den Prozessakten, sondern auch von den anderen, großen und kleinen Dingen aus Großvaters Leben, von denen ich vorher keine Ahnung hatte. Ich sage ihr, dass ich langsam das Gefühl habe, meinen Großvater wirklich zu kennen: »Ich sehe ihn vor mir, wie er mit den Leuten diskutiert, wie er ein Urteil oder eine Anklageschrift verfasst, wie er sich mit seiner Frau streitet, die nicht will, dass er den Posten in Oristano oder Catania annimmt, auch wenn es für seine Karriere besser wäre, nicht in Campi zu bleiben.«

Unter anderem habe ich einen Bericht von 1940 gefunden, in dem der Generalstaatsanwalt von Bari ausdrücklich sagt: Arturo Marzano arbeitet hart, er ist ein exzellenter Jurist, der es verdient hätte, befördert zu werden und größere Verantwortung zu übernehmen. Dass er sich weigert, seine Heimatstadt zu verlassen, ist mir unbegreiflich.

»Ich bin mir fast sicher, dass es an Großmutter lag«, sage ich zu meiner Mutter, »ich finde schon noch heraus, was dahintersteckt, vielleicht, wenn ich endlich wieder nach Campi kann. Hör dir an, was der Generalstaatsanwalt noch schreibt, da merkt man doch gleich, dass etwas nicht stimmt.« Ich lese ihr den Auszug vor: *Marzano versucht, die Residenzpflicht zu umgehen – ein Beweis dafür, wie sehr er am Salento hängt, an das ihn familiäre und materielle Bande knüpfen [...]. Auch wenn wegen Marzano niemand widersprochen hat, so*

glaube ich dennoch, dass er von größerem Wert für unsere
Institution wäre, wenn er sein Amt außerhalb seiner Heimat-
provinz ausüben würde.

Meine Mutter scheint das alles nicht besonders zu interessieren, plötzlich unterbricht sie mich: »Wenn du das nächste
Mal nach Rom kommst, musst du dich unbedingt um die
Sachen kümmern, die du hier bei uns gelassen hast, du weißt
schon, die zwei Kisten, die du so sorgfältig mit Klebeband
und Schnur verschlossen hast.«

»Die Kisten mit den Aufnahmen von meinen Therapiesit-
zungen? Wie kommst du denn jetzt darauf, Mama?«

»Ja, genau die. Ich finde, du solltest sie wegschmeißen.
Stell dir vor, irgendwann geraten sie in falsche Hände und
alles kommt raus.«

»Wovon sprichst du?«

»Von allem, was du durchgemacht hast. Das könnte man
gegen dich verwenden …«

»Mama, hörst du dir eigentlich selbst zu?«

Ein merkwürdiges Gespräch. Anscheinend hat meine Mutter
nicht verstanden, warum ich dieses Buch eigentlich schreibe.
Das verletzt mich, weil ich mir sicher war, dass zumindest
sie versteht, wie wichtig es ist, sich mit seiner eigenen Vergangenheit auseinanderzusetzen. Vor ein paar Wochen hat sie
mir noch gesagt: »Du hast absolut recht, mein Mädchen, es
ist wirklich gut, dass du dieses Buch schreibst.« Aber wie es
aussieht, hat sie nicht begriffen, wie entscheidend es ist, sich
einer unbequemen Vergangenheit zu stellen. Lieber versteckt
sie die Wahrheit. Dabei ist die Vergangenheit doch für alle
unbequem, nicht nur für meine Familie, oder?

»Was habe ich denn zu verbergen, Mama?«

Die Sache mit meiner Anorexie ist seit Jahren bekannt.
Und auch, dass ich zwanzig Jahre Psychoanalyse gebraucht

habe, um damit fertigzuwerden. Aber für das, was ich durchgemacht habe, schäme ich mich nicht. Als Kind habe ich mich oft geschämt. Und auch heute passiert mir das noch, zum Beispiel, wenn ich daran denke, dass ich erst mit fast fünfzig Jahren herausgefunden habe, dass mein Großvater ein Faschist der ersten Stunde war, oder wenn ich daran denke, dass ich niemals Mutter sein werde. Aber für meine Magersucht schäme ich mich nicht. Was soll ich mir auch vorwerfen?

Am 28. November 1944 um zehn Uhr morgens erscheint Arturo Marzano vor der Entfaschisierungskommission. Die Vorladung ging per Telegramm beim Oberstaatsanwalt von Lecce ein, der zunächst meinen Großvater anrief, um ihn vorzuwarnen, und dann den Termin mit einem weiteren Telegramm bestätigte.

Neben der Anklageschrift und Arturos Verteidigung finde ich in der vertraulichen Akte aus dem Staatsarchiv auch die Telegramme, die der Präsident der Entfaschisierungskommission und der Oberstaatsanwalt sich geschickt haben. Die Akte enthält alles, nur nicht das, was mein Großvater zu seiner Frau und seinen Kindern gesagt hat, bevor er nach Rom fuhr. Alles, außer den Worten, die er an jenem Mittwochmorgen an die Kommission richtete. Alles, bis auf deren Reaktion auf Arturos Versuch, seine Handlungen zu erklären, sie im Kontext zu relativieren und die Tragweite der Anschuldigungen abzuschwächen.

Ich stelle mir vor, wie Großvater seinen Sohn vor der Abfahrt in den Arm nimmt und ihm sagt, dass er bald wieder da sei, dass es keinen Grund gebe, zu weinen oder traurig zu sein.

Ich stelle mir vor, wie die aufgelöste Rosetta den Mantelkragen ihres Mannes richtet und ihm einschärft, sich warm genug anzuziehen, genug zu essen und nicht zu spät ins Bett zu gehen.

Ich stelle mir vor, wie Großvater am nächsten Morgen mit feuchten Händen und klopfendem Herzen vor der Tür zum

Saal im Justizministerium steht. Ich stelle mir vor, wie er der Kommission nervös und verlegen dafür dankt, dass sie ihm die Möglichkeit geben, sich persönlich zu äußern und noch einmal zu erklären, was er schon zu seiner Verteidigung geschrieben hat – allerdings viel zu überstürzt und deshalb an einigen Stellen sicher unverständlich.

Ich stelle mir den strengen Blick des Kommissionspräsidenten Giuseppe Pagano vor, er gehörte zu jenen Jurist:innen, die sich 1938 geweigert hatten, dem Justizministerium eine Bescheinigung über ihre nicht-jüdische Abstammung vorzulegen, und infolgedessen aussortiert wurden. Dass ausgerechnet er jetzt das Schicksal meines Großvaters in der Hand hat, ist wohl Ironie der Geschichte. Sicher fällt es ihm schwer, diesem Squadrista, der sich verlegen vor ihm windet und verzweifelt versucht, seine aktive und engagierte Beteiligung am faschistischen Leben herunterzuspielen, auch nur in die Augen zu sehen.

Ich stelle mir vor, dass Präsident Pagano den gemurmelten Worten meines Großvaters nur mit halbem Ohr lauscht, er ist ohnehin der Meinung, dass Staatsanwalt Arturo Marzano jetzt für seine Entscheidungen und Taten geradestehen muss. Er selbst hat sich nichts vorzuwerfen, er hat damals richtig gehandelt.

Am 2. Dezember 1944 bittet Pagano seinen Sekretär, eine erste Kopie des Urteils an den Hochkommissar und eine zweite an den Oberstaatsanwalt von Lecce zu schicken. Die Entscheidung ist gefallen:

In Anbetracht des Ausmaßes, in dem sich der Angeklagte am politischen Leben des Faschismus beteiligte, und der Entschlossenheit, mit der er das faschistische Regime unterstützte – Beweis genug, dass er unwürdig ist, dem Staate Italien länger zu dienen –, wird der Staatsanwalt Ar-

turo Marzano seines Amtes enthoben. Seine Ansprüche auf eine Pension bleiben zunächst unter Vorbehalt bestehen.

Ich bin empört. Keine Frage, Großvater hat es verdient, entlassen zu werden. Das ist es nicht. Während ich die Prozessakte gelesen habe, ist etwas passiert, was ich nicht richtig erklären kann. Seit ein paar Tagen lösche ich alles, was ich schreibe, umgehend, ich hasse mich selbst dafür, dass ich nicht die richtigen Worte finde.

Ich kann mir nicht erklären, warum ich erst das Gefühl hatte, die Zeit sei stehengeblieben, und jetzt, dass sie plötzlich rückwärtsläuft.

Ich kann mir nicht erklären, warum ich auf einmal auf Großvaters Seite stehe, dass ich seine Verzweiflung spüre, nicht glauben kann, was ihm da gerade passiert. Ich höre die Stimmen, die Großvaters Sturz hämisch kommentieren: »Na, Herr Staatsanwalt, wie fühlt es sich an, plötzlich in der Gosse gelandet zu sein?«

Vor Großvaters Bild schiebt sich das Bild meines Vaters: ein achtjähriges Kind, das mitbekommt, wie sich alles verändert, aber nicht versteht, warum: »Wenn du groß bist, erklären wir es dir.« Nur, dass es ihm niemand erklärt hat, als er dann groß war.

Aber auch das ist es nicht, was mich empört.

Was mich empört, ist die Tatsache, dass die Entfaschisierungsmaßnahmen in Italien so inkonsequent und widersprüchlich umgesetzt wurden – in den Studien und Publikationen zur Epurazione, der Säuberung der Verwaltung und des Gerichtswesens, lese ich alles darüber.

Was mich empört, ist die Tatsache, dass die wahren Drahtzieher des Regimes nicht zur Rechenschaft gezogen wurden. Die prominentesten unter ihnen, Starace zum Beispiel, ereilte dasselbe Schicksal wie den Duce. Aber diejenigen, die die faschistische Verwaltungsmaschinerie am Leben gehalten hatten, behielten ihre Posten, sie wurden nach der Befreiung Italiens sogar befördert, oft auf Geheiß der Alliierten, im Namen des Friedens und des Kalten Krieges.

Was mich empört, ist die Tatsache, dass mein Großvater als einer der wenigen gezwungen wurde, seine Rechnung zu begleichen, obwohl er im Grunde doch nur ein unwichtiger Jurist vom Lande war, der ein bisschen zu sehr damit geprahlt hatte, von Anfang an dem Faschismus anzugehören. Man kann Arturo sicher vorwerfen, dass er versuchte, die politische Lage für seine Zwecke zu nutzen, aber dadurch, dass er Campi nicht aufgeben wollte, hat er sich letztlich selbst den Weg verbaut. Seine Provinzialität überwog seinen Ehrgeiz. In Campi sprachen ihn die Leute mit »Commendatore« an und zogen den Hut, wenn sie ihm auf der Straße begegneten. War es seine Frau, die auf keinen Fall wegwollte, oder war es Arturo selbst, der insgeheim an seinem Leben als Staatsanwalt in Lecce und seiner lokalen Berühmtheit hing? Warum sich ins Gewühl stürzen und versuchen, in Rom in der ersten Liga mitzuspielen? Der Liga der Großen, die mit allem davongekommen sind. Die ihre Fahne stets nach dem Wind gehängt haben, ohne eigene Überzeugungen, die alles dafür getan haben, um ihre Privilegien zu behalten. Sie durften ihre Posten als Richter:innen am Kassationsgericht oder im Staatsrat behalten, ungestört ihre Karriere weiterverfolgen.

Ich bin empört. Angewidert.

Übertreibe ich? Ist meine Reaktion unangemessen? Habe ich meine Objektivität verloren?

Einer der Namen, die in der aktuellen Forschungsliteratur zur Entfaschisierung des italienischen Gerichtswesens am häufigsten vorkommen, ist der von Antonio Azara. Azara war mir schon unter den Mitgliedern des wissenschaftlichen Komitees hinter der abscheulichen Zeitschrift *Il diritto razzista* begegnet. Allerdings ahnte ich da noch nicht, dass ich ihn würde erwähnen müssen, weil sein Name auch im Protokoll einer Plenarsitzung auftaucht, bei der sich mein Großvater, der ja ab 1953 ebenfalls im Parlament saß, zu Wort gemeldet hatte.

Sicher handelt es sich nur um einen Namensvetter, denke ich, als ich den Namen Azara auf der ersten Seite eines Entwurfs für ein Amnestiegesetz entdecke, das er dem Parlament in seiner Funktion als Justizminister vorgelegt hatte. Ich überfliege den Eintrag zu seiner Person im *Dizionario biografico degli italiani*, der italienischen Nationalbiografie, und muss der Wahrheit ins Auge blicken: Es handelt sich um ein und dieselbe Person. Aber warum steht nirgendwo, dass Azara im September 1944 der Verherrlichung des Faschismus angeklagt wurde und man die Anklage nur fallen ließ, weil die Unterschriften von fünfzehn Richter:innen am Kassationsgericht und mehr als hundertachtzig ausländischen Jurist:innen ihn entlasteten?

Nichts. Kein Wort wird darüber verloren.

Aber es kommt noch schlimmer. Azara ist nicht der Einzige unter den Hauptfiguren des Faschismus, dem es gelingt, sich geschickt aus der Affäre zu ziehen. Bei Weitem nicht. Ich könnte noch viele weitere Namen anführen, aber vor allem einer darf nicht unerwähnt bleiben: Gaetano Azzariti.

Azzariti beteiligt sich 1938 an der Ausarbeitung des *Manifesto della Razza* und wird zum Vorsitzenden des Rassengerichts ernannt. Musste sich dieser Faschist 1944 einem Prozess unterziehen? Wurde er seines Amtes enthoben? In den Ruhestand verabschiedet? Pustekuchen! Er erhielt 1944 zwar eine Vorladung der Entfaschisierungskommission, aber das Verfahren gegen ihn wurde schnell eingestellt. Azzariti tat so, als hätte er im Rassengericht keine große Rolle gespielt, obwohl er im Jahr 1942 bei einer Rede vor dem Circolo giuridico in Mailand noch gesagt hatte: »Der Unterschied zwischen den Rassen ist ein unüberwindbares Hindernis beim Aufbau persönlicher Beziehungen. Es kann zu biologischen oder psychischen Veränderungen kommen, die die Reinheit unseres Volkes gefährden.«

Nach der Befreiung Italiens arbeitete Azzariti im Ufficio Legislativo des Justizministeriums, unter dem Vorsitz von Palmiro Togliatti, dem Generalsekretär der kommunistischen Partei Italiens. 1957 wird er zum Vorsitzenden des Verfassungsgerichts ernannt.

Die Zahlen zur Epurazione im Gerichtswesen sind vielsagend: Im März 1946 wurden 4052 von 11 400 Mitarbeitenden des Justizministeriums einem Entfaschisierungsprozess unterzogen, 589 Prozesse wurden eröffnet, 575 beendet und nur 56 Personen verurteilt. Manche Spezialist:innen argumentieren, dass es schwierig gewesen wäre, das Rechtswesen aufrechtzuerhalten, wenn man Maßnahmen in größerem Ausmaß durchgeführt hätte. Andere sagen, dass irgendwann beschlossen wurde, nach vorn zu blicken, um nicht in der Vergangenheit stecken zu bleiben. Aber wie konnten ausgerechnet die Schlüsselfiguren des Faschismus entkommen?

»Etwas ist faul im Staate Dänemark«, sagt Hamlet, als er sich bewusst wird, welche Intrigen sich um den dänischen Thron spinnen. Könnte man das Gleiche nicht auch von Italien behaupten? Es wurde niemals wirklich aufgeräumt. Und die Büste von Gaetano Azzariti thront noch immer im Palast des italienischen Verfassungsgerichts, um über die Freiheit unserer Republik zu wachen.

Ich lese ein paar Seiten aus *Marcia su Roma e dintorni*, »Marsch auf Rom und Umgebung«, und sage mir, dass Emilio Lussu schon Anfang der Zwanzigerjahre alles verstanden hatte: Italiens Problem ist seit jeher ein Mangel an Kohärenz. Wir sagen das Eine und tun genau das Andere. Oder behaupten plötzlich etwas ganz anderes. Es weiß doch sowieso niemand mehr, was wir gestern gesagt haben, oder? Kollektives Gedächtnis? Eher kollektives Vergessen. Und fehlender Mut. Italien hat sich nie getraut, mit seiner Geschichte abzuschließen.

»Wo bleibt denn da die Kohärenz?«, fragt Emilio Lussu seinen Kollegen Pietro Lissia, als er im November 1922 erfährt, dass Letzterer unter Mussolini die Stelle als Staatssekretär im Finanzministerium angenommen hat. Hatte Lissia nicht nach dem Marsch auf Rom noch gepredigt, wie wichtig es sei, die Freiheit Italiens bis auf den letzten Blutstropfen zu verteidigen?

»Die Kohärenz? Die Realität ist immer kohärent«, antwortet Lissia. Zynismus in seiner reinsten Form: »Politik ist keine Abstraktion, sie ist Kunst. Denkst du, es war einfach, diese Stelle anzunehmen? Denkst du, dass es eine leichtfertige Entscheidung war? Verstehst du denn nicht, dass wir die Zukunft unseres Landes auf diese Art am besten steuern können? Als Faschisten sind wir dem Vaterland am nützlichsten!«

Als Politikerin wurde ich mit ganz ähnlichen Argumenten konfrontiert, glücklicherweise bei einem weniger tragischen Moment in der Geschichte. »Michela, wach auf!«, sagten meine Kolleg:innen aus dem Parlament. »Du bist nicht mehr an der Uni, das hier ist die Realität. Das ist Politik. Du musst Kompromisse eingehen.« Ich gebe zu, dass der Grat zwischen Kohärenz und Kompromisslosigkeit schmal ist. Und dass man im Namen der Kohärenz hin und wieder riskiert, sich selbst nicht mehr in Frage zu stellen. Manchmal bleibt man sich selbst am besten treu, indem man seine Meinung ändert. Aber wer dauernd seine Meinung ändert, der verrät sich selbst, oder? Und was ist das eigentlich genau, Kohärenz?

Als ich 2016 beschloss, die demokratische Partei zu verlassen, war Italien gerade in einer Matteo-Renzi-Phase, man konnte sich dem Ministerpräsidenten gegenüber nicht kritisch äußern, ohne gleich der Schwarzmalerei bezichtigt oder als anti-aufklärerisch abgestempelt zu werden. Renzi hatte beschlossen, auf der linken Seite aufzuräumen. Er war der Meinung, dass die Konzepte links und rechts überholt seien, dass die Menschen sich darin unterschieden, ob sie vorwärts gehen oder den Status quo bewahren wollten. Bewegung oder Stillstand. Und natürlich waren diejenigen, die Renzis anti-soziale Reformen befürworteten, auch die Fortschrittlichen. Damals brauchte man nur die Stichworte »soziale Gerechtigkeit« und »Gleichheit vor dem Gesetz« fallen zu lassen, und schon wurde man als »verstaubt« beschimpft, als »Loser« oder »Versager«, als jemand, der immer noch nicht begriffen hatte, dass die Zeiten sich geändert hatten.

Seit mehreren Monaten war ich bei Abstimmungen mit meiner Fraktion uneins, und meine Änderungsanträge wurden systematisch abgelehnt. Ich wusste nicht mehr, wo mein Platz innerhalb der demokratischen Partei war, vor allem seit

Renzi eine Arbeitsmarktreform vorgeschlagen hatte, die die Prekarität der Arbeitnehmer:innen meiner Meinung nach noch verstärken würde. Und dann kam die Frage nach der eingetragenen Lebenspartnerschaft auf. Um die katholische Rechte zufriedenzustellen, schlug Renzi eine Minimalversion dieser Partnerschaft vor, bei der Stiefkinder nicht adoptiert werden durften. Als mir der ehemalige Vorsitzende des Partito Democratico einen Posten als Abgeordnete angeboten hatte, kannte er meine Meinung zur gleichgeschlechtlichen Ehe und den Rechten von Kindern homosexueller Eltern. Wie konnte ich in dieser Partei bleiben, die so viele Kompromisse eingegangen war, dass ihre Position sich völlig geändert hatte?

Noch am selben Tag, als das Gesetz zur eingetragenen Lebenspartnerschaft verabschiedet wurde, beschloss ich, die Partei zu verlassen. Es war eine schwierige Entscheidung, aber ich war überzeugt davon, dass es in diesem Fall auf Kohärenz ankam, auf keinen Fall wollte ich mich dafür schämen müssen, dass ich die Versprechen, die ich den Homosexuellen gemacht hatte, nicht gehalten hatte.

Am Tag darauf widmete der bekannte Journalist Michele Serra seinen Leitartikel in der *Repubblica* meiner Entscheidung: »Der Ausstieg von Michela Marzano aus dem Partito Democratico nach der Verabschiedung des Gesetzes zur eingetragenen Lebenspartnerschaft (die sie für extrem wichtig, aber auch für extrem unzulänglich hält) ist sicher eine ernsthafte und wohlüberlegte Geste. [...] Sie sagt, dass sie ihren Überzeugungen treu bleiben möchte. [...] Aber besteht das Ziel politischer Aktivität darin, sich selbst treu zu bleiben? Liegt es nicht in der Natur der Politik als kollektiver Handlung, sich bisweilen auf Kosten der Kohärenz verbiegen zu müssen, anstrengende und schmerzhafte Umwege in Kauf zu nehmen, weil in der Politik nun mal nicht die eigene Person, sondern die Gesellschaft das entscheidende Kriterium ist?«

Ich habe den Artikel wieder und wieder gelesen. Hin- und hergerissen zwischen der Versuchung, es einfach gut sein zu lassen, und dem Bedürfnis, meine Entscheidung zu rechtfertigen. Letzten Endes habe ich geantwortet: »Ich habe von Kohärenz gesprochen, das stimmt. Aber ich meinte damit nicht meine persönliche Kohärenz. *I am not that special,* hat ein Freund einmal zu mir gesagt, und ich denke, das gilt für jeden von uns. Mir geht es um die Kohärenz moralischer Werte, die unserem politischen Engagement zu Grunde liegen – oder zu Grunde liegen sollten. Sie schreiben zu Recht, dass das ausschlaggebende Kriterium in der Politik nicht die eigene Person ist, sondern die Gesellschaft. Und genau an diese Gesellschaft habe ich bei meiner Entscheidung gedacht. Im Grunde will meine Geste sagen: Es bringt nichts, sich für etwas zu engagieren, wenn man dann nichts anderes tut, als dem Lauf der Dinge zu folgen und seine Energie darauf zu verschwenden, diese Haltung zu rechtfertigen.«

Diesen Austausch hatte ich völlig vergessen. Aber als ich den Dialog zwischen Lussu und seinem Freund lese, der sich angeblich im »Interesse der Gesellschaft« der »faschistischen Regierung« angeschlossen hatte, fällt er mir mit einem Schlag wieder ein. »Die Realität ist immer kohärent.« Und der Zynismus ähnelt sich in jeder Epoche. Ich denke daran, wie oft ich im Parlament miterlebt habe, wie schnell die Menschen ihre Meinung ändern und Überzeugungen ablegen. Ich habe miterlebt, wie Abgeordnete zurückgenommen haben, was sie noch wenige Tage oder sogar Stunden zuvor unbedingt hatten durchsetzen wollen, »koste es, was es wolle«. Ich habe miterlebt, wie Politiker:innen das »blinde Vertrauen«, das sie in Person A gesteckt hatten, plötzlich in Person B steckten, nur weil Person B Person A in einer Debatte geschlagen hatte. Ganz zu schweigen vom plötzlichen Umdenken gewisser Journalist:innen, die innerhalb weniger Wochen erst den einen Standpunkt und dann sein genaues Gegenteil vertreten. In Italien ist das ein weit verbreitetes Phänomen, man nennt diese Personen auch Voltagabbana.

Voltagabbana. Wörtlich übersetzt, bedeutet das so viel wie »seinen Überrock wenden«. Im alltäglichen Sprachgebrauch meint man damit jemanden, der seine Fahne nach dem Wind hängt, je nachdem, was den größeren persönlichen Nutzen verspricht. In der Politik spricht man auch von Opportunismus. Und ich nenne es Verrat.

»Man darf seine Meinung also nicht ändern? Ist es das, was du sagen willst?«, fragt Jacques mich fassungslos. »Ich finde, du übertreibst«, sagt er. »Als Partei muss man nun mal Zusammenhalt zeigen. Und außerdem: Darf man denn nicht zweifeln? Ist der Zweifel nicht Ausgangspunkt jeder philosophischen Überlegung?«

»Du weißt genau, dass ich mehr als bereit bin, meine Meinung zu ändern, wenn ich mich getäuscht habe. Sich selbst niemals in Frage zu stellen ist dumm. So habe ich es nicht gemeint.«

»Ach ja? So hörte es sich aber an.«

»Das stimmt doch gar nicht! Ich habe überhaupt nichts dagegen, wenn man zweifelt oder seine Meinung ändert, ganz im Gegenteil, ich habe nur etwas dagegen, wenn man seine Position ändert, um daraus einen persönlichen Vorteil zu ziehen. Wer seine Ansichten aus persönlichen Gründen ändert, also zugunsten des eigenen Vorteils, ist für mich ein Verräter.«

Verräter:innen ändern ihre Meinung nicht, weil sie auf andere gehört oder sich selbst in Frage gestellt haben. Sie geben nicht zu, dass sie falschlagen, sie entschuldigen sich auch nicht. *I see your point,* heißt es auf Englisch: Ich verstehe, was du sagen willst. Verräter:innen ändern ihre Meinung aber nicht, weil sie verstehen, was jemand anderes sagen will. Sie ändern ihre Meinung, wenn sie wissen, dass es für sie von Vorteil ist. Alterität – die identitätsstiftende Verschiedenheit zweier Individuen – interessiert Verräter:innen nicht.

Als ich aus der demokratischen Partei ausgetreten bin, hat mein Vater tagelang nicht mit mir gesprochen. Als ich ihn nach dem Grund dafür fragte, antwortete er, wenn man Teil einer Gruppe sei, dann müsse man sich den gemeinsamen Entscheidungen anpassen und sich selbst zurücknehmen.

»Tut mir leid, Papa, aber das verstehe ich wirklich nicht. Was willst du damit sagen? Weißt du noch, was du mir und Arturo beigebracht hast? Hast du nicht selbst gesagt, dass es im Leben nichts Wichtigeres gibt, als sich selbst und seinen Überzeugungen treu zu bleiben?«

»Doch, natürlich. Aber der Partito Democratico ist die einzige Partei, die deine Überzeugungen vertritt, Michela. Manchmal muss man eben retten, was zu retten ist, und sich damit zufriedengeben.«

Salvare il salvabile. »Retten, was zu retten ist.« Auch diese Lieblingsphrase meines Vaters hatte ich ganz vergessen. Als ich jünger war, machte sie mich furchtbar wütend, weil ich sie nicht verstand. Was sollte das bedeuten? Dass man seine Überzeugungen manchmal aufgeben muss? Kompromisse eingehen? Aber wo liegt die Grenze zwischen Kompromiss und Niederlage?

Mein Vater versteht es einfach nicht. Genau wie bei der Geschichte mit der Gruppe. Wer bestimmt, was die Gruppe will? Wer trifft die Entscheidungen?

Folgende Szene: Wir sind alle zusammen im Urlaub,

Papa läuft vor uns her, der Abstand wird immer größer. Als mein Vater merkt, dass wir zurückbleiben, wird er wütend, wenn man als Gruppe unterwegs sei, müsse man auch »in der Gruppe« bleiben. Er sagt: »Los, bewegt euch.« Und: »Ich will keine Ausreden hören.« Mama und ich gehen schneller, ohne etwas zu sagen. Aber mein Bruder bewegt sich nicht von der Stelle. Warnend sagt mein Vater: »Arturo, das gilt auch für dich.« Und mein Bruder fragt: »Wer entscheidet denn, was die Gruppe ist, wenn drei von vier Personen langsamer gehen wollen?« Mein Vater flippt aus, er schreit: »Die Gruppe bin ich!«

Am 22. Juni 1946, wenige Tage nachdem aus Italien eine Republik geworden ist, nimmt der Ministerrat einstimmig das vom kommunistischen Justizminister Palmiro Togliatti vorgeschlagene Dekret zur Amnestie an. »Einerseits mussten wir den zahlreichen ehemaligen Faschisten zeigen, dass wir sie nicht verbannen wollten«, erklärt er seiner Partei ein paar Monate später. »Und andererseits [mussten wir] dem gehobenen Mittelstand und dem Kleinbürgertum zeigen, dass wir eine vernünftige Partei sind, die im Zeichen des Friedens einen Schlussstrich ziehen kann.«

Im Zeichen des Friedens. Der Zweck des Dekrets ist unmissverständlich: die Gemüter beruhigen, indem man die Jahre des Bürgerkriegs ausradiert, der das Land zwischen 1944 und 1945 zerrissen hat. Nur blöd, dass davon vor allem die Drahtzieher des Faschismus profitierten, wie der italienische Historiker Mimmo Franzinelli schreibt, diejenigen, die ohnehin genug Geld hatten, um sich die besten Jurist:innen des Landes zu leisten und die Schlupflöcher des italienischen Justizapparats für sich nutzen zu können. Durch sie retteten sich viele der ehemaligen Schwarzhemden: Nicht sie hatten den tödlichen Schuss abgefeuert, sie hatten nur den Befehl dazu gegeben. Genau wie die Faschisten, die an den Massenvergewaltigungen der Partisaninnen und Kurierinnen des Widerstands beteiligt gewesen waren, lediglich wegen »Erregung öffentlichen Ärgernisses« verurteilt wurden.

Der Kalte Krieg sei schuld gewesen, behaupten viele. Dass die Entfaschisierung deshalb schnell zu einem zweitrangigen und lästigen Thema geworden sei. Sie lassen dieses Argument als Entschuldigung dafür durchgehen, dass gewisse Kapitel der italienischen Geschichte einfach ausgeblendet wurden: Wenn uns die Zukunft des Landes am Herzen liegt, müssen wir nach vorn blicken.

Aber wie kann man nach vorn blicken, ohne mit der Vergangenheit abgeschlossen zu haben? Wie kann man das Vergessen gutheißen, wenn nur das Erinnern uns davon abhält, dieselben Fehler noch einmal zu machen?

»Cosa fatta, capo ha«, sagte mein Vater oft. Was so viel bedeutet wie: Was geschehen ist, ist geschehen. Das war seine Art, ein Gespräch abzukürzen, sich nicht in (seiner Meinung nach) unnötige Diskussion verwickeln zu lassen. *Cosa fatta, capo ha.* Wozu die Vergangenheit wieder aufwärmen? *You must look forward to the change.* Auch das hat Papa oft gesagt. Das erste Mal, als ich vierzehn war. Ich kam gerade aus England zurück und war untröstlich, weil ich meine neue Freundin Florence, die ich in Cambridge kennengelernt hatte, schon wieder verlassen musste. Für eine kurze Zeit waren Florence und ich unzertrennlich gewesen. Zum ersten Mal hatte ich verstanden, was Freundschaft bedeutet. Und zum ersten Mal verlor ich einen geliebten Menschen. Florence war natürlich nicht tot, aber als ich mich von ihr verabschiedete, wusste ich dennoch, dass ich sie nie wiedersehen würde. Und ich ertrug es nicht, dass mein Vater mir sagte, ich solle nach vorn blicken. *Cosa fatta, capo ha.* Ich klammerte mich an meine Erinnerungen, in meinem Kopf spulte ich wieder und wieder die gemeinsam erlebten Stunden und Momente ab: die buttrigen Kekse und der Bergamotte-Tee, nach denen die Nachmittage in ihrem Zimmer schmeckten;

241

das Glas Bier, das ich an einem Abend getrunken hatte und von dem mir sofort der Kopf schwirrte – »dieser Typ aus Schweden, der ist so süß, findest du nicht auch?« Der Rest war mir egal.

Cosa fatta, capo ha. Wieder denke ich an die Kinder, die ich nie haben werde. Die Würfel sind gefallen. Ich sehe mir das neueste Video von meinem Neffen an, und mein Herz zieht sich zusammen – wie sonst könnte man diese Mischung aus Schmerz und Zärtlichkeit beschreiben, die Trauer um all das, was ich niemals erleben werde, in die sich trotz allem eine gewisse Erleichterung mischt. Hätte ich mein Kind lieben können? Bedingungslos lieben? Ihm das Gefühl geben, dass es allein für meine Liebe existiert? Oder hätte ich ihm unrecht getan, indem ich aus ihm ein Objekt meiner Wünsche gemacht hätte?

Mein Herz wird immer kleiner.

Es verkrampft sich und hört beinahe auf zu schlagen. Dann setzt es wieder ein, schneller als zuvor. Immer muss es aus der Reihe tanzen. Selbst die Bilder meines kleinen Neffen, der anfängt, die Welt zu erkunden, bringen es aus dem Gleichgewicht. Wahrscheinlich ist es gut, dass ich keine Kinder bekommen habe. Ich wäre sicher keine gute Mutter gewesen. Aber stimmt das? Oder habe ich nur Angst? Wovor genau? So zu werden wie mein Vater? Wollte ich mein Kind vor mir selbst beschützen, indem ich es nie bekommen habe?

Was ging an jenem Nachmittag im Jahr 1974 im Kopf meines Vaters vor? Ich bin dreieinhalb und seit ein paar Monaten kriege ich schlecht Luft. Es sind Polypen, erklärt der Hals-Nasen-Ohren-Arzt meinen Eltern, sie müssen entfernt werden. »Ein Routineeingriff«, meint er, »aber weil ihre Tochter noch so jung ist, würde ich eine Vollnarkose empfehlen.« Mein Vater fährt mich in die Klinik und wartet dort, bis die Operation vorbei ist. Als ich wieder aufwache, frage ich ihn, was der rote Fleck da auf meinem Bein ist, er brennt und er tut weh. Mein Vater winkt ab: »Das geht schnell wieder weg, nicht anfassen. Denk an was anderes.«

Mein Vater sieht und gleichzeitig sieht er nicht.

Und so entgeht ihm meine Verletzung. Als ich jetzt wieder daran denke, kommt mir ein griechisches Wort in den Sinn, das Verb *lathein*, das so viel wie »dem Blick entgehen« bedeutet und gemeinsam mit dem Alpha privativum – dem Präfix a, das das angehängte Wort verneint – den Begriff *alètheia*, »Wahrheit«, bildet. Die Wahrheit ist also das, was dem Blick nicht entgeht. Mein Vater hat diese Wahrheit nicht gesehen. Als ob das winzige Alpha privativum ihn abgelenkt hätte. Dasselbe Alpha wie in *Amnesie*, das alles andere auslöscht.

Die Erinnerung und die Wahrheit.

So muss es gewesen sein. Oder bin ich es, der die Wahrheit entgeht?

Mein Vater sieht die Wunde nicht, und er sagt nichts, als die Krankenpfleger:innen Fargan auftragen, eine Salbe, die man früher bei Insektenstichen, Allergien und Rötungen verwendete. Er lässt der Sache ihren Lauf. Auch wenn es sich weder um einen Insektenstich noch um eine Allergie noch um eine einfache Rötung handelt.

»Was haben sie mit meiner Tochter gemacht?«, fragt meine Mutter, als wir nach Hause zurückkommen und sie mein Bein sieht. Sie traut ihren Augen nicht. Und sie versteht nicht, wie mein Vater eine solche Verletzung übersehen konnte. »Die Wunde ist tief, sie sieht fast aus wie eine Verbrennung. Was haben sie der Kleinen bloß angetan?«

Tatsächlich handelt es sich um eine schwere Verbrennung, verursacht durch ein paar Tropfen flüssigen Stickstoffs. Die Wunde entzündet sich innerhalb weniger Tage. Als meine Eltern mich zum Kinderarzt bringen, eitert sie bereits und muss gereinigt werden. »Aber wie ist der Stickstoff auf ihre Wade gelangt?« Auch der Kinderarzt kann sich keinen Reim darauf machen. Nur mein Vater bleibt unbeeindruckt.

Die Wunde ist so tief, dass ich für immer eine Narbe zurückbehalte: Der flüssige Stickstoff hat nicht nur meine Haut verbrannt, sondern auch das subkutane Fett- und Muskelgewebe. Das Ergebnis: Auf der weiterführenden Schule traue ich mich nicht, Röcke zu tragen, weil ich mich für meine Narbe schäme. Selbst heute werde ich noch rot, wenn jemand meine Wade anstarrt und fragt: »Was hast du denn da am Bein?«

Es ist nicht die Lüge des Chirurgen, die mir am meisten zu schaffen macht – auch wenn der renommierte Professor erst versuchte, die Sache herunterzuspielen, und dann den Krankenpfleger:innen die Schuld in die Schuhe schob. Es sind auch nicht die Schmerzen – ich erinnere mich sowieso nicht mehr daran, ich war noch zu klein, oder die Schmerzen waren so groß, dass mein Gedächtnis sie zu meinem Schutz aus meiner Erinnerung gelöscht hat. Nein, es ist die Reaktion meines Vaters, die mir zu schaffen macht. Wieso hat er die Verbrennung nicht bemerkt? Was ging damals in seinem Kopf vor? Was hat er gesehen? War ich für ihn unsichtbar?

Mein Großvater will sich in der Politik engagieren. Nach seiner Wiedereingliederung hat ihn die Geschichte eingeholt, er hat noch eine Rechnung mit dem Leben offen. Er denkt schon lange darüber nach, obwohl der Job als Staatsanwalt in Tarent ihn ausfüllt, ist er mit den Gedanken woanders. Die neuesten Entwicklungen in der Politik bereiten ihm Kopfzerbrechen; es gefällt ihm gar nicht, wie schnell die italienische Partei Democrazia Cristiana im Süden an Boden gewinnt; vor allem sehnt er sich nach einem ordentlichen Schlagabtausch mit den Kommunist:innen und Sozialist:innen.

1949 lässt sich Arturo bei den Kommunalwahlen in Campi auf die Liste des Movimento Sociale Italiano setzen, einer noch jungen, neofaschistischen Partei. Er ist überzeugt davon, dass das Volk sich zusammenschließen muss, um die heiligsten aller Werte zu bewahren: »Gott, König und Vaterland.« Aber er bleibt ohne Erfolg. Also tritt er im Jahr 1953 als Abgeordnetenkandidat für die national-monarchistische Partei an. Zuvor hatte er bei den Kommunalwahlen die Liste Stella Corona e Fiamma unterstützt, eine gemeinsame Liste des Movimento Sociale Italiano und der national-monarchistischen Partei, auf der sowohl sein Schwager Nino als auch Tonino Guarino, der Neffe von Starace, stehen. »Du darfst auf keinen Fall beim Movimento Sociale bleiben«, hatte ihm ein Freund der Familie geraten. »Sie sind viel zu nah am Faschismus, da sind sogar ehemalige Offiziere aus Salò dabei. Sowas vergessen die Leute nicht so schnell.«

Am 7. Juni 1953 erhält die national-monarchistische Partei

im Wahlkreis Lecce-Brindisi-Tarent 14,41 % der Stimmen und landet nach der christdemokratischen und der kommunistischen Partei auf dem dritten Platz. Arturo wird mit 15 806 Stimmen zum Abgeordneten gewählt. Während der Wahlkampagne hat er gezeigt, wie sehr er an die Monarchie glaubt. Im Parlament sind es dann vor allem die Kolleg:innen des Movimento Sociale, mit denen er sich heftige Rededuelle liefert.

Der 26. November 1953 ist ein wichtiger Tag für Arturo. Zum ersten Mal seit seiner Wahl zum Abgeordneten wird er im Plenarsaal das Wort ergreifen. Er hat Mühe, seine Emotionen im Zaum zu halten. Das Thema des Tages liegt ihm besonders am Herzen. Sie werden über Antonio Azaras Amnestie- und Straferlassgesetz sprechen und abstimmen. Der Minister ist überzeugt davon, dass weitere entschärfende Maßnahmen nötig sind, um den im Jahr 1946 angestoßenen Friedensprozess in Italien fortzuführen. Er ist außerdem der Meinung, dass für jene Verbrechen, die mit einer Freiheitsstrafe von mehr als drei Jahren belegt wurden, nicht das Amnestiegesetz, sondern der einfache Straferlass gelten soll.

In den vorherigen Sitzungen hat sich nur der Abgeordnete Degli Occhi im Namen der monarchistischen Partei gemeldet. »Leider fehlt es Degli Occhi an Ausstrahlung«, vertraut Arturo seinem Sohn an. »Er ist ein guter Mann, aber die Partei kann sich bei einem so heiklen Thema nicht nur auf seinen Beitrag verlassen.« Seit mein Vater nach Rom gezogen ist und dort an der juristischen Fakultät studiert, essen er und Arturo jeden Mittwoch zusammen zu Mittag. Während die Regierung eine offene Fragestunde abhält, treffen sie sich in einer Trattoria direkt neben dem Palazzo Montecitorio, in dem die Abgeordnetenkammer tagt. Bei seinen Besuchen in Rom schläft Arturo im Hotel, mein Vater wohnt bei einem befreundeten Paar, das eine Wohnung direkt neben der Universität hat.

»Degli Occhis Beitrag letzten Donnerstag war durchaus stichhaltig. Er ist Teil des Justizausschusses, er weiß, wovon er spricht, aber seiner Rede fehlte es an Kraft und Überzeugung.« Arturo erzählt seinem Sohn auch, dass seiner Meinung nach nur Giambattista Madia, ein Abgeordneter des Movimento Sociale, wirklich begriffen hat, wie wichtig das Amnestiegesetz ist. »Titta Madia ist ein erfahrener Abgeordneter, er war schon in den Dreißigerjahren in der Regierung, er ist ein Meister der Rhetorik. Und er ist der Einzige, der versteht, wie absurd die Situation ist. Im Grunde steht ganz Italien seit ein paar Jahren vor Gericht. Dieser Wahnsinn muss endlich aufhören! Es bringt doch nichts, wenn wir in der Vergangenheit stecken bleiben.«

Ferruccio hört seinem Vater schweigend zu. Er traut sich nicht, ihm zu widersprechen. Aber er versteht nicht, warum Arturo sich so aufregt. Er hat sich diesen Titta Madia angesehen, er findet ihn nicht besonders vertrauenerweckend.

Um Punkt halb fünf am Nachmittag betritt der Präsident der Abgeordnetenkammer in Begleitung des Generalsekretärs den Plenarsaal. Langsam steigt er die Stufen zu seinem Sitz hinauf und wartet, bis die Plenarassistent:innen und Amtsdiener:innen Platz genommen haben, bevor er sich setzt. Er wirft einen Blick in die Runde, dann konzentriert er sich auf die Tagesordnung. Er schaltet das Mikrofon ein, räuspert sich und liest das Protokoll der letzten Sitzung vor.

Großvater ist der zweite auf der Liste der Abgeordneten, die heute sprechen werden. Der erste Redner ist Mario Berlinguer, der Vater von Enrico Berlinguer, dem berühmten kommunistischen Generalsekretär aus meiner Jugend. Während Berlinguer spricht, geht Arturo seine Notizen durch, ändert einen Satz, streicht ein paar Wörter. Von Zeit zu Zeit sieht er besorgt auf seine Uhr. Als sein Nachbar ihn anstößt, grinsend mit dem Finger auf die Krawatte eines Kollegen zeigt und sagt: »Diese Kommunisten haben wirklich keinen Geschmack!«, reagiert Arturo nicht einmal.

Arturo hat Übung darin, vor Leuten zu sprechen, als Jurist hat er jahrelang nichts anderes getan, trotzdem ist sein Mund jetzt trocken und seine Kehle fühlt sich eng an. Die Diskussion über das Amnestiegesetz ist komplex. Er hofft, dass der Lärm im Plenarsaal ihn nicht aus dem Konzept bringt. Er hofft, dass er Ruhe bewahren kann, selbst wenn ihn während seiner Rede jemand unterbricht oder auspfeift.

Was für ein arroganter Kerl, denkt Arturo, als sein Kollege am Rednerpult sagt, die Amnestie solle nur für die Partisan:innen gelten. Als wären die Kommunist:innen allesamt brave Chorknaben. Man hat ja gesehen, was sie in der UdSSR angerichtet haben. Dagegen war die faschistische Revolution die reinste Landpartie. Warum sollte das Gesetz also nicht auch den Faschist:innen zugutekommen? Dann widmet er sich wieder seinen Notizen. Er hat nur ungefähr zehn Minuten, er muss unbedingt versuchen, in der Zeit zu bleiben, vielleicht kann er noch an ein paar Sätzen feilen. Er wirft einen Blick zur Decke des Plenarsaals, er hat das Glasdach von Beltrami noch nie leiden können. Hier drinnen weiß man nie, was für ein Wetter draußen ist, denkt er. Immer hat man den Eindruck, es wäre sonnig, dabei ist es in Rom heute scheußlich grau. Als er vom Hotel herkam, hat es Bindfäden geregnet. Aber warum denkt er jetzt ausgerechnet über das Wetter nach? Das hat doch mit seiner Rede nichts zu tun.

»Onorevole Marzano hat das Wort.«

Es ist 17:23 Uhr. Arturo sieht zur Uhr gleich neben dem Präsidium, steht auf, stellt sein Mikrofon ein, bedankt sich bei dem Plenarassistenten, der ihm ein Glas Wasser gebracht hat, trinkt einen Schluck und beginnt seine Rede.

»Viele Kollegen beschweren sich darüber, dass die Begnadigungen in den letzten Jahren zugenommen haben.«

Bis zum letzte Moment war Arturo unsicher: Sollte er seinen Text lieber vorlesen oder frei sprechen? Aber aus Angst, die Zeit zu überschreiten oder, schlimmer noch, nicht alles sagen zu können, was er sagen möchte, hat er schließlich beschlossen, sich an seine Notizen zu halten.

»Doch kann man schwerlich abstreiten, dass eine Strafregelung besonders großer Gnade, die die Wunden unserer jüngsten Vergangenheit heilen soll, historisch und politisch notwendig ist und wir nicht um sie herumkommen.«

Vom Lärm im Saal aus der Ruhe gebracht, nimmt Großvater einen Schluck Wasser, dann liest er weiter.

»Wenn wir eine neue Ära der Solidarität einläuten wollen, müssen wir die Gemüter versöhnen, indem wir die letzten Überreste des Bürgerkrieges und die Folgen der aberwitzigen Ausnahmegesetze gegen den Faschismus beseitigen.«

Kurz hält Arturo inne. Als er von den »aberwitzigen Ausnahmegesetzen gegen den Faschismus« gesprochen hat, hat er die Stimme gehoben, jedes Wort einzeln betont. Er konnte seine Emotionen nicht verbergen, seine Stimme hat gezittert. Auch wenn mittlerweile einige Jahre ins Land gegangen sind, ist die Erinnerung an seinen Entfaschisierungsprozess noch frisch, die Wunde nicht verheilt.

»Herr Präsident, meine Damen und Herren. Jetzt, acht Jahre nach dem Ende des Bürgerkrieges, müssen wir mutig zu den nötigen Maßnahmen greifen, und zwar ohne dabei irgendjemanden auszuschließen, weder Partisanen noch Faschisten. Sie alle sind Kinder Italiens. Und sie alle haben für unser höchstes Ziel, für unser Vaterland gekämpft.«

Von der linken Seite des Plenarsaals erhebt sich Gemurmel. »Schande!«, schreit jemand. Arturo verstummt. Aber sein Nachbar ermutigt ihn, und er fährt fort.

»Die Gnade, von der ich vorhin sprach, muss groß sein, sie muss in alle Winkel vordringen, sie muss die Erinnerung an die jüngste Vergangenheit in eine undurchdringliche Finsternis des Vergessens hüllen, sie in die tiefsten Abgründe der Amnesie stürzen; jene Vergangenheit voller Blut, Brutalität und Bedrängnis, voller gnadenloser und grauenhafter Rache, voller unsagbarer Gräueltaten und Demütigungen, die das nationale Bewusstsein gequält und erschüttert und unauslöschliche Spuren zurückgelassen hat, die nur durch eine drastische Maßnahme verwischt werden können, die das Unmögliche möglich macht und die Gemüter ein für alle Mal beruhigt.«

So geht die Rede meines Großvaters noch ein ganzes Stück weiter. Mir fällt es immer schwerer, das Protokoll zu lesen. Die Bilder verschwimmen vor meinen Augen und verschwinden schließlich. Ich kann Arturos Rede nichts abgewinnen. Am liebsten würde auch ich »Schande« schreien, wie seine Gegner:innen von damals, auch wenn ich es selbst gehasst habe, wenn mich jemand bei einem Beitrag im Plenarsaal unterbrochen hat. Die Schreie von den Rängen der Lega, der Forza Italia und den Fratelli d'Italia haben mir jedes Mal das Blut in den Adern gefrieren lassen.

Aber mein Widerwille gegenüber den Worten meines Großvaters ist größer. Ich wünschte, ich wäre dort, könnte Großvater im Flur abpassen und ihm sagen, dass er sich täuscht: »Aus Vergessen kann niemals Frieden entstehen, Großvater, ganz im Gegenteil. Wie kannst du die Gesetze gegen den Faschismus aberwitzig nennen? Nicht die Gesetze waren aberwitzig, sondern der Faschismus selbst. Allen voran die Rassengesetze deines verehrten Duce und die

Republik von Salò. Diese schrecklichen Dinge dürfen wir nicht einfach vergessen, Großvater. Wir müssen uns daran erinnern, damit wir dafür sorgen können, dass so etwas nie wieder geschieht.«

Ich muss mich beruhigen. Zur Ruhe kommen und die Rede meines Großvaters noch einmal mit kühlem Kopf lesen. Sie Satz für Satz analysieren. Wenn ich mich von der Wut mitreißen lasse und nicht mehr versuche zu verstehen, was Großvater wirklich sagen wollte, dann ist alles verloren.

Also mache ich einen Spaziergang.

Jardin du Luxembourg: 12 000 Schritte, 9 Kilometer. Als ich wieder nach Hause komme, bin ich erschöpft, aber ruhiger. Ich kann mich wieder dem Protokoll der Plenarsitzung vom 26. November 1953 widmen, mir einzelne Passagen aus der Rede meines Großvaters genauer vornehmen. Ich unterstreiche ein paar Wörter. Mache Notizen.

– *keinen Unterschied (Partisanen und Faschisten)*
– *Vergessen, Finsternis, Abgründe, Amnesie*
– *Spuren unauslöschlich oder verwischbar?*

Nach und nach verstehe ich, dass Großvater ein Problem mit dem Straferlass hat. Er will die Amnestie für alle.

»Zehn Jahre nach den dunklen Tagen der nationalen Katastrophe fängt alles wieder von vorn an: Kollaboration mit dem Feind, Sabotage, bedingungslose Kapitulation, Miliz, Verbrechen, Mussolinis Fehler, die Fehler des Generalstabs, Partisanen, Schwarze Brigade, Schießereien, Grausamkeit, Gräueltaten, Massaker der Faschisten an den Partisanen und andersherum, und so weiter und so fort.«

Arturo will die Geschichte auslöschen. Aber alles daran ist falsch, auch wenn seine Absichten gut sind. In seiner Rede erwähnt er nicht nur die im Nachhinein wieder aufgenommenen Verfahren gegen einige im Jahr 1922 begnadigte Faschist:innen, sondern auch eine Reihe von Prozessen gegen ehemalige Partisan:innen.

Ich lese nach. Und finde heraus, dass 1953 ein entscheidendes Jahr für Italiens Geschichte war. Wer auch immer die Vergangenheit des Krieges und der Nachkriegszeit anspricht und es wagt, Kritik zu üben, wird zum Schweigen gebracht. Am 25. April wird nicht einmal der Tag der Befreiung gefeiert. Der *Corriere della Sera* schweigt. Die Verfahren gegen all jene, die die Schrecken des Krieges aufklären wollen, häufen sich, genauso wie die Verfahren gegen diejenigen, die nach dem Krieg im Namen der »Gerechtigkeit gegenüber den Partisanen« standrechtliche Hinrichtungen haben durchführen lassen. Mein Großvater nennt viele Beispiele, aber er konzentriert sich auf den Fall des *Corriera della morte*, auf den »Bus des Todes«. Das Schwurgericht hatte in diesem Prozess Berufung eingelegt. Am 14. Mai 1945 wurden um die vierzig Personen – darunter einige Gefangene aus deutschen Lagern, aber auch ein paar ehemalige Milizionäre aus der Republik von Salò – in einem Bus des Vatikans zurück in den Süden Italiens gebracht. Sie fuhren in Brescia los und durchquerten das Zentrum des Landes. Doch unweit von Modena hielten Partisan:innen den Bus an, befahlen den Insassen auszusteigen und kontrollierten die Pässe. Das Ergebnis: Sechzehn Reisende, die ehemaligen Milizsoldaten, wurden in die Villa Medici gebracht und brutal ermordet.

Mit der Amnestie will Arturo die Geschichte auslöschen. Und zwar die ganze Geschichte. Seiner Meinung nach kann man nur so ein Klima nationalen Einklangs schaffen: indem man einen Punkt hinter die Vergangenheit setzt und von vorn beginnt. *Cosa fatta, capo ha.* Er will vermeiden, dass Italien »zum wiederholten Mal vor Gericht gezerrt wird und schon wieder die grausamen Geschichten eines andauernden

Krieges zu hören bekommt, in dem die Italiener sich fröhlich gegenseitig für den Feind umgebracht haben.«

Großvater ist für eine kollektive Amnesie. Amnesie klingt fast wie Amnestie, und tatsächlich bedeutet der Begriff »Amnestie«, der aus dem Griechischen stammt, so viel wie das »Vergessen des Unrechts«. Aber welcher Einklang kann schon aus dem Vergessen entstehen? Italien ist es genau deshalb nicht gelungen, sich von der mit Gewalt durchsetzten Vergangenheit zu befreien, weil es sich nie mit seiner Geschichte auseinandergesetzt hat.

Unter der Asche schwelendes Feuer, das plötzlich auflodert.

Genau wie die Gewalt, die in den Siebzigerjahren in Italien aufgelodert ist: der rote und schwarze Terrorismus, die Entführungen und Blutbäder, ein Hass, der niemals beigelegt wurde – vielleicht auch deshalb, weil das Land, als es die Gelegenheit dazu hatte, nicht den Mut besaß, sich selbst in Frage zu stellen.

Ich greife wieder aufs Griechische zurück. Die Assonanz ist nicht die einzige Gemeinsamkeit der Begriffe »Amnestie« und »Amnesie«. Neben dem Alpha privativum teilen sie auch den Wortstamm, nämlich das Verb *mimnêskô*: sich erinnern. Vergessen und Gedächtnisverlust sind miteinander verwandt.

Ich sage die Worte »Amnesie« und »Amnestie« ein paar Mal laut vor mich hin. Durch eine merkwürdige Assoziationsreihe landen meine Gedanken bei dem Wort »Anamnese«, das ebenfalls von einem griechischen Wort abstammt – anamimnêskô, »zurückgehen« –, dieses Mal ist das »a« allerdings kein Alpha privativum. Ganz im Gegenteil: Die Anamnese ist eine Art Rückblick. Wenn wir zum Arzt gehen, erzählen unsere eigene Geschichte. Wir sprechen über unseren kranken Körper, aber es geht dabei nie um den Körper.

Ich muss mir eine neue Hausarztpraxis suchen. Die, in die ich gehe, seit ich sie vor zwanzig Jahren bei meiner Ankunft in Paris eher zufällig ausgewählt habe, schließt. Allein die Idee, mich erneut auf die Suche begeben zu müssen, macht mir Angst. Ich weiß jetzt schon, dass sie mich als »nervig« und »verrückt« abstempeln werden, wenn ich ihnen erzähle, was mir seit meiner Kindheit alles passiert ist – meine Anamnese.

»Halt dich einfach an die Fakten«, sagt Jacques. »Es wird schon gutgehen, glaub mir.« Ihn nehmen schließlich auch alle ernst, er ist ein sehr überzeugender Hypochonder.

»Aber die Fakten sind doch genau mein Problem!«

Die Fakten: Mit drei falle ich von der Rutsche und breche mir das Schlüsselbein, mit dreieinhalb kriege ich wegen Polypen keine Luft mehr durch die Nase, und weil sie schon mal dabei sind, entfernen sie mir auch gleich die Mandeln, mit sechs rutschte ich auf einer Bananenschale aus und breche mir den Knöchel, mit sieben ziehe ich mir beim Himmel und Hölle Spielen eine Sehnenablösung im rechten Knie zu, mit acht muss ich am Blinddarm notoperiert werden, mit vierzehn falle ich vom Fahrrad und breche mir einen Knochen zwischen dem Zeige- und Mittelfinger der linken Hand, mit neunzehn kriege ich Pfeiffersches Drüsenfieber, mit dreiundzwanzig habe ich Tuberkulose und muss wegen einer Lungenperforation notoperiert werden, mit sechsundzwanzig reiße ich mir die Seitenbänder und das Kreuzband im rechten Knie, mit achtundzwanzig das

Kreuzband im linken Knie und mit dreißig bekomme ich Keuchhusten.

Noch mehr Fakten, diesmal zur Einstellung meiner Familie gegenüber Ärzt:innen:

Als mir die Polypen und Mandeln entfernt werden, verlasse ich das Krankenhaus mit einer Verbrennung auf der Wade (aber das habe ich ja bereits erzählt, ich brauche mich also nicht noch einmal darüber aufregen, wie fragwürdig sich sowohl der Chirurg als auch mein Vater verhalten haben).

Als ich mir den Knöchel breche, bin ich in der Schule, am Nachmittag habe ich Eiskunstlaufen, trotz der Schmerzen mache ich mit. Als meine Mutter mich abholt, sagt die Lehrerin, sie glaube nicht, dass es etwas Ernstes sei, ich humpele zwar, aber ich hätte trotzdem beim Eiskunstlaufen mitgemacht. »Bei Kindern geht so etwas schnell wieder vorbei, morgen ist sicher wieder alles gut, Sie werden sehen.« Am nächsten Tag bekomme ich einen Gips. Im Krankenhaus fragt man meine Mutter: »Warum um Himmels willen haben Sie so lange gewartet, bis Sie Ihre Tochter hergebracht haben?«

Als ich mir den kleinen Knochen in der linken Hand zwischen Zeige- und Mittelfinger breche und meine Hand in der Notaufnahme geröntgt wird, versichern sie meinem Vater, dass nichts gebrochen sei, als ich sage, dass die Schmerzen wirklich stark seien, hört mir niemand zu. Doch nach ein paar Tagen tut meine Hand immer noch furchtbar weh. Mein Vater ist genervt, aber meine Mutter überredet ihn schließlich, mit mir zum Orthopäden zu fahren. Als dieser mich untersucht und auf einen Punkt an meiner Hand drückt, schreie ich auf. Seine Diagnose lautet: »Das ist ein innerer Bruch, das muss gegipst werden.« »Aber in der Notaufnahme haben Sie gesagt, dass nichts gebrochen ist«, protestiert mein Vater. »Dann haben sie schlecht geröntgt«, erwidert der Orthopäde.

Als ich Tuberkulose habe, wird mir immer wieder versichert: Das ist nur eine Grippe, das ist bloß eine Kehlkopfentzündung, nichts weiter als eine Bronchitis. Ein Arzt vermutet eine Lungenentzündung und verordnet eine Computertomographie. Als ich schließlich ins Krankenhaus gebracht werde, spucke ich bereits Blut.

Als ich mit dem Roller stürze und in der Notaufnahme lande, heißt es nach den Röntgenaufnahmen, es sei alles in Ordnung, ich schreie zwar vor Schmerzen, aber wie jedes Mal tut man mein Leid als Panikattacke ab. Erst Stunden später werde ich in die Orthopädie gebracht, wo sie einen Riss der Seitenbänder und des vorderen Kreuzbandes feststellen.

Als ich Keuchhusten bekomme, lebe und arbeite ich seit ein paar Jahren in Paris. Und weil in Frankreich alle gegen Keuchhusten geimpft sind, wird diese Möglichkeit gar nicht in Betracht gezogen. Erst nach einem Monat Fieber und Hustenanfällen werden weitere Untersuchungen gemacht.

Jacques sagt, das liegt daran, dass ich nicht deutlich genug werde. Genau, es ist alles mein Fehler!

Bei einem gemeinsamen Abendessen mit Freunden erzählt jemand einen Witz: »Geht ein Mann zum Psychiater. Verzweifelt sagt er: ›Herr Doktor, ich habe ein Problem, niemand sieht mich, ich fühle mich ganz unsichtbar, bitte helfen Sie mir.‹ Der Doktor sieht direkt durch den Mann hindurch und ruft: ›Der nächste bitte!‹« Ich pruste los, es ist eines dieser unbändigen Lachen, das irgendwann in Schluchzern endet.

Warum hört mir niemand je zu? Warum habe ich dauernd das Gefühl, unsichtbar zu sein wie der Mann aus dem Witz?

Meine Mutter sagt, dass mein Vater in letzter Zeit merkwürdig ist. Er redet im Schlaf, er scheint mit jemandem zu diskutieren, er sagt: »Ich weiß, dass ich recht habe. Sie werden schon noch sehen!«

Mein Bruder ist nicht beunruhigt. Er sagt: »So war Papa doch schon immer. Er lebt in seiner eigenen Welt, die hat mit der Realität nichts zu tun.«

Ich selbst weiß nicht mehr, was ich über meinen Vater denken soll.

Ich weiß, dass er nie zuhört.

Er hört nicht zu und er antwortet auch nicht auf die Fragen, die man ihm stellt: Unbeirrt setzt er seinen Monolog fort. Wenn man gegenteiliger Meinung ist, hat man keine Chance, seine Rede zu unterbrechen und zu ihm durchzudringen. In seiner Welt existiert nur er. Als Kind habe ich manchmal angefangen zu schreien, damit er mir zuhört. Schreien war die einzige Möglichkeit, ihn zum Schweigen zu bringen und in seine Welt vorzudringen. Aber auch das nie für länger als ein paar Augenblicke, bevor er dann ebenfalls anfing zu schreien: »Das reicht, sei still!«

Ich weiß, dass er sich in gewisse Dinge verbohrt.

Zum Beispiel, wenn es ums Essen oder Trinken geht, oder ums Lernen. Im Moment verbohrt er sich wenigstens nur noch in seine eigenen Angelegenheiten. Er hat eine Reihe von Ritualen: Morgens macht er sich einen Mocaccino, davon trinkt er das erste Drittel zum Frühstück, das zweite Drittel in seiner Elf-Uhr-Pause und das letzte Drittel nach dem Mittagessen. Er trinkt seinen Kaffee nicht aus einer Tasse wie alle anderen, nein, er nimmt immer dasselbe Einmachglas. Genau wie die Plastikflasche mit Wasser: Jeden Tag füllt er sie auf und trinkt sie aus, ohne sie jemals zu wechseln. Von dem Einwand, dass das nicht besonders hygienisch ist, will er nichts wissen.

Vor Jahren hat er beschlossen, dass eines seiner Trommelfelle gerissen ist, weil er als Kind eine Ohrenentzündung hatte. Er wickelt Watte um ein Stück Draht, das er sich dann ins Ohr steckt, um ein paar Minuten lang darin herumzustochern, dann schmeißt er die Watte weg und wickelt den Draht in ein Papiertaschentuch, bis er ihn am nächsten Tag wieder hervorholt. Kein Wunder, dass mein Vater nicht mehr besonders gut hört. Wenn er fernsieht, dreht er die Lautstärke so hoch, dass meine Mutter ihn eines Tages schreiend dazu verdonnerte, zum Hals-Nasen-Ohren-Arzt zu gehen. Bei seinem Termin erzählte mein Vater von seinem gerissenen Trommelfell. »Ihr Trommelfell ist völlig in Ordnung«, sagte die Ärztin. »Aber wenn Sie sich weiterhin Draht ins Ohr stecken, wird es früher oder später reißen. Ein Hörgerät wäre eine viel bessere Lösung.« Mein Vater nickte. Aber zu Hause holte er wieder seinen Draht hervor. »Ich weiß genau, was ich mit meinem gerissenen Trommelfell machen muss.«

Er biegt sich die Realität zurecht, wie es ihm gefällt.

»Ich hätte ein berühmter Opernsänger werden können, der Leiter eines Opernhauses wollte eine Tournee durch ganz Amerika mit mir machen«, behauptet mein Vater und singt eine Arie aus *Rigoletto* oder aus *Die Macht des Schicksals*. »Aus mir wäre ein großer Tenor geworden. Aber ich habe mich dagegen entschieden.«

Die Fakten: Mit einem Stipendium der Banca d'Italia für

junge Absolvent:innen in der Tasche fährt mein Vater im August 1961 in die USA, bevor die Kurse losgehen, arbeitet er als Kellner in einem italienischen Restaurant, als das Studienjahr in Harvard beginnt, geht er mit einer jungen Ecuadorianerin aus und genießt wie die anderen ausländischen Studierenden das Leben an der Uni. An Silvester organisieren sie einen Gesangs-, Tanz- und Kochwettbewerb. Mein Vater steigt auf die Bühne, singt *O sole mio* und gewinnt den Wettbewerb.

Aber mehr als die Fakten interessiert meinen Vater die Geschichte, die er um sie herum spinnt, und die aus dem Alltäglichen etwas Außergewöhnliches macht: Die Köchinnen und Kellnerinnen des italienischen Restaurants, in dem er arbeitete, waren alle ganz verrückt nach ihm und behandeln ihn wie ihren eigenen Sohn, die Ecuadorianerin ist eine atemberaubende Schönheit und betet ihn an, den Wettbewerb an der Uni verwandelt er in ein internationales Event, bei dem man endlich sein außergewöhnliches Gesangstalent entdeckt. »Na los, sprich in einer höheren Stimmlage, streng dich mal ein bisschen an«, sagt mein Vater zu meinem Bruder, als Arturo in den Stimmbruch kommt und seine Stimme plötzlich kehlig klingt wie bei allen Jungs in seinem Alter. »Mach's mir nach, aaah«, sagt mein Vater mit hoher Stimme. »Und hör auf mit diesem tiefen oooh, das klingt ja furchtbar.« Mein Bruder versucht es, aber es klappt nicht. »Du darfst den Laut nicht im Rachen bilden, sondern nur oben, im Hals. Verstehst du das denn nicht?« Mein Bruder versucht es erneut, aber wieder ohne Erfolg. Meinen Vater treibt das zur Verzweiflung. »Warum bist du nur so ungeschickt?« So geht das dauernd und stundenlang. Mein Vater nimmt die Sache sehr ernst. Er schließt sich mit meinem Bruder im Arbeitszimmer ein und zwingt ihn dazu, mit hoher Stimme zu sprechen und zu singen.

Mein ganzes Leben lang habe ich versucht, meinen Vater zu verstehen. Es gelingt mir einfach nicht. Wie funktioniert er? Was will er mit seinem Verhalten erreichen? Heute frage ich mich, ob es wirklich etwas zu verstehen gibt oder ob ich mich einfach damit abfinden muss, dass er schon so lange den Bezug zur Realität verloren hat, dass er sie auch dann nicht sieht, wenn man sie ihm ins Gesicht schleudert wie ein Glas Wasser.

Ich suche nach einer Definition, einer Schublade, einem Stichwort. Mein Ordnungswahn meldet sich wieder zu Wort. Genau wie damals, als ich meine Therapeutin gefragt habe: »Aber was habe ich denn genau? Eine bipolare Störung? Borderline?« Sie sagte, dass es nichts bringe, sich in eine Diagnose zu verrennen. »Das sind Kategorien, die sich dauernd ändern, jeder Mensch hat seine Besonderheiten, warum wollen Sie unbedingt ein Etikett?« Aber wie soll man sich vor anderen rechtfertigen, wenn man nicht weiß, was man hat? Und woher kommen diese Anfälle von Wut oder unerträglicher Schuld?

Wenn man eine bestimmte Krankheit hat, dann verstehen das alle. Wenn man zum Beispiel erklärt: »Ich habe eine Lungenentzündung«, dann sagen alle mitfühlend: »Oje, erhol dich gut, lass es ruhig angehen!« Oder: »Ich habe einen Kreuzbandriss«. Dann wissen alle, dass man operiert werden, das Laufen erst wieder lernen muss, und dass man entzündungshemmende Medikamente und Schmerzmittel bekommt. Aber was würden die anderen sagen, wenn ich ihnen erzähle: »Ich fühle mich verloren und unsichtbar«?

Ich suche doch nur nach einer Möglichkeit, mein Leid auszudrücken.

Ich erinnere mich an eine Unterhaltung mit meinem Bruder vor ein paar Jahren: Während des Faschismus wären wir beide ins Lager gesteckt worden, ich als Verrückte, Arturo als Homosexueller. Homosexuelle, Sinti, Roma, Geisteskranke. Wer trauert in Italien schon um diese Leute? Wer kennt das Schicksal, das sie noch vor der Einführung der Rassengesetze im Jahr 1938 ereilte? Wer hat je das Wort Confino gehört?

Confino. Ab 1926 musste man kein Verbrechen begangen haben, um »an den Rand«, also ins Exil geschickt zu werden. Es reichte, wenn man beschuldigt wurde, die vom Regime aufgestellte Ordnung zu stören. »Die Gefahr, verbannt zu werden, schwebt über uns allen«, schrieb Emilio Lussu. »Die Strafe trifft nur wenige, aber die Bedrohung alle.«

Es war ein kluger Schachzug Mussolinis, unerwünschte Personen einfach in den Confino zu schicken, wie er 1927 vor einer ziemlich wortkargen Abgeordnetenkammer selbst sagte: »Es ist eine Maßnahme der sozialen Hygiene, eine Art nationale Prophylaxe: Wir ziehen bestimmte Individuen aus dem Verkehr, wie ein Arzt eine infizierte Person aus dem Verkehr ziehen würde.« Und zu den »Infizierten« gehörten auch die Homosexuellen.

Laster, Krankheit, Ansteckungsgefahr.

In einem Italien, das aus dem »neuen Mann« und der Männlichkeit einen Mythos machte, tat man alles, um eine Ausbreitung der Homosexualität zu vermeiden. Zu dieser Strategie gehörte es, möglichst wenig über Homosexualität zu sprechen, auch wenn das bedeutete, dass Artikel 528, der die Freiheitsstrafe für homosexuelle Paare vorsah, nicht ins Strafgesetzbuch aufgenommen werden konnte. »Zum Glück ist dieses abscheuliche Laster in Italien nicht besonders weit verbreitet«, entschied Appianis Ausschuss zur Überarbeitung des Strafrechts Ende der 1920er-Jahre. »Ein Eingreifen des Gesetzgebers ist nicht nötig.« Einstimmig wurde beschlossen, Artikel 528 zu streichen. Am besten ließ man diese »Päderasten«, diese »Anormalen«, diese »Unter-Art der Menschheit« einfach verschwinden. Wenn man sie nicht heilen konnte, dann versteckte man sie und machte sie für immer unsichtbar.

Das Gleiche galt für die Sinti und Roma, die in die abgeschiedensten Dörfer des Mezzogiorno oder auf winzige Inseln verbannt wurden. Man trieb sie zusammen und brachte sie weg, um ihre Existenz auszulöschen und jede Ansteckungsgefahr zu vermeiden.

Ich denke an Großvaters Lebenslauf, den er im August 1941 für seine Bewerbung als Richter am Corte d'Appello, dem italienischen Oberlandesgericht, verfasst hat. Darin erklärt er, dass er von 1938 bis 1939 an den Sitzungen der Leccer Kommission teilnahm, die auch darüber entschied, wer in den Confino geschickt wurde. Von dort wandern meine Gedanken zu meiner Zeit im Parlament, zu den Debatten um einen Gesetzesentwurf gegen Homophobie, und ich frage mich, was mein Großvater wohl gesagt hätte, wenn er bei diesen Debatten dabei gewesen wäre. Hätte er die Gewalttaten und Beleidigungen gegen Homosexuelle geleugnet wie meine Kolleg:innen aus der Lega oder Giorgia Melonis Partei, die nichts als eine postmoderne Version des Neofaschismus ist? Wäre auch er der Meinung gewesen, dass Homosexualität ein »Phänomen« ist, nicht etwa ein Grundrecht, und dass es ein Eingriff in die Meinungsfreiheit ist, jemanden wegen homophober Äußerungen zu bestrafen? Hätte er applaudiert oder protestiert, als einer der Abgeordneten im August 2013 ungeniert verkündete: »Kann man Homo- und Transsexuelle hierzulande überhaupt als eine diskriminierte Minderheit bezeichnen, wo die Homosexualität in Italien doch schon ein Jahrhundert früher als in anderen Ländern, wie zum Beispiel Großbritannien, für straffrei erklärt wurde?«

1. August. 1. August. 1. August. 1. August … Ich wache mit dem Gedanken auf, dass heute ein wichtiger Tag ist – aber warum? Ich stehe auf und mache Frühstück. Was ist am 1. August passiert? Habe ich das Datum irgendwo in Großvaters Akte gesehen? Es will mir einfach nicht einfallen.

»Sagt dir der 1. August irgendwas?«, frage ich Jacques, der immer noch die Kaffeekanne in der Hand hält, weil ich nicht auf seine Frage geantwortet habe, ob ich noch eine Tasse möchte.

Mein Handy klingelt. Es ist ein Videoanruf von meinem Bruder, der gerade Jacopo füttert. Er hat das Telefon so auf dem Tisch platziert, dass ich dabei zusehen kann, wie mein Neffe brav den Mund öffnet, wenn Arturo ihm das Löffelchen mit Essen hinhält. Doch auf einmal weigert Jacopo sich, den Mund aufzumachen, er dreht den Kopf zur Seite und schreit: »Ba! Ba! Ba!«

»Glaubst du, ›ba ba ba‹ heißt, dass er nichts mehr essen will?« Mein Bruder lächelt, ich zucke mit den Schultern und denke daran, wie ich als Baby, wenn ich keinen Hunger mehr hatte, meine Mama anflehte: »Bata, bata, bata!«

Plötzlich wird der Videoanruf unterbrochen. Nach ein paar Minuten ruft Arturo mich zurück und sagt: »Tut mir leid, jemand hat angerufen, seit heute Morgen hört das Telefon nicht auf zu klingeln.« Und da fällt es mir siedend heiß wieder ein: Der 1. August ist Arturos Geburtstag, zum ersten Mal in meinem Leben habe ich ihn vollkommen vergessen.

Seit dem Aufwachen habe ich geahnt, dass der 1. August

ein wichtiger Tag ist, ich habe das Datum immer wieder in meinem Kopf wiederholt: »1. August, 1. August, 1. August, 1. August ... Was ist am 1. August passiert?« Ich habe die Existenz meines Bruders aus meinem Gedächtnis gelöscht.

Ich verstehe nicht, wie das passieren konnte.

Ich kann es mir nicht verzeihen.

Was ist nur mit mir los?

Letzten Monat hat mein Bruder mir vorgeworfen, ich sei ungerecht.

»Warum hältst du Papa vor, sich nicht mit seiner Vergangenheit auseinandergesetzt zu haben? Was hat er denn mit dem Faschismus seines Vaters zu tun? Ich finde, dass Papa eigentlich sehr mutig war. Er hat sich politisch gegen Großvater gestellt und seine linken Werte verteidigt. Weißt du nicht mehr, wie er uns ausgeschimpft hat, wenn wir gesagt haben: ›Ist uns egal‹? Er hat immer gesagt, dass das eine Faschisten-Antwort sei, dass wir uns ein Beispiel an Don Milani nehmen und der faschistischen Was-geht-mich-das-an-Einstellung ein humanistisches *I care* entgegensetzen sollten. Was hätte er denn noch tun sollen?«

»Und was ist mit seiner Männlichkeitsmarotte und der Tatsache, dass er es nicht ausstehen kann, wenn etwas von der Norm abweicht? Soweit ich weiß, sind das keine linken Werte«, antwortete ich. Es war unmöglich, ihm zu erklären, zu welchen Überzeugungen ich in den letzten Monaten gelangt war und warum.

Ich bin überzeugt davon, dass Papas Schweigen über Großvaters faschistische Vergangenheit ein Problem ist.

Ich bin überzeugt, dass die Realität nicht einfach aufhört zu existieren, indem man nicht über sie spricht. Ich bin sogar überzeugt, dass das Gegenteil der Fall ist: Je weniger wir über etwas sprechen, desto mehr Raum nimmt es in uns ein, desto mehr vergiftet es unser Wesen. Unser Vater hat den Faschismus immer als das schlimmste aller Übel dargestellt. Daran gab es keinen Zweifel. Trotzdem hat er immer so getan, als habe der Faschismus nichts mit uns und unserer Familie zu tun.

Ich weiß, ich bin möglicherweise ungerecht. Und sicher hat mein Bruder recht, wenn er darauf hinweist, dass Homophobie und Männlichkeitswahn auch in linken Kreisen verbreitet sind: »Hallo, Frau Linksaktivistin? Hast du etwa vergessen, was sie in der demokratischen Partei gesagt haben, als du noch im Parlament warst und ihr über die Ehe für alle abgestimmt habt?«

Und trotzdem bin ich überzeugt davon, dass man Dinge verdrängt, indem man nicht über sie spricht. Und wenn man etwas verdrängt, dann deshalb, weil man sich dafür schämt.

Ich glaube, dass mein Vater Angst vor dieser Scham hat, dass er die Realität deshalb nach und nach verändert hat und weder seine eigenen Schwächen noch die der anderen akzeptieren kann.

Mein Bruder glaubt, dass das Papas eigentliches Problem ist. Er sagt: »Vielleicht kann man ihm vorwerfen, dass er nie eine Therapie gemacht hat. Aber was hat das mit Großvaters faschistischer Vergangenheit zu tun?«

Ich glaube, dass alles eine Spur hinterlässt. Und dass unsere Vergangenheit uns irgendwann erdrückt, wenn wir so tun, als wäre sie nicht da. Langsam, aber sicher gewinnt sie die Oberhand.

Ich glaube, dass das Unbewusste in uns wohnt und wirkt. Und auch wenn man deshalb nicht automatisch eine Psychoanalyse braucht: Unbewältigtes in der Vergangenheit tut einer Familie nie gut.

Ich glaube, dass dreckige Wäsche nicht immer in der Familie gewaschen werden sollte und dass aus Vergessen niemals Frieden werden kann. Und ja, mir ist bewusst, dass unter den Befürworter:innen der Amnesie nach dem Ende des Faschismus und der Entstehung der Republik auch Kommunist:innen waren. Mir ist bewusst, dass auch die Widerstandskämpfer:innen gewisse Dinge verdrängt haben und ihre Kinder und Enkelkinder sich dieser dunklen Vergangenheit stellen mussten.

Ich glaube, dass *cosa fatta, capo ha* ganz am Anfang unserer Ohnmacht und Verzweiflung steht. Und sicher ist meine Familie nicht die einzige, die diese Bürde tragen muss. Aber ich kann niemanden freisprechen, solange die Gewalt der Vergangenheit Italien immer noch im Griff hat.

Schon wieder bin ich nachts schweißgebadet aufgewacht.

Ich hatte geträumt, dass ich in Rom im Palazzo Montecitorio war. Ich befand mich auf halbem Wege durch den Transatlantico, den langen Salon, in dem sich die Abgeordneten während der Pausen zwischen den Sitzungen aufhalten. Ich ging auf den kleinen Raum am anderen Ende des Saals zu, dorthin, wo sich die Monitore mit der Tagesordnung für die Arbeit in den Ausschüssen befinden. Ich wollte herausfinden, für welche Uhrzeit die Sitzung des zweiten Ausschusses vorgesehen war, aber ich konnte nicht richtig lesen, was auf dem Bildschirm stand. Also sprach ich einen der Angestellten an: »Könnten Sie mir sagen, um wie viel Uhr der Justizausschuss an der Reihe ist?« Der Angestellte sah mich ein paar Sekunden lang reglos an. Dann fragte er: »Entschuldigung, aber wer sind Sie bitte? Und wer hat Sie reingelassen?« Also versuchte ich, ihm zu erklären, dass ich per Mail eine Einladung der Abgeordnetenkammer erhalten hatte und dass ich früher selbst Abgeordnete gewesen war. Aber der Angestellte hörte mir gar nicht zu, er fragte immer wieder: »Wer sind Sie? Wer hat Sie reingelassen?«

In diesem Moment entdeckte ich zum Glück eine andere Angestellte, eine Frau, die immer am Eingang des Plenarsaals gestanden hatte, als ich noch jede Woche in den Montecitorio kam, und mit der ich mich hin und wieder unterhalten hatte. »Sie kennen mich doch noch, oder?« Aber auch sie schien mich nicht wiederzuerkennen. Und als ich ihr erklärte, dass ich eigentlich nur wissen wolle, um wie viel Uhr die Sitzung des Justizausschusses stattfinde, antwortete sie trocken: »Wenn Sie eine Einladung bekommen haben, steht das da bestimmt irgendwo drauf.«

Bestürzt machte ich mich auf den Weg hinaus. Warum erkannte mich denn niemand? Was geht hier vor sich, fragte ich mich, während ich auf den Ausgang zulief, immer schneller und schneller. Und wenn ich mir alles nur eingebildet hatte? Wenn ich am Ende niemals Abgeordnete gewesen war?

Vom Palazzo aus ging ich zu einem Zeitungskiosk auf der Piazza Montecitorio, um ein Busticket zu kaufen. »Sicher Bus? Nicht doch lieber Zug?«, fragte mich der Verkäufer. »Wussten Sie, dass es zwischen Montecitorio und Balduina jetzt eine direkte Zugverbindung gibt?« Ich war erstaunt, dass der Mann wusste, wo ich wohnte, aber ich sagte nur, dass ich von dieser Verbindung noch nie gehört hätte, nein. »Bitteschön, Ihr Ticket. Das macht dann elf Euro«, sagte er da schon, obwohl ich nie bestätigt hatte, dass ich den Zug nehmen wollte. »Nein, danke, das ist mir zu teuer, ich nehme lieber den Bus.« »Das geht nicht, Signora, das Ticket ist schon gedruckt. Geben Sie mir mein Geld oder ich rufe die Polizei.«

In dem Moment bin ich aufgewacht.

Ein paar Stunden später sitze ich auf dem Sofa, wippe mit dem Bein und zünde mir eine Zigarette an. Ich versuche zu schreiben, aber ohne Erfolg. Der Lärm von der Baustelle draußen lenkt mich ab. Oder hat meine Schreibblockade einen anderen Grund? Vielleicht liegt es auch an meinem Albtraum. Wieder einmal habe ich mich unsichtbar gefühlt, wie früher als Kind mit meinem Vater.

Wie beschreibe ich dieses Gefühl der Unsichtbarkeit am besten?

Ich denke an Monet. Während einer seiner Londonreisen beobachtete der Maler von der Terrasse des St Thomas Hospitals die Themse und das Parlamentsgebäude. Aber er wollte weder das Parlament noch den Fluss malen. Ihn interessierten die Luft und der Nebel, behutsam setzte er einen Pinselstrich nach dem anderen, die Augen fest auf die Farbpalette geheftet: Aschgrau und Platingrau, Schiefergrau und Staubgrau. Welche Farbe hat das Gefühl meiner Unsichtbarkeit?

Wer bist du, Papa? Welcher entscheidende Hinweis entgeht mir?

Bist du der Mann, der mit einem Stift in der Hand ein Buch liest, dabei die wichtigen Stellen unterstreicht und seine Tochter vollkommen ignoriert – bitte, Papa, sieh mich an, hör mir zu –, oder bist du der Mann, der mir heute mit von Arthrose steifen Fingern ungeschickt über die Wange streichelt?

Auf der Suche nach einer Antwort sehe ich mir Fotos von dir an, ich starre auf deine Augen, deinen Mund, deine Hände. Aber die Antwort will mir nicht einfallen. Ich weiß noch immer nicht, wer du bist. Wusstest du, dass ich mein Leben manchmal verfluche? Wusstest du, dass du mir all deine Wut und deine Versagensängste vermacht hast? Wusstest du, dass sogar Jacques manchmal Angst vor mir hat, wenn ich die Geduld verliere?

Vierter Teil

Vergebung

Es ist die einzige Möglichkeit, ich sehe keinen anderen
Weg, als dass jeder von uns Einkehr hält in sich selbst und
all dasjenige in sich ausrottet und vernichtet, was ihn zu
der Überzeugung führt, andere vernichten zu müssen.
Wir müssen durchdrungen sein von dem Gedanken,
dass jeder Funken Hass, den wir zu der Welt hinzufügen,
sie noch unwirtlicher macht, als sie ohnehin ist.

Etty Hillesum

Lieber Onkel Vincenzo,

ich – das heißt, wir alle – machen eine schreckliche Zeit durch. Die Sorgen und bösen Überraschungen häufen sich, sodass ich mir nicht mehr zu helfen weiß. Jeden Tag taucht ein neues Problem auf und ich weiß weder, wie ich mich verhalten, noch, an wen ich mich wenden soll.

Nun versucht auch noch dein Bruder Nino, seinen Nutzen aus der Situation zu ziehen. (Ich wünschte, ich müsste dir nicht so eine unangenehme Wahrheit überbringen). Er hat mir eine alte Rechnung gezeigt und meinte, es wäre an der Zeit abzurechnen: Anscheinend schuldet er Papa vier Millionen Lire, aber da wir ihm ebenfalls vier Millionen schulden, weil er auf seinen Anteil an Don Francescos Haus verzichtet hat, gleichen sich die Schulden aus, behauptet er. Da ich nicht weiß, was damals abgesprochen wurde, konnte ich nichts dazu sagen. Alle wichtigen Dokumente sind seit ein paar Monaten bei ihm. Erst hat er all sein Geld im Spiel verloren und jetzt riskiert er auch noch, die ganze Familie in Schwierigkeiten zu bringen.

[...]

Du weißt ja, in welchem Zustand mein Vater sich befindet; meine Mutter versteht von diesen Dingen nichts, sie regt sich nur auf und sagt Sachen, die sie später bereut und derentwegen sie sich Vorwürfe macht; Rosaria und Pierino haben genug mit ihrer Hochzeit zu tun und ich selbst komme allein nicht mehr weiter. Du bist der Einzige, der mir helfen kann,

277

der weiß, was wirklich passiert ist und wer was mit wem ab-
gesprochen hat.

Wie du siehst, lieber Onkel, ist die Situation heikel und
kompliziert.

Papa spricht nicht mehr, er kann nicht mehr sprechen, und
alle versuchen, davon zu profitieren. (Mit »alle« meine ich
auch die Fremden, die plötzlich hier aufgetaucht sind und alte
Fragen aufgeworfen und Ansprüche gestellt haben.)

[...]

Und nun zu der wichtigsten aller Angelegenheiten; unse-
rer Reise nach Genua. Wir haben per Telegramm die Nach-
richt erhalten, dass ein Zimmer für Papa frei geworden ist.
Pierino, den ich um seinen Rat als Arzt gebeten hatte, glaubt,
dass man uns dort ausnutzen könnte, weil man uns nicht
kennt. Deshalb hat er vorgeschlagen, dass ich zunächst De
Francesco, dem Rektor der Universität von Mailand und
ehemaligem Abgeordneten der monarchistischen Partei,
schreibe und ihn frage, ob er schon Gelegenheit hatte, mit
dem befreundeten Neurologen zu sprechen. Pierino ist der
Meinung, dass es besser wäre abzuwarten, bis der Neurologe
Papa untersucht hat und uns sagen kann, ob es sich lohnt, ihn
nach Genua zu bringen, oder nicht. Er fürchtet, dass uns die
Neurologen in Genua keine objektive Einschätzung geben.
Ich bin nicht ganz einverstanden, ich würde trotzdem gern
nach Genua fahren, aber ich wollte Pierino auch nicht wider-
sprechen. Was hältst du von der ganzen Sache?

Campi, 13. 01. 1959

Endlich. Jacques und ich haben es nach Campi geschafft. Nichts ist so gelaufen wie geplant. Es ist mitten im August und furchtbar schwül – die denkbar ungünstigste Zeit im Jahr, um in den Salento zu fahren. Aber als das Flugzeug in Brindisi landete, war ich trotzdem froh. Ich hatte bis zuletzt Angst gehabt, dass der Flug, wie so oft in den letzten Monaten, kurz vorher abgesagt werden könnte, und die Anspannung fiel erst nach der Landung von mir ab. Nachdem ich ausgestiegen war, kniete ich mich hin, um den Boden mit beiden Händen zu berühren. Ein paar Minuten blieb ich so sitzen, die Handflächen auf dem Asphalt, bis Jacques kam und mich fragte: »Was machst du denn da?«, und der Flughafenangestellte rief: »Signora, stehen Sie auf! Es ist verboten, auf dem Rollfeld stehen zu bleiben, gehen Sie bitte direkt zum Ausgang.«

Wir sind also in Campi. Wir stehen vor dem Vorbau des Hauses.

Ich berühre die Klinke aus Messing, genau wie meine Großmutter, als ich klein war und wir Ende August wieder nach Hause fuhren – mein Bruder und ich kehrten mit Mama und Papa nach Rom zurück und meine Großeltern fuhren wieder nach Tarent. Großmutter umklammerte die Klinke und murmelte: »Mein Haus ... Mein geliebtes Haus.«

Ich stecke den Schlüssel ins Schloss, schalte die Alarmanlage aus, lasse den Blick über die breite Treppe und die Terrakottatöpfe mit Jasmin schweifen, betrachte die hohe, gewölbte Decke, und mein Herz öffnet sich: Ich bin in Italien, ich bin in Campi, ich bin zu Hause, ich bin glücklich.

Jacques eilt sofort hinaus in den Garten. »Warte, hol nicht gleich die Liegestühle raus«, rufe ich ihm zu. »Es ist total dreckig, lass uns erstmal putzen, eines nach dem anderen.« Aber umsonst, Jacques hat die Tür zum Schuppen bereits geöffnet und nach dem erstbesten Stuhl gegriffen.

Ich beschließe, mir ein Beispiel an ihm zu nehmen und den Schmutz Schmutz sein zu lassen. Stattdessen rufe ich Papas Cousinen an und frage sie, ob ich vorbeikommen und den Schlüssel zu ihrem Keller abholen kann: »Keine Sorge, ich komme mit Maske. Nach der Quarantäne können wir uns dann in Ruhe treffen.«

Als ich das letzte Mal in dem Keller war, Ende Januar, hatte ich nicht einmal eine Stunde Zeit. Damals habe ich mir selbst versprochen, so schnell wie möglich wiederzukommen. Wer hätte gedacht, dass ich so lange warten müsste? Aber jetzt bin ich hier. Endlich kann ich die Dokumente meines Großvaters durchsehen und sortieren.

Ich öffne die Tür zum Keller. Vom Staub und der Feuchtigkeit fängt meine Nase sofort an zu laufen. Gut, dass Jacques nicht mitgekommen ist, denke ich. Mit seinem Asthma wäre das eine Katastrophe geworden. Seit ich das letzte Mal hier war, hat die Feuchtigkeit weiter an den Kartons und Kisten genagt. Als ich versuche, einen der Kartons zur Seite zu schieben, geht er auf, er ist völlig durchweicht. Eine Flut von Umschlägen ergießt sich auf den Boden. Hastig sammle ich sie wieder ein, bevor das Papier die Feuchtigkeit aufsaugen kann, und bringe den Karton auf einem alten Bücherregal im Raum nebenan in Sicherheit.

Zwischen den Dokumenten stoße ich auf ein Bündel Briefe. Ich erkenne die Schrift meines Vaters. Ich öffne einen Umschlag und finde einen Brief, den mein Vater an seinen Onkel Vincenzo, den Bruder seiner Mutter in Bologna, geschrieben hat. Ich überfliege die Zeilen, um herauszufinden, worum es geht, aber dann füllen sich meine Augen mit Tränen. Mein Vater schreibt: »Papa spricht nicht mehr, er kann nicht mehr sprechen.«

Ich gehe zurück ins Haus. Ich trinke ein Glas Wasser, zünde mir eine Zigarette an und setze mich in einen Sessel. Ich lese den Brief noch einmal in Ruhe. Mein Vater hat das Papier mit dem Briefkopf der Abgeordnetenkammer benutzt. Der Briefkopf ist durchgestrichen. Und auf den sechs dicht beschriebenen Seiten macht er seiner Hoffnungslosigkeit Luft. Er fühlt sich überfordert, er bittet um Hilfe. Mein Vater zeigt Schwäche und Angst.

Ich verstehe nicht alles auf Anhieb. Ich muss noch einige Male in den Keller zurückkehren und Erklärungen in anderen Ordnern und Dokumente suchen. Und vor allem muss ich mich darauf vorbereiten, Geheimnisse zu entdecken, die ich vielleicht lieber nicht entdeckt hätte. Aber womit habe ich gerechnet, als ich mich auf diese Arbeit eingelassen habe? Hätte ich mir nicht denken können, dass ich mich irgendwann dem Schicksal würde stellen müssen, das auch über meine Familie hereingebrochen ist? Vor allem, wenn man in Betracht zieht, dass mein Großvater immerhin achtzehn Jahre lang im Rollstuhl gesessen hat und einer der Brüder meiner Großmutter sein Vermögen zum Fenster hinausgeworfen hat, hätte ich eigentlich mit Bosheit und Betrug rechnen müssen.

Wenn Papa früher von *zio Nino* erzählte, hat er mit keinem Wort diese schwierigen Tage erwähnt, in denen »alle« von Arturos Leid »profitierten«, wie er in seinem Brief schreibt – sein ruchloser Onkel, den Ferruccio trotz allem sehr gern hatte, eingeschlossen. Giuseppinas verwöhnter Sohn, der immer eine Sonderbehandlung erhielt, der abends zu spät nach Hause kam, weil er Karten gespielt oder eine seiner zahlreichen Liebhaberinnen besucht hatte. Angelo Campo, auch Nino genannt, der sich erst vier Millionen Lire von meinem Großvater lieh und dann seiner Schwester Rosetta einen Teil des mütterlichen Erbes abtrat. Und der die Naivität meines Vaters, seines Neffen, ausnutzte, um sich durch Großvaters Krankheit einen Vorteil zu verschaffen. Geld, Land, Eigentum. Verrat und Geiz. Mein Vater verliert das Vertrauen ins Leben. Übrig bleiben nur Boshaftigkeit und Lügen, alle sind auf den eigenen Gewinn aus. »So läuft es nun mal, meine Kleine«, hat mein Vater früher oft gesagt. Nun verstehe ich besser, woher Papas ewiges Misstrauen gegenüber den anderen kommt. Wieder bricht seine Welt zusammen, zum zweiten Mal nach 1944, als sein Vater aus dem Gerichtswesen entlassen wurde und er selbst gerade mal acht war.

Mein Vater ist sich dessen vielleicht nicht bewusst oder erinnert sich nicht mehr, aber ich bin mir ziemlich sicher, dass die Ereignisse aus dem Jahr 1958 für ihn eine Wiederholung der Tragödie von 1944 waren. Und dass Papas Angst davor, glücklich zu sein, daher kommt. Wenn auf Glück immer Leid folgt, dann ist es vielleicht besser, gar nicht erst glücklich zu sein und die verfluchte Lebensfreude von Anfang an zu unterdrücken.

Mein Vater streitet das natürlich ab, vielleicht hat er es schon zu lange verdrängt.

Aber liegt nicht in diesen Trümmern der Ursprung seines Unglücks?

Und was hat es mit Genua auf sich?

Pierino fürchtet, dass uns die Neurologen in Genua keine objektive Einschätzung geben.

Ich rufe meinen Vater an. Ich frage ihn, ob er sich daran

erinnert, dass Großvater zu einem Neurologen nach Genua gebracht werden sollte. An den Rat, den Pierino – damals noch der Verlobte seiner Schwester, ab April 1959 dann ihr Ehemann – ihm gegeben hatte. Ob sie Geldprobleme gehabt hätten oder ob die Entscheidung, wie und wo Arturo nach seinem Unfall behandelt wurde, von anderen Dingen abhing.

»Wieso denn Genua?«

»Wenn ich es richtig verstanden habe, hatten sie damals in Genua eine ausgezeichnete neurologische Abteilung.«

»Keine Ahnung, das sagt mir nichts. Wir haben Papa jedenfalls nach Mailand gebracht. Ein ehemaliger Kollege und monarchistischer Abgeordneter hat uns dabei geholfen, einen Platz in einem renommierten Krankenhaus zu finden, auch wenn das nicht viel gebracht hat. Nach ein paar Wochen hat mir der Stationsarzt gesagt, dass in Papas Fall nichts mehr zu machen wäre. Er hat mich in sein Büro gebeten und gesagt: ›Junger Mann, es tut mir wirklich leid für ihren Vater, aber Sie tun ihm einen größeren Gefallen, wenn Sie ihn wieder zurück nach Hause holen.‹«

Ich bohre nicht weiter. Ich will nicht, dass Papa das alles noch einmal durchmachen muss.

»Und wenn er dein Buch liest?«, fragt Jacques, als ich ihm von dem Brief und dem Telefonat mit meinem Vater erzähle. »Bist du dir sicher, dass es eine gute Idee ist, diese ganzen alten Wunden wieder aufzureißen?«

Freud spricht von der heilenden Kraft der Wahrheit.

Aber wo ist die Grenze bei der Suche nach der Wahrheit? Welchen Preis bin ich bereit zu zahlen, welche Summe darf ich meiner Familie zumuten?

Botrugno, Donnerstag, 22. Mai 1958.

Es ist 22:30 Uhr, dies ist bereits Großvaters dritte Veranstaltung heute, die dritte von vieren. Arturo ist müde. Er spürt, wie seine Kräfte schwinden. Aber er darf jetzt nicht schlappmachen, so ist es nun mal an den letzten Tagen der Wahlkampagne. Er beißt die Zähne zusammen und denkt: Am Sonntag wird gewählt. Nur noch ein bisschen länger, du hast es fast geschafft. Er tritt aufs Podium.

Eine knappe Woche ist vergangen, seit Großvater auf genau dieser Bühne zusammengebrochen ist. Er stammelte. Musste seine Rede unterbrechen. »*Nun me sta piaci, don Arturo*, Sie sehen gar nicht gut aus«, sagte der Arzt am Ende der Veranstaltung – es ist der Sohn eines Freundes aus Kindheitstagen. Er ordnete an, dass mein Großvater sich ausruhen müsse. Zurücktreten. Aber wie kann er jetzt zurücktreten, ausgerechnet jetzt, wenn in einer Woche die Wahlen sind?

Es ist 22:35 Uhr, es ist der Tag der Heiligen Rita, und meine Großmutter ist mitten in der Novene: »Steh ihm bei, Helferin in aussichtslosen Fällen, befrei mich von diesen Sorgen.«

Am Fuße der Bühne sammelt sich die Menge.

Arturo erklärt, dass er auf ihrer aller Hilfe angewiesen, dass diese Stunde entscheidend sei. Wie viele Unentschlossene können wir noch gemeinsam überzeugen?

Es ist 22:45 Uhr, draußen ist es schon seit einiger Zeit dunkel, und trotz der Scheinwerfer kann man vom Podium aus die

284

Gesichter der Zuschauer:innen nicht erkennen, geschweige denn ihre Mienen oder die allgemeine Stimmung. Aber mein Großvater ist zuversichtlich: Botrugno ist ein Heimspiel.

Als einer der Ersten hatte Arturo den Gesetzesentwurf Nr. 129 – »Ernennung des Dorfes Botrugno zur eigenständigen Gemeinde« – unterschrieben, und er hat Wort gehalten. Er hat Botrugno zur Gemeinde gemacht. Am 18. Juli 1956 hat die Abgeordnetenkammer das Gesetz verabschiedet und am 13. März 1958 hat der damalige Präsident der Italienischen Republik, Giovanni Gronchi, es öffentlich bekannt gemacht. Der Hauptplatz ist proppenvoll, und immer noch schwärmen die Menschen herbei, Großvater räuspert sich und fängt an: »Die Wahlen am kommenden Sonntag stellen die politische Reife des italienischen Volkes, sein Bestehen als demokratisches Land, seine Probleme und Ängste auf den Prüfstand.« Arturo hält inne, trinkt einen Schluck Wasser und setzt wieder an. »Die Democrazia Cristiana wird ihre Stimmen bekommen, sie hat einen Sieg verdient, etwas anderes zu behaupten wäre töricht und ignorant. Also sorgen wir dafür, dass sie ihren Sieg bekommt und gemeinsam mit uns regieren will, weil unsere Partei den vernünftigsten, tatkräftigsten und nobelsten Teil der Bevölkerung repräsentiert.«

»Bravo!«, ruft jemand. Arturo nutzt die Gelegenheit, um sich mit dem Baumwolltaschentuch, das Rosetta ihm in die Tasche gesteckt hat, die verschwitzte Stirn zu trocknen. Er fährt sich mit dem Taschentuch über den Mund, seufzt und schluckt mit einiger Mühe.

»Wenn wir die Politik der Christdemokraten beeinflussen wollen, brauchen wir eine beachtliche Anzahl von Stimmen.« Großvater betont jedes Wort, wird langsamer, hält wieder inne. »Ich sage es noch einmal, wir müssen deutlich machen, dass wir den nobelsten Teil der Nation repräsentieren, jenen Teil, der gestärkt von den Erfahrungen und den Erfolgen der

285

Vergangenheit in die Zukunft blickt, ohne zu vergessen, was hinter ihm liegt.«

Die Zuschauer:innen hängen an seinen Lippen. Sie applaudieren.

»Säen wir die Zukunft in die ruhmreiche Erde der Vergangenheiiit.« Das Wort zieht sich in die Länge.

Mein Vater starrt Arturo an. Was ist los? Er macht sich Sorgen, am liebsten würde er zu ihm aufs Podium klettern, aber er will auf keinen Fall riskieren, dass sein Vater wütend wird. »*Cittu tie*, sei still!«, hatte Arturo kurz vor Beginn der Veranstaltung geschrien, als Ferruccio ihn darauf hinwies, wie blass er war. »Vielleicht wäre es besser, die Veranstaltung heute Abend abzusagen.« »Nein, mir geht es gut.« »Mama meint auch, dass du ...« »Ruhe!«

Arturo versucht weiterzusprechen, aber es kommt nur ein Stottern heraus: »Ruuuhm ... reeeiiich.« Er bricht ab. Die Menge spornt ihn lautstark an. Wieder versucht er es, aber diesmal bekommt er keinen Laut über die Lippen. Er sackt zusammen und verliert das Bewusstsein.

Sofort eilen die Leute zu ihm aufs Podium, aber Großvater rührt sich nicht. Als mein Vater sich zu ihm hinunterbeugt, zeigt er kein Lebenszeichen, und auch als der Arzt versucht, ihn wiederzubeleben, reagiert er nicht.

Am Donnerstag, den 22. Mai 1958, um 23:00 Uhr, erleidet Arturo Marzano einen Hirnschlag. Doch die Diagnose lässt auf sich warten: Eine Woche lang liegt er bewusstlos beim Arzt in Botrugno, bevor er ins Krankenhaus nach Lecce gebracht wird.

Viel zu spät.

Aber vielleicht war es ohnehin zu spät, vielleicht hätte man auch dann nichts mehr für ihn tun können, wenn man ihn gleich in die Notaufnahme gebracht hätte. »Was wussten sie denn damals in Apulien schon über Schlaganfälle?«, erwidert mein Vater. Ich habe ihn gefragt, warum Arturo nicht gleich ins Krankenhaus gebracht wurde, warum sie so viel Zeit verloren haben, warum der Arzt nicht erkannt hat, wie schlimm es um Großvater stand. Papa versteht meinen Frust nicht, er beharrt darauf, dass nichts zu machen gewesen sei, er erzählt, wie er Großvater später nach Mailand gebracht und Arturo mehrere Monate im Krankenhaus verbracht habe, ohne dass sich sein Zustand besserte.

TIA, transitorische ischämische Attacke. So nennt man heute die ersten Anzeichen eines Schlaganfalls, die oft nur wenige Minuten dauern und dann wieder verschwinden: ein Kribbeln in den Armen oder Beinen, ein plötzlicher Energieverlust, Schwierigkeiten beim Sprechen.

All diese Symptome hatte mein Großvater eine Woche vor seinem Schlaganfall, aber wahrscheinlich hat er sich eingeredet, dass es schon nichts Schlimmes sei und er nach dem 25. Mai genug Zeit habe, sich auszuruhen. Also hat er die Tournee durch seinen ländlichen Wahlkreis trotz der Proteste seiner Frau und seines Sohnes fortgesetzt.

Mein Vater versuchte ein paar Mal, ihn zur Vernunft zu bringen, aber Großvater wollte nicht auf ihn hören, er ließ sich von niemandem reinreden. Schon gar nicht von seinem Sohn, der von Politik nichts verstand. Arturo fragte sich, wo Ferruccio seine politischen Überzeugungen aufgeschnappt hatte, er verstand nicht, wie sein Sohn an das glauben konnte, was die Sozialist:innen erzählten. »Kommunisten oder Sozialisten, das ist doch alles dasselbe«, sagte er. »Hör auf deinen Vater, ich kenne diese Leute.«

Als ich auf die Welt kam, lebte Großvater noch. Aber er saß im Rollstuhl und konnte nicht sprechen. Nur wenn mein Vater ihn bat, seinen Namen zu sagen, brachte er unter größter Anstrengung ein »Aaarrr-tttuuu-rrrooo« hervor. Ich hatte Angst vor ihm, ich verstand nicht, was ihm fehlte, und niemand erklärte es mir. »Er ist zusammengebrochen, und plötzlich war alles vorbei«, sagte meine Großmutter. Aber für mich ergab das keinen Sinn: Was war vorbei gewesen, wieso war er zusammengebrochen, was war wirklich passiert?

Später, als Jugendliche, als ich mit dem Begriff »Schlaganfall« etwas anfangen konnte, war mein Großvater schon lange tot. Ich erinnere mich, dass ich eines Tages besonders müde war. Ich stolperte über meine Worte, und meine Mutter sah mich angsterfüllt an. »Ruh dich aus«, sagte sie. Es war ein Befehl, keine Bitte. Vielleicht hatte sie Angst, dass sich die Geschichte meines Großvaters wiederholen könnte. »Du musst lernen, besser auf dich achtzugeben!« Als ob Großvater mir seinen Schlaganfall vererbt haben könnte.

Bei den Wahlen am 25. Mai 1958 wurde mein Großvater nur Dritter. Er wurde nicht wiedergewählt. Die Nachricht von seinem Schlaganfall hatte sich schnell verbreitet, es gab sogar Gerüchte, dass er tot war. Die Versuche, die Wahrheit zu verstecken, die Versicherungen, dass Arturo bald wieder auf den Beinen sein würde, die Hoffnung, dass diejenigen, denen mein Großvater geholfen hatte, ihn trotzdem unterstützen würden – vergebens.

»Meine Mutter hat der Heiligen Rita die Schuld gegeben. Sie war der Meinung, dass die Helferin der Hoffnungslosen niemals etwas so Schreckliches hätte geschehen lassen dürfen«, erzählt mein Vater. »Aber ihre Welt war zusammengebrochen, sie redete Unsinn ...«

»Und Arturo? Hat er verstanden, was mit ihm los war?«

»Nein, das war ja das Schlimme.«

»Natürlich hat er es verstanden«, widerspricht meine Mutter.

»Nein, hat er nicht. Nach seinem Schlaganfall hat Papa überhaupt nichts mehr verstanden.«

»Und warum hat er dann geweint, als er mich kennengelernt hat?«, fragt meine Mutter.

»Vielleicht konnte er Gefühle noch verstehen«, gibt mein Vater schließlich zu. »Aber rein rational betrachtet, konnte er gar nichts mehr.«

Während ich versuche zu beschreiben, was meinem Großvater am 22. Mai 1958 widerfahren ist, muss ich an den Film *Million Dollar Baby* von und mit Clint Eastwood denken. Ich sehe die Szenen vor mir: Nachdem Maggie immer wieder gewonnen hat, schafft sie es schließlich, ihren Trainer Frankie zu überreden, sie bei der Weltmeisterschaft gegen Billie, den Blauen Bären, kämpfen zu lassen. Frankie war lange gegen diesen Kampf: Billie ist für ihre Brutalität bekannt, dafür, schnell die Beherrschung zu verlieren. Aber Maggie hat ihn überzeugt, und sie dominiert den Kampf. Doch Billie ist eine schlechte Verliererin. Als Maggie nach dem Pausengong in ihre Ecke des Rings geht, versetzt Billie ihr einen groben Schlag in den Rücken. Maggie stürzt. Sie fällt mit dem Kopf auf einen Boxschemel und ins Koma. »Ich habe die goldene Regel vergessen, Coach. Ich habe meine Deckung aufgegeben«, sagt sie, als sie aufwacht und feststellen muss, dass sie vom Hals abwärts gelähmt ist. Aber das Problem ist nicht, dass sie ihre Deckung aufgegeben hat, scheint mir, das Problem ist die Ungerechtigkeit des Lebens, das ihr erst alles gegeben und ihr dann im Bruchteil weniger Sekunden alles genommen hat. Ein unbeschreiblicher Verlust. Das Ende all ihrer Träume, ihrer Hoffnungen, ihres Glücks und all ihrer Möglichkeiten.

Ich kenne diesen Film in- und auswendig. Tausendmal habe ich die Kampfszene gesehen. Und trotzdem muss ich jedes Mal weinen. Maggie verliert mit einem Schlag alles, und ich bin untröstlich. Maggie verliert alles, und mit einem Schlag verstehe ich, während ich es niederschreibe, was an jenem Abend im Jahr 1958 passiert ist, warum mich das Thema des Verlusts so mitnimmt. Was ich empfinde, ähnelt dem, was mein Vater empfunden haben muss, nachdem Großvater alles verloren hatte. Mein Vater musste eine grausame Wahrheit lernen: Das Leben besteht aus Niederlagen. Egal, wie sehr man sich anstrengt, wie akribisch man alles kontrolliert. Auch, wenn man das Gefühl hat, es geschafft zu haben. Denn letztendlich schafft es niemand, und das Leben nimmt sich früher oder später, was es einem gegeben hat.

Ging dir etwas Ähnliches durch den Kopf, Papa? An jenem Freitag im Jahr 1997, als der Anruf kam? *Senza te in terra qual bene avrei? Ah, figlia mia!* »Welch' anderes Glück kann die Erde mir geben? Oh, meine Tochter!«, singt Rigoletto. Oder vielleicht hast du diese Gedanken nicht zugelassen, als du und Mama nach Pisa gefahren seid, als du im Wartezimmer sitzen geblieben bist und Mama allein auf die Intensivstation gegangen ist? *Miei signori, perdono, pietate, al vegliardo la figlia ridate.* »Oh, ihr Edlen! Verzeihung, Erbarmen! Lasst den Vater seine Tochter umarmen!« Und was hast du mit dem Brief gemacht, den ich euch damals geschrieben habe? *Tutto al mondo tal figlia è per me.* – »Gebt mein Kind, gebt mein Alles mir wieder.«

An jenem Freitag im Jahr 1997 hatte ich vor zu sterben. Mir ging es schon so lange schlecht, dass ich nur noch wollte, dass es endlich aufhörte. Wenn das Leben ein einziges Leiden war, warum musste ich dann weiterleben? Vor allem, weil ich mittlerweile wirklich alles ausprobiert hatte: Versprechen, Bemühungen, Psychopharmaka, Psychoanalyse, einen neuen Freund, ein anderes Haus. Nichts half. Es wurde nicht besser. Im Gegenteil. Mir ging es immer schlechter.

Seit Jahren befand ich mich in einem Tunnel, dessen Ende ich nicht sehen konnte, ich verlor mich in der Finsternis, obwohl ich jeden Tag aufstand und mich dazu zwang, die Dinge zu tun, die ich zu tun hatte. Ich schaffte es irgendwie bis zum Abend, nur um am nächsten Tag wieder von vorn anzufangen. Es war immer das Gleiche: Ich fühlte mich, als würde ein Messer in meinem Herzen stecken. Ich hatte es an die Scuola Normale Superiore in Pisa geschafft, ein Stipendium für meine Promotion bekommen, ich hatte sogar einen Platz an der Scuola Nazionale di Cinema ergattert, um Drehbuchautorin zu werden.

Nichts half. Mir ging es immer schlechter.

Obwohl ich meine Tage stets mit den besten Vorsätzen begann: Ich fuhr mit dem Mofa in die Cinecittà, nahm an meinen Kursen teil, ging zur Psychoanalyse. Freitagnachmittags fuhr ich nach Pisa, wo der Mann wohnte, den ich liebte. Montags um sechs Uhr nahm ich den Zug, fuhr zurück nach Rom und fing wieder von vorn an: mit dem Mofa zur Cinecittà, Kurse, Psychoanalyse. Nichts half.

Im Gegenteil.

Mir ging es immer schlechter.

Das Gefühl der Hilfslosigkeit, jedes Mal, wenn ich an Schienen vorbeikam, der Drang, mich vor einen Zug zu werfen, das Bedürfnis, mich zu übergeben, sobald ich etwas gegessen hatte. Ich übergab mich dauernd, ich kotzte alles aus: den Schmerz und die Wut – ein schwarzes Loch in mir. Auch wenn es eigentlich keinen Grund gab, warum es mir schlecht gehen sollte. »Was fehlt dir denn?« Was für eine absurde Frage. Wie erklärt man jemandem, dass man alles hat und doch etwas Entscheidendes fehlt: die Freude, der Appetit, die selbstverständliche Gewissheit, dass das Leben schön ist.

An jenem Freitagabend im Jahr 1997 hatte ich keinen »Raptus«, auch wenn sie das im Krankenhaus behaupteten. Nach achtundvierzig Stunden Koma war ich wieder aufgewacht und sofort auf die geschlossene Abteilung der Psychiatrischen Klinik in Pisa gebracht worden.

Aber es war keine unüberlegte Handlung, kein spontaner Einfall gewesen. »Wenn Sie wirklich hätten sterben wollen, dann hätten sie das auch geschafft«, sagte meine Therapeutin, als ich nach dem Krankenhausaufenthalt das erste Mal wieder bei ihr war. Als ob die Gewalt, die ich mir selbst zugefügt hatte, noch nicht genug gewesen wäre, legte sie den Finger genau in die Wunde: Wenn ich wirklich gewollte hätte …

Seit Monaten sprach ich davon, dass ich sterben wollte, seit Monaten fiel mir keine andere Lösung mehr ein.

An jenem Freitag hatte ich während der Psychoanalyse nicht ein Wort gesagt.

Die gesamte Stunde lang hatte ich geweint und meiner Therapeutin nicht einmal in die Augen gesehen. Schließlich ließ sie mich gehen. Dachte sie, ich würde lügen, ihr etwas vormachen? Dass ich nur ihre Aufmerksamkeit wollte, sie manipulierte?

Auch als mein Vater mich wie jeden Freitagnachmittag mit dem Auto zum Bahnhof brachte, weinte ich. Warum hast du mich nicht aufgehalten, Papa? Wusstest du nicht, was du sagen solltest? Hast du dich ohnmächtig gefühlt? Weil deine Tochter nicht mehr die gleiche war, weil das Leben dich erneut im Stich gelassen hatte? Aber ich war immer noch deine Tochter.

Ich weinte die gesamte Zugfahrt von Rom nach Pisa, trotz der Versuche eines jungen Mannes, mich aufzumuntern, und der netten Worte einer Mitreisenden: »Es gibt immer eine Lösung.« Ich weinte, überzeugt davon, dass es vorbei war, ich konnte nur noch an die Medikamente denken, die ich nach und nach angesammelt hatte – von wegen nur ein Raptus –, an das Lexomil und Laroxyl, das ich in den verschiedenen Apotheken in Rom und Pisa gekauft und zur Seite gelegt hatte.

Als ich in Pisa ankam, weinte ich immer noch. Das Leben hatte mich betrogen, so einfach war das.

Mit verquollenen Augen sagte ich dem Mann, den ich liebte, dass alles in Ordnung, dass ich nur müde sei. Er war auch müde – von seiner Arbeit, von mir, von unserer Beziehung, die nirgendwohin zu führen schien: »Ich weiß nicht, was ich noch machen soll, sie ist depressiv und anstrengend.«

Ich wartete, bis der Mann, den ich liebte, eingeschlafen war. Dann ging ich in die Küche, öffnete die Schublade, in der ich die Medikamente versteckt hatte, nahm ein Glas aus dem Schrank und stellte es auf den Esszimmertisch. Ich öffnete die Fläschchen und kippte alles hinein. Ich goss Wasser ein. Nachdem ich das Glas ein paar Minuten lang angestarrt hatte, nahm ich es in die Hand. Ich wollte einen Brief schreiben, aber ich hatte Angst, dass ich in der Zwischenzeit den Mut verlieren würde. Ich holte tief Luft. Hielt den Atem an und trank alles aus. Erst dann fing ich an zu schreiben.

Ich entschuldigte mich bei allen: bei meinem Vater, weil ich nicht die Tochter war, die er sich gewünscht hatte, bei meiner Mutter, weil ich wusste, dass es ihr das Herz brechen würde, bei meinem Bruder, weil ich ihn allein ließ, bei meinem Freund, der nichts dafür konnte, bei Gott, obwohl ich ihn schon seit langem nicht mehr an meiner Seite spürte – aber wie zur Hölle kann man um Vergebung bitten, wenn man gerade dabei ist, sich umzubringen, wenn das Leben ein Fluch ist und man nur noch will, dass es endlich vorbei ist?

Trotzdem hat mir dieser Brief das Leben gerettet.

Beim Planen meines Selbstmordes hatte ich an alles gedacht, nur nicht daran, dass zwischen dem Moment, in dem ich die Medikamente nahm, und dem Schreiben des Abschiedsbriefs ein paar Minuten vergehen würden. Dass in dieser Zeit die große Menge an Beruhigungsmitteln und Antidepressiva zu wirken beginnen würde. Dass mir beim Aufstehen schwindelig werden, ich das Bewusstsein verlieren und hinfallen würde. Dass der Lärm, den ich beim Stürzen machen würde, den Mann, den ich liebte, aufwecken würde. Dass er mich sofort in die Notaufnahme bringen würde, wo sie mir dann den Magen auspumpen würden. Dass ich danach ins Koma fallen, aber irgendwann aufwachen würde. »Sobald ich wieder zu Hause bin, versuch ich es wieder«, verkündete ich, als ich aus dem Koma aufwachte und immer noch diesen Schmerz im Herzen spürte: Warum war ich noch am Leben? Das war der 12. September 1997.

Das Fest Mariä Namen.

Ich hatte nicht einmal daran gedacht.

Der Namenstag von Maria.

Mein Namenstag.

Maria – der Name, der auf meinen Ausweisen und Zeugnissen steht. Offiziell gibt es Michela Marzano gar nicht.

Es war also Maria, das Kind, mit dem meine Eltern schon nicht mehr gerechnet hatten – ich trage den Namen Maria, weil meine Mutter die Heilige Jungfrau Maria um Hilfe bat, nachdem sie einfach nicht schwanger wurde –, die am 12. September 1997 gerettet wurde. Als wollte das Leben an meinem Vater wieder gutmachen, was die Heilige Rita meinem Großvater angetan hatte, indem sie ihm ihre Hilfe verweigerte.

Monatelang habe ich versucht, in den wenigen Fotos zu lesen, die ich von Arturo und Rosa hatte, ich interpretierte alles, jede Falte in ihrer Haut oder in ihren Kleidern, die knappen Anmerkungen am Rand oder auf der Rückseite.

Jetzt habe ich auf einmal Hunderte von Fotos. Je länger ich im Keller von Papas Cousinen suchte, desto mehr Fotos fand ich, ich habe Kartons und Säcke durchwühlt, meine Hände in eine Vergangenheit getaucht, von der ich den Großteil meines Lebens kaum etwas ahnte. Es sind so viele Fotos, dass ich ganze Tage damit verbringe, sie zu sortieren und auf Alben aufzuteilen, Jahrzehnt für Jahrzehnt, Jahr für Jahr.

Monatelang habe ich mich vorangetastet, indem ich die wenigen Informationen, die ich hatte, mit den Dekreten und Urkunden aus dem Onlinearchiv der *Gazzetta Ufficiale* abgeglichen, indem ich jeden Artikel, jedes Buch zum italienischen Gerichtswesen während des Faschismus und zu Beginn der Nachkriegszeit gelesen habe.

Jetzt gehe ich in Informationen beinahe unter. Und obwohl ich alles durchgesehen, in Ordner und Mappen verstaut und nach Themen und Unterthemen sortiert habe – *1916 – 1919: Soldat in Novara, Bainsizza, Nagymegyer; 1920 – 1922: Marsch auf Rom, Auswahlverfahren höherer Justizdienst; 1923 – 1927: Bandiera rossa, Don Pippi, Hochzeit; 1928 – 1934: Prozesse, Rom, Rosarias Geburt; 1935 – 1942: Papas Geburt, Confino, Zweiter Weltkrieg; 1943 – 1949: Epurazione, Amnestie; 1950 – 1958: Oberstaatsanwalt, Wahl-*

kampf, Abgeordnetenkammer, Schlaganfall –, fühle ich mich verloren.

Jacques sagt, dass ich in kürzester Zeit ein Archiv angelegt habe, für das selbst eine Historikerin mehrere Monate gebraucht hätte. Er sagt auch, dass mir niemand glauben wird, dass ich ganz allein Ordnung in dieses Chaos gebracht habe. Er sagt, ich solle Fotos vom Keller machen, von den Kartons und Säcken, von jedem einzelnen Dokument, das ich gefunden habe. »Wie willst du sonst beweisen, dass du tatsächlich eine Kopie aller Parteibücher deines Großvaters ab 1919 besitzt?«

Ich schreibe ganze Passagen aus Dokumenten und Briefen ab – es sind Tausende von Briefen, mein Großvater hat dauernd allen möglichen Leuten geschrieben, er hat alles notiert.
Wieder und wieder lese ich meine Notizen.
Aber ich komme nicht weiter.
Die Angst, mich bei einer Jahreszahl zu vertun oder ein Stück Familiengeschichte zu unterschlagen, lähmt mich.
Erleichtert denke ich daran, dass dieses Buch eines Tages fertig sein wird, dass ich dann vielleicht einen vollkommen fiktiven Roman schreiben werde, in dem ich mit meinen Figuren machen kann, was ich will, ihnen Eigenschaften aufzwingen, ihr Leben auf den Kopf stellen, ihnen wehtun, wenn es mir gefällt. Und niemand kann mir einen Strick daraus drehen, weil sie einzig und allein meiner Fantasie entsprungen sind.

Akte Nr. 35: Wahlkampf 1958.
Reproduktionen der Stimmzettel für die Abgeordneten, die Wahlkampfagenda, eine große Anzahl an Entwürfen für Reden, ein Heft mit detaillierten Kostenaufstellungen, Manifeste, Plakate, Skripte. Ich bin im Besitz des gesamten Materials meines Großvaters für den Wahlkampf 1958. Eines der Flugblätter ist auf eine Art grünes Seidenpapier gedruckt, 15 × 10 cm groß.

National-Monarchistische Partei

Verehrter Wähler,

Öffne den Umschlag
Finde den Stern
Wir haben ihn gern
Das schönste aller Symbole.
Nimm den Stift zur Hand
Und wähle sodann
unseren auserkorenen Mann
Arturo Marzano

Das Wahlkomitee

Wählen Sie Arturo Marzano, den Kandidaten der National-Monarchistischen Partei für die Abgeordnetenkammer, indem Sie ein Kreuz bei »Stern und Krone« machen und daneben die Ziffer 3 schreiben.

Als ich Jacques das Flugblatt zeige, muss er lachen. »Was für eine *cafonata*!« Das Wort *cafonesco* hat es ihm angetan, im Französischen existiert kein passendes Äquivalent, am ehesten vielleicht noch *plouc*, was so viel wie »ungehobelt« bedeutet, aber so richtig trifft es das nicht. Es gibt einfach kein Wort, das gleichzeitig fehlenden Geschmack und Vulgarität ausdrückt, kein Wort für Menschen, die Reichtum mit Stil verwechseln und denken, dass es ein Zeichen von Eleganz ist, sich mit so viel Stickereien, Spitze und Schmuck wie möglich zu behängen.

Ich lache nicht. Ich bin gerührt, auch wenn der Text auf dem Flugblatt und die Reime so simpel sind, dass es beinahe lächerlich ist. Die Angewohnheit, aus allem einen Reim zu machen, hat Papa also von seinem Vater. Ob Großvater seine Erfindungen wohl genauso selbstzufrieden aufsagte wie er?, frage ich mich, als ich zurück in mein Arbeitszimmer gehe und mir eine von Großvaters Wahlkampfreden vornehme. Aber ich höre schnell wieder auf. Die Rührung verschwindet und macht erneut der Scham Platz.

Wie konntest du behaupten, dass das faschistische Regime keine Diktatur war, Großvater? Wie konntest du glauben, dass wir im Namen der Freiheit und Demokratie unser Vaterland verraten haben? Du hast nie aufgehört, Faschist zu sein, stimmt's? Wie konntest du 1958 immer noch an die Ideale des Duce glauben?

Nur wenn es darum geht, die Nationalwürde zu vertreten und zu verteidigen, fordern wir das Attribut »rechts« ein. Wir bürgen für Italiens traditionelle, nationale Werte, die viel zu oft verkannt oder vergessen werden.

Arturo hat nicht nur den Kommunismus von ganzem Herzen gehasst, er hat auch die nationalistische Rhetorik geliebt, das binäre »sie / wir«, die »traditionellen Werte«, die »moralische Ordnung«. Wie er wohl reagiert hätte, wenn er herausgefunden hätte, dass sein Enkel, Ferruccios Sohn, der noch dazu seinen Namen geerbt hat, schwul ist?

Wenn er keinen Schlaganfall gehabt hätte, wenn ich früher geboren worden wäre, wenn ich mich richtig mit ihm hätte unterhalten können ... Wenn, wenn, wenn. Ich kann nicht aufhören, darüber nachzudenken, auch wenn ich weiß, dass es nichts bringt. Was hätte ich gemacht, »wenn«? Hätte ich mich mit ihm gestritten? Hätte ich versucht, ihm zu zeigen, wie absurd viele seiner Ideen waren?

Aber habe ich nicht genau das auch getan, als ich mich im Plenarsaal zu Wort gemeldet und den Kolleg:innen von rechts direkt in die Augen geblickt habe? War das nicht meine Art, die Geschichte meiner Familie wieder zusammenzunähen und zu flicken?

Ich lege Großvaters Rede weg, es hat keinen Zweck, sich weiter zu quälen. Besser, ich mache mit einem anderen Dokument weiter.

Ich blättere durch den Kalender, in den jemand Großvaters unzählige Treffen und Veranstaltungen ab Sonntag, dem 13. April, dem offiziellen Beginn der Wahlkampagne, eingetragen hat. Ich erkenne die Handschrift meines Vaters. Anscheinend hat er Arturos Termine Tag für Tag aufgeschrieben und ihn in jeden entlegenen Winkel seines Wahlkreises begleitet. Wie hat er es ausgehalten, seinen eigenen Vater solche Sachen sagen zu hören? Hat Papa nicht immer behauptet, damals sei er bereits Sozialist gewesen? Wenn Großvater gegen den Sozialismus und den Kommunismus wetterte, was ging dann im Kopf meines Vaters vor? Hat es ihn nicht gestört, dass Arturo die Rechte dafür lobte, die »moralische Ordnung« und die »traditionellen Werte« zu bewahren?

Ich blättere durch Großvaters Wahlkampfkalender und stelle fest, dass er kreuz und quer durch die ganze Provinz gefahren ist, tagelang. Am 13. April ist er um 16 Uhr in Calimera in der Grecìa Salentina, um 18 Uhr in Martano und um 20 Uhr in Zollino. Am 14. April ist er morgens in Lecce, am Nachmittag fährt er erst nach San Pancrazio, dann nach Maglie, dann nach Nardò. Am 15. April führen ihn seine Termine ins südlichste Salento. Mein Großvater fährt bis nach Castrignano del Capo, eine Gemeinde, nur wenige Kilometer vom Leuchtturm von Santa Maria di Leuca und der Basilika Santa Maria de Finibus Terrae entfernt – beide liegen am südlichsten Zipfel Apuliens, dort, wo das Adriatische und das Ionische Meer sich treffen –, bevor er über Presicce, Acquarica, Taurisano und Scorrano wieder zurück nach Lecce fährt. Wenn die Sicht klar und der Himmel besonders hell ist, kann man sehen, wo die beiden Meere sich vermischen, der unterschiedliche Salzgehalt hebt sie farblich voneinander ab, das Ultramarin geht in Saphierblau, das Saphierblau in Türkis und das Türkis in Azurblau über. Als ich klein war, hat meine Mutter mir alle verschiedenen Blau- und Grüntöne beigebracht: Coelinblau unterscheidet sich von Himmelblau, Himmelblau sieht anders aus als Türkis und Türkis wiederum anders als Cyanblau …

Die eigentlichen Wahlkampfveranstaltungen beginnen am Sonntag, den 4. Mai. Um 18 Uhr ist Großvater in Maglie, um 20 Uhr in Martano. In der ersten Woche hat er zwei Veranstaltungen pro Tag. Später drei. Manchmal sogar vier.

Ich blättere durch Großvaters Kalender und spüre, wie Angst mir die Kehle zuschnürt. Ich denke an die vielen Telefonate mit meinem Vater, bei denen ich ihm all die Konferenzen, Schulungen und Vorträge auflist, die ich für meinen nächsten Italienbesuch wieder angehäuft habe, ich höre, wie er

301

sagt: »Vergiss nicht, dich zwischendurch auch mal auszuruhen«, obwohl er genau weiß, dass es nichts bringt. Trotzdem muss er es sagen, er hat Angst, dass ich mich überanstrenge und mir etwas passiert.

Im Keller von Papas Cousinen habe ich nicht nur Arturos Wahlkampfmaterial gefunden. Dort standen auch Unmengen von Kartons, Akten aus fünf Jahren – 1953 bis 1958 –, in denen mein Großvater ununterbrochen gearbeitet hat, Tag und Nacht, ohne Pause.

Als ich anfing, die Kartons zu öffnen, kamen mir Hunderte, vielleicht sogar Tausende dieser Akten entgegen. Ich habe zunächst unterschätzt, wie viele es waren, und versucht, sie zu zählen. Irgendwann wurde mir klar, dass mein Vorhaben aussichtslos war, und ich steckte sie stapelweise in die großen Leinensäcke, die ich aus Paris mitgebracht hatte.

Ich packte die Akten ohne System ein, zu Hause wollte ich sie mir in Ruhe ansehen. Die Fotos, Briefe, Zeitungsausschnitte und Gerichtsdokumente, die zwischen den Seiten steckten, nahm ich heraus. Sechs Säcke habe ich so gefüllt. Ab und zu warf ich einen Blick in eine der Akten, vor allem ein Name ließ mich aufhorchen: Guerrieri. Der Name sagte mir etwas … Vielleicht jemand aus Campi? Ich war mir sicher, dass ich den Namen schon gehört hatte.

Mein Großvater war extrem ordentlich, fast schon pedantisch. Jede Akte steckte in einem Karton; auf jedem Karton standen der Vorname, Name und Wohnort der Person, die Großvaters Dienste in Anspruch genommen hatte: Gebührenerlasse, Invalidenrenten, Versetzungen, Militärpensionen, Leibrenten, Einberufungen. In jeder Akte befanden sich mehrere Dutzend auf Schreibmaschine getippte oder per Hand beschriebene Seiten, Originale aus der Abgeordnetenkammer, mit Stecknadeln zusammengesteckte Papiere. Die

Nadeln waren rostig, und ich musste höllisch aufpassen, um das Papier nicht zu beschädigen. Warum musste Großvater auch unbedingt auf Seidenpapier schreiben? Konnte er nicht ein etwas stabileres Papier verwenden?

Arturo antwortete allen: Er schrieb den Staatssekretär:innen und Minister:innen, dem Rechnungshof, dem Italienischen Blinden- und Sehbehindertenverband, dem Kreditreferat und den Kommandeuren verschiedener Militärbezirke; er schickte eine Kopie von Brief und Antwortbrief an seine Mandant:innen; er hakte nach, wenn das Problem noch nicht gelöst oder sein Anliegen vernachlässigt worden war.

Jetzt verstehe ich, was Papas Cousinen meinten, wenn sie erzählten, dass samstags und sonntags lange Menschenschlangen vor dem Haus in Campi warteten und auf Großvaters Hilfe hofften: Sie fragten, flehten, forderten. Jetzt verstehe ich, warum alle, die Arturo gekannt haben, sagen, dass er ein unglaublich gütiger, großzügiger und geachteter Mann war. Sogar die Wut und Panik meines Vaters, wenn jemand ihn, Ferruccio, um seine Hilfe bat, verstehe ich jetzt: »Nein, sowas mache ich nicht, für wen halten die mich denn?«

Die Akten aus dem Jahr 1958 füllen eine ganze Kiste.

Zwischen dem 3. und dem 5. Mai, während der Wahlkampf in vollem Gange war, schrieb mein Großvater hundertsechsunddreißig Briefe. Ich habe sie nicht nur gezählt und chronologisch geordnet, sondern auch gelesen, um besser zu verstehen, was damals in Großvater vorging:

Lieber Imperiale, ich versichere dir, dass ich alles in meiner Macht Stehende tun werde, damit du die noch ausstehende Nachzahlung deiner Militärpension erhältst [...].

Lieber Latino, ich habe dem Justizministerium nachdrücklich empfohlen, dich unverzüglich in das Justizvollzugsbeamtenkorps aufzunehmen [...].

Lieber Manieri, ich setzte alle Hebel in Bewegung, damit du deine Stelle bald wieder antreten kannst [...].

Lieber Scardino, sei gewiss, dass es mir ein persönliches Anliegen ist, dass du nach dem tragischen Tod deines Sohnes so schnell wie möglich deine Rente bekommst [...].

Schon die Lektüre dieser Briefe ist anstrengend, ich will gar nicht an den gesundheitlichen Zustand meines Groß- vaters denken, der ausnahmslos allen antwortete, ganz egal ob monarchistisch, liberal, sozialistisch oder kommunistisch. »Papa hat sich um alle gekümmert«, sagt mein Vater. »Arturo hat niemanden vergessen«, bestätigen seine Cousinen.

»Er hat sich zu Tode gearbeitet«, sage ich abends mit trau- riger Stimme zu Jacques. »Sein Schlaganfall wundert mich überhaupt nicht mehr.«

Dabei denke ich an all die Abende, die ich vor dem Com- puter verbracht und Mails beantwortet habe, und an Jacques' genervte Worte: »Jetzt reicht es aber. Du überarbeitest dich noch.« Aber ich habe nicht auf ihn gehört. Wie könnte ich die Mail einer Mutter unbeantwortet lassen, deren Tochter seit zehn Jahren an Anorexie leidet und die nicht mehr weiß, an wen sie ihre Gebete noch richten soll?

Zwischen den Schätzen im Keller von Papas Cousinen finde ich auch ein Foto, das am 14. September 1958 aufgenommen wurde. Das Datum steht auf der Rückseite, wieder erkenne ich die Schrift meines Vaters.

Es ist der Geburtstag von Papas Schwester Rosaria und außerdem das offizielle Datum ihrer Verlobung mit Pierino. Lala – wie mein Vater seine Schwester nannte – steht ihrem Verlobten gegenüber, der ihr gerade den Ring an den Finger steckt. Sie trägt ein Samtkleid mit eckigem Ausschnitt (Braun? Grün? Blau? Auf dem Schwarz-Weiß-Foto kann man die Farbe nicht erkennen, nur, dass das Kleid weder schwarz ist wie das ihrer Mutter noch so hell wie Pierinos Anzug). Um ihren Hals hängt eine Perlenkette. Es ist eine dieser Ketten, die zu lang sind, um oberhalb des Ausschnittes zu bleiben, und zu kurz, um nicht unter den Stoff des Kleides zu rutschen, wenn man den Kopf bewegt.

Die Verlobten lächeln sich an, blicken aber nicht in die Kamera. Keine der Personen auf dem Foto sieht zum Fotografen, vielleicht verleiht gerade das dem Bild seine besondere Schönheit: Niemand posiert, niemand scheint zu bemerken, dass der Moment unsterblich gemacht wird.

Die Verlobungsfeier fand in unserem Haus in Campi statt. Trotzdem erkenne ich das Zimmer nicht gleich wieder, in dem die große Tafel mit den Rustici – einer Art herzhafter kleiner Kuchen –, Torten und dem Gebäck aus Mandelpaste gedeckt wurde. Mit dem Foto in der Hand gehe ich durch alle Zimmer, um herauszufinden, wo es aufgenommen worden sein könnte. Erst nach einer ganzen Weile erkenne ich das alte Arbeitszimmer meines Großvaters, das in einem Anbau liegt und heute das Zimmer meiner Eltern ist, wenn sie mich besuchen kommen.

Zufrieden mit meiner Entdeckung setze ich mich wieder an den Schreibtisch und nehme mir erneut das Foto vor. Ich betrachte die Personen, ihre Gesichtsausdrücke und Gesten, und denke, dass die Fotografie einem Gemälde ähnelt. Etwas in der Szene auf dem Abzug erinnert mich an Caravaggios *Die Berufung des Heiligen Matthäus*, an den Kontrast zwischen Hell und Dunkel, den der Maler einsetzt, um den Blick des Betrachtenden auf das Gesicht des Heiligen zu lenken, der am Kopfende des Tisches sitzt und im Begriff ist, aufzustehen. Auch beim Betrachten des Fotos vor mir gleitet der Blick von ganz allein zu der Person, die im Mittelpunkt der Szene steht, ohne es selbst zu ahnen.

Im Vordergrund, neben den Verlobten, steht meine Großmutter Rosetta, die mit einem Champagnerglas in der Hand ihre Tochter betrachtet, die wiederum auf ihren Verlobungsring blickt. Arturo sitzt neben seiner Frau, auch er hat ein Glas in der Hand, auch er sieht zu seiner Tochter, mit leicht geöffnetem Mund und einem Ausdruck der Verblüffung im Gesicht, als hätte ihn etwas überrascht. Hinter Arturo, Rosetta und den Verlobten steht mein Vater, der im Gegensatz zu allen anderen weder seine Schwester noch den Ring betrachtet. Und trotzdem ist es sein Gesicht, zu dem mein Blick gelenkt wird: das Gesicht meines Vaters, der in die leeren, weit aufgerissenen Augen seines Vaters blickt.

Je länger ich auf das Foto starre, desto sicherer bin ich mir, dass die Aufmerksamkeit des Fotografen oder der Fotografin nicht den Verlobten galt, sondern meinem Vater.

Mein Bruder war für ein paar Tage mit Jacopo zu Besuch, und ich habe ihm das Foto gezeigt. »Findest du nicht auch, dass Papa verzweifelt aussieht?« Und mein Bruder antwortete: »So guckt er doch immer.«

Es stimmt. So guckt Papa immer. Eine Mischung aus Traurigkeit und Ohnmacht. Mein Bruder hat recht. Aber ich bemerke erst jetzt, was ich vielleicht schon mein ganzes Leben lang gewusst, aber ignoriert habe. Vielleicht nicht ignoriert, aber doch zur Seite geschoben. Oder verdrängt. Ja, das ist das richtige Wort, ich habe die Verzweiflung meines Vaters mein Leben lang verdrängt.

Obwohl ich immer von mir selbst behauptet habe, die Menschen zu verstehen, habe ich ausgerechnet meinen Vater nie verstanden. Obwohl ich immer überzeugt davon war, die menschlichen Widersprüche und Schwachstellen zu durchschauen, habe ich meinen Vater nie durchschaut.

Jahrelang habe ich geglaubt, die Menschen bestünden nur aus Verletzlichkeit, der Rest sei nichts als *appiccicaticcio*, »Schein« – das Wort habe ich von meinem Vater, der es für seine Studierenden verwendete, die auswendig lernten, was er in seinen Kursen sagte, und es in den Klausuren beinahe wortwörtlich wiedergaben, ohne etwas verstanden zu haben. Ich sah nichts anderes als die Unsicherheit der Menschen, fehlende Worte, trübe Blicke, ein zaghaftes Lächeln, plötzliche Stille – das war alles, was ich wahrnahm, verstehen und interpretieren konnte.

Warum nicht bei meinem eigenen Vater?

Warum ist mein Vater meiner Aufmerksamkeit, die ständig, beinahe manisch, nach den menschlichen Wunden und Widersprüchen sucht, entgangen?

Mein Großvater starb am 31. August 1976, nachdem er zehn Jahre lang im Rollstuhl gesessen hatte. Ich war gerade sechs Jahre alt geworden und kann mich nicht mehr an jenen Tag erinnern.

Auf einem Foto vom Trauerzug, der von unserem Haus in Campi in Richtung Kapuzinerkloster zog, sieht man mich Hand in Hand mit meiner Mutter. Trotz der Tränen in ihren Augen und dem verquollenen Gesicht ist sie wunderschön. Als junge Frau war meine Mutter schöner als die schönsten Schauspielerinnen – ich weiß, das habe ich schon einmal gesagt, aber jedes Mal, wenn ich ein altes Foto von ihr sehe, bin ich aufs Neue überrascht.

Zwischen den Bergen aus Dokumenten und Akten im Keller von Papas Cousinen finde ich auch ein Album mit Fotos von Großvaters Beerdigung. Auf den ersten Seiten kleben Kopien von den Plakaten, die man in Campis Straßen aufhängte, auch wenn Angiulino Cassone, der Verwalter unseres Anwesens, Arturos Tod am Abend des 31. August verkündet hatte, noch während das Patronatsfest in vollem Gange war – die Gassen und Plätze in Campi waren mit unzähligen bunten Lichtern in Form von Springbrunnen, Wolken und Blütenknospen geschmückt, an Ständen wurden Cupete, Mustazzoli, Scapece und Pupiddhri angeboten, die Spezialitäten des Salento, und durch den Dorfkern zog die Prozession mit der Statue des Heiligen Orontius.

Nach den Plakaten kommen die Fotos vom Tag der Be-

erdigung. Es gibt eines aus dem Salon des Hauses: Auf Großvaters gerade geschlossenem Sarg liegt seine schwarze Ju-
ristenrobe mit der goldenen Litze; meine Großmutter sitzt
auf einem Stuhl daneben, sie ist ganz in Schwarz gekleidet,
ihre Augen sind halb geschlossen, eine Hand ruht auf dem
Sarg, als wolle sie ihren Mann zum letzten Mal streicheln. Ich
erkenne das Fenster, das auf die Straße hinausgeht, die ge-
schlossenen Fensterläden, die gelben Vorhänge aus dem gleichen Stoff wie die Bezüge von Sofa, Sesseln und Stühlen, ich
erkenne die Louis-Philippe-Mahagonikommode mit ihrer
Platte aus cremefarbenem Marmor, dem großen Spiegel und
der reich verzierten Tischuhr aus vergoldeter Bronze, die nun
schon seit Jahren im Haus meiner Eltern in Rom steht, genau
wie das Sofa und die Sessel aus dem gelben Salon, selbst wenn
ich nicht genau sagen könnte, seit wann.

Ein paar Fotos wurden auch von der Veranda aus gemacht, man sieht, wie Männer den Sarg auf ihren Schultern
die Treppe hinunter in den Hof tragen. Ich erkenne Totò,
einen der Bauern vom Tresca-Gut, ich erkenne Lucio und
Rapanà von den Ländereien Don Francisco und Occhineri.

Ich betrachte die Fotos vom Trauerzug. Ich mustere meinen
Vater, der sich bei Pierino untergehakt hat und mit verschlos-
senem Gesicht, blass, den Blick gesenkt, dem Zug folgt. Ich
mustere meine Mutter, die mich an der Hand hält und etwas zu mir sagt, ich scheine ihr nicht richtig zuzuhören, ich
schneide eine Grimasse, und trotz des blauen Stirnbandes in
der Farbe der Blumen auf dem Kleid, das meine Mutter kurz
vorher für mich genäht hat, zerzaust der Wind mein Haar.
Hinter uns folgen zerstreut einige Verwandte, Freund:innen
und Bauersfamilien.

Zur Beerdigung meines Großvaters am 2. September 1976
um 17 Uhr kamen knapp hundert Menschen – wenn ich an

die Unmengen von Akten denke, die ich im Keller in Campi gefunden habe, an all die Leute, denen Arturo als Abgeordneter geholfen und zugehört hat, die er gefördert und beschützt hat, scheint mir das erstaunlich wenig.

»Er ist zusammengebrochen, und plötzlich war alles vorbei«, hat meine Großmutter früher immer gesagt. Damals ergab das für mich keinen Sinn. Erst jetzt kann ich erahnen, was genau sie damit gemeint hat.

Ich habe beschlossen, an diesem Morgen der Grabkapelle meiner Familie einen Besuch abzustatten. Ich habe meine Cousinen um den Schlüssel gebeten, Jacques gesagt, dass ich lieber allein gehen würde, und beim Floristen neben dem Rathaus einen Strauß Sonnenblumen gekauft. Dann habe ich den Hauptplatz überquert, der von uralten, verwinkelten Pflasterstraßen eingerahmt wird und über dem ein strahlend blauer Himmel leuchtet. Im Vorbeigehen habe ich die kleinen weißen Häuser im Ortskern bewundert, aber als ich an den neueren Gebäuden am Stadtrand vorbeigekommen bin, habe ich einen Schritt zugelegt, bevor ich mich über die Geschmacklosigkeit der Renovierungsarbeiten aus den Sechzigern ärgern konnte: ein extravaganter Anstrich, die Fenster breiter als hoch, stumpfe Keramik an den Wänden, überdimensionale Gitterzäune.

Der Friedhof ist klein: Obwohl ich seit Jahren nicht mehr hier war, weiß ich noch genau, wo die Grabkapelle der Malvanis liegt. Ich will nur meinen Großeltern Hallo sagen, eine Vase mit Wasser füllen, die Sonnenblumen neben Arturos und Rosettas Grab abstellen, ein paar Minuten verweilen. Wenn ich dann noch Zeit habe, will ich die Gräber der Familien Schiavone, Leuzzi, Parlangeli, Perrone, Palazzo und Maci besuchen. Das sind die Namen der Familien, die meinem Großvater die letzte Ehre erwiesen haben – jetzt ist es an mir, ihre verstorbenen Angehörigen zu besuchen. Dank und Undank, Treue und Verrat. Seit Tagen gehen mir diese Wörter nicht mehr aus dem Kopf, sie sind mehr als nur Begriffe aus der Ethik, sie sind mir in Fleisch und Blut übergegangen.

In dem Moment, in dem ich den Friedhof betrete, bin ich mir plötzlich unsicher. Alles sieht ganz anders aus als beim letzten Mal. Ich weiß, dass ich rechts abbiegen muss, aber ist es die erste oder die zweite Abzweigung? Und stand an der Ecke vom Vorplatz und der mittleren Allee nicht ein großes Denkmal? Wo ist der Obelisk aus Lecce-Sandstein hin? Ich gehe an der ersten Abzweigung vorbei: Zu viele Zypressen, denke ich, das kann es nicht sein. Ich gehe weiter, aber nach ein paar Minuten weiß ich überhaupt nicht mehr, wo ich bin. Überall sind neue Kapellen aus dem Boden geschossen. Manche sind aus Marmor und Glas. Andere aus Stahlbeton. Wieder andere sind noch nicht fertig, hinter den Gerüsten ist der Tuffstein noch zu erkennen. Aus dem Friedhof ist ein kleines Dorf geworden, ein Dorf im Dorf.

Ich entdecke ein Gebäude, das aussieht wie eine Kirche, und erklimme die Stufen. Im Inneren sind Dutzende von Urnenkammern in die Wände eingelassen, in die man Blumen, Lichter und Kerzen gestellt hat. Ich lese die in den Marmor eingravierten Namen: Wie viele von ihnen stehen wohl in Großvaters Akten? Ich gucke auf meine Uhr und gehe wieder hinaus. Ich habe mich verlaufen, die Zeit drängt, wenn ich mich nicht beeile, finde ich die Familienkapelle nie, bevor der Friedhof schließt.

Ich will auf demselben Weg zurückgehen, vertue mich aber schon wieder: Statt zum Vorplatz zu gelangen, stehe ich plötzlich vor der hohen Friedhofsmauer. Genau in dem Moment heult eine schrille Sirene los.

Ich sehe auf die Uhr: 18:30 Uhr. Wahrscheinlich bedeutet das Signal, dass der Friedhof bald schließt. Und wenn ich nun den Ausgang nicht mehr finde? Ich fange an zu schwitzen.

Was, wenn ich auf dem Friedhof eingesperrt werde? Panik. Wenn niemand merkt, dass ich noch da bin, und sie das Eingangstor abschließen?

Ich lasse die Sonnenblumen am Grab einer gewissen Teresa Lucia Tricarico stehen und fange an zu rennen. Aber je schneller ich renne, desto panischer werde ich, und je panischer ich werde, desto mehr verlaufe ich mich. Zum dritten Mal komme ich an einer Eisentür mit Totenkopf vorbei, ich laufe im Kreis. Mittlerweile bin ich völlig verschwitzt. Wo ist nur der Ausgang aus diesem Labyrinth?

Nach einer Viertelstunde – die Sirene heult jetzt ununterbrochen – finde ich endlich den Ausgang. Nassgeschwitzt und nach Luft schnappend trete ich auf die Straße.

»Hast du dich verlaufen, Signorina?«, fragt mich ein junger Mann, der auf das Eingangstor zuschlendert. Diese Kombination aus »du« und »Signorina« ist typisch für den Salento.

»Und wie«, keuche ich. »Tut mir leid, wenn ich Sie aufgehalten habe, ich habe den Ausgang nicht mehr gefunden.« Ich bin krebsrot im Gesicht und huste.

»Keine Sorge, Signorina. Ich hätte dich schon nicht eingesperrt.«

»Aber – Wie hast du das denn geschafft? Ist der Friedhof nicht winzig?« Jacques lacht mich aus, als ich ihm erzähle, dass ich mich verlaufen habe.

»Schon, aber seit wir das letzte Mal da waren, hat sich alles verändert.«

»Ein paar neue Kapellen und Zypressen, viel mehr kann sich doch eigentlich gar nicht verändert haben. Übertreibst du nicht ein bisschen?«

Ich will schon protestieren, als ich das Familiengrab plötzlich vor mir sehe. Die Rosette auf der Mitte der Fassade. Die

Inschrift: *Famiglia Malvani, 1926.* Der gotische Spitzbogen. Das schmiedeeiserne Tor mit den Malvenblättern. Und mir wird klar, dass ich mehrmals daran vorbeigelaufen bin, ohne es zu merken. Auf meiner Suche nach dem Ausgang habe ich den Namen Malvani gelesen und ihn gleich wieder vergessen, als hätte er nichts mit mir zu tun.

Genua, 13. August 1961

Liebe Mama, lieber Papa,
als ich gestern Abend losgefahren bin, hatte ich Fieber und
war sehr müde. Aber ich bin bis heute Mittag im Bett geblie-
ben – das macht neunzehn Stunden – und fühle mich schon
viel besser. Dafür habe ich jetzt Sprachprobleme. Ich bin auf
einem amerikanischen Boot und die meisten Leute sprechen
nur Englisch.

Am Abend des 12. August 1961 besteigt mein Vater in Neapel
die SS Constitution. Das Schiff der American Export Lines
ist nicht nur bekannt dafür, dass Grace Kelly 1956 auf ihm
von New York nach Europa reiste, um Fürst Rainier zu heiraten, sondern auch aus dem Film *Die große Liebe meines
Lebens* von 1957 mit Cary Grant und Deborah Kerr: Nickie
trifft Terry auf seiner Reise an Bord der SS Constitution und
verliebt sich unsterblich – wer muss nicht weinen, als Terry
sechs Monate später auf dem Weg zu ihrem Treffen mit Nickie auf der Terrasse des Empire State Buildings einen Unfall
hat und im Rollstuhl landet?

Im Unterschied zu den Schauspielern reist mein Vater
nicht in der ersten, sondern in der dritten Klasse. Und er
macht weder eine Kreuzfahrt noch ist er auf dem Weg zu
der Frau, die er heiraten will. Mein Vater – der nach Arturos
Schlaganfall gezwungen war, sein Studium zu unterbrechen,
und gerade erst sein Diplom bekommen hat – hat ein Stipen-

dium und einen Platz in Harvard ergattert. Er wäre lieber mit dem Flugzeug geflogen, aber davon wollte seine Mutter nichts hören. Sie hatte Angst und ließ nicht locker, bis Ferruccio schließlich nachgegeben hat: Wenn seine Mutter sich etwas in den Kopf gesetzt hat, ist es unmöglich, sie umzustimmen. Und weil sie es seit dem Unfall ihres Mannes schwer hat, wollte mein Vater ihr nicht noch mehr zumuten.

Am frühen Nachmittag ist Ferruccio in Neapel angekommen. Geduldig wartet er, bis er am Abend an Bord gehen kann. Seine Papiere sind in Ordnung, das Visum in seinem Reisepass aktuell. Wenn nur das Fieber nicht wäre, das er gleich nach der Pockenimpfung bekommen hat – er wollte sich nicht impfen lassen, aber ohne Impfung kein Attest und ohne Attest kein Visum für die USA. *Furchtbar kleinlich, diese Amerikaner,* hat er seiner Mutter ein paar Tage vor der Abfahrt geschrieben.

»*Everything's okay, I'm fine!*«, sagt mein Vater zu dem Matrosen, der die Fahrkarten und Ausweise überprüft und dabei bemerkt, dass Papa am ganzen Körper zittert. Diesen Satz hat er mindestens hundert Mal vor dem Spiegel geübt: Er spricht kein Englisch und versteht nur sehr wenig. Der Matrose beißt sich auf die Lippen, um nicht zu lachen – Ferruccios Aussprache ist katastrophal, man erkennt drei Meilen gegen den Wind, dass dieser Kerl kein Wort Englisch spricht –, aber er lässt ihn ohne weitere Fragen an Bord.

Obwohl im schwindelig ist, geht Ferruccio schnellen Schrittes zu seiner Koje. Und erst als das Schiff endlich abgelegt hat, als er das Dröhnen des Motos hört und durch das Bullauge sieht, wie der Hafen immer kleiner wird, geht er zur Krankenschwester: »Ich habe Fieber, ich bin krank.«

Die Geschichte mit dem Fieber erzählt mein Vater gern und oft, in dem stolzen Tonfall, den er immer anschlägt, wenn er davon erzählt, dass ihm mal wieder ein Coup gelungen ist. Wie zum Beispiel, als er sich mit dem Mann aus der ersten Klasse anfreundete: Sie sind sich auf der Schiffsbrücke begegnet, haben sich unterhalten und Papa hat ihm von dem Stipendium der italienischen Bank erzählt. »Ja, das Stringhen-Stipendium. Wie, Sie haben noch nie davon gehört?« Papas Eifer muss den Mann wohl beeindruckt haben, jedenfalls hat er ihn zu einer Party in der ersten Klasse eingeladen, obwohl Ferruccio keinen passenden Anzug hatte und die Kellner:innen ihn verblüfft anstarrten: Was hatte dieser Typ bloß hier verloren?

Von nun an muss Papa darauf achten, nicht zu viel Geld auszugeben. Mit Arturos Arztkosten, den Spielschulden seines Onkels und der Tatsache, dass sich niemand mehr um den Familienbesitz kümmert, haben sich die Dinge geändert.

In den Kartons, die sich im Keller von Papas Cousine stapeln, habe ich auch eine Unmenge an Dokumenten und Schreiben von meinem Vater gefunden: Eine Mitteilung über Großvaters Rücktritt aus dem Gemeinderat von Campi und der Ortsgruppe der monarchistischen Partei – *Hiermit unterrichte ich Sie darüber, dass mein Vater ausnahmslos alle politischen Aktivitäten aufgibt und damit jegliche Verbindung der Familie zur national-monarchistischen Partei beendet ist*, schreibt Ferruccio dem Sekretär in Campi am 8. Juli 1958 –, mehrere Einschreiben an einen Anwalt in Lecce, der sich um Arturos finanzielle Angelegenheiten kümmert, Briefe an die Kanzlei des Kassationsgerichts, Formulare für vertrauensärztliche Untersuchungen, den Antrag auf frühzeitige Pensionierung, Geschäftsbücher für die Ländereien Tresca, Don Francisco, d'Occhineri und Fusaro.

Mein Vater, der sich bis 1958 um nichts hatte kümmern müssen, ertrinkt plötzlich in Büroarbeit. Er gibt sich Mühe, aber er ist nur mit halbem Herzen – und Kopf – bei der Sache. Auf den ersten Seiten des Geschäftsbuchs für das Jahr 1959 listet er noch für jedes Anwesen fein säuberlich die Größe in Hektar, die zuständige Gemeinde und die Anzahl an Parzellen auf, aber schon bald machen Gekritzel und durchgestrichene Zahlen den ordentlichen Reihen Platz, die Ausgaben und Einnahmen stimmen nicht mehr überein, es gibt immer irgendeine Abweichung. Meinem Vater sind die Ländereien der Familie nicht wichtig genug. Klar, er liebt die jahrhundertealten Olivenbäume – ich erinnere mich noch gut daran, wie er mir gezeigt hat, wie man das Alter eines Olivenbaums schätzt: »Sieh dir die Stämme an, findest du nicht, dass sie aussehen wie Statuen? Das müssen fast drei Meter Durchmesser sein. Ihr Alter erkennt man an den Windungen, an der Struktur der Rinde, den hohlen Stellen und der Art, wie der Baum sich hält.« Und auch die Weinberge liebt er – niemals werde ich die Spaziergänge durch die Weingärten vergessen, die wir gemacht haben, als ich noch ein Kind war. Mein Vater liebt all das, aber er will sich nicht darum kümmern müssen. Er will nur eines: Italien hinter sich lassen und sein Studium wieder aufnehmen.

Nach und nach gewöhne ich mich an mein neues Leben, schreibt Ferruccio seinen Eltern am 31. August 1961, als er in Cambridge, Massachusetts, angekommen ist. *Lebensmittel sind sehr teuer hier, wie eigentlich alles, aber ich achte darauf, dass es mir an nichts fehlt, ich brauche meine Kräfte, um so viel wie möglich zu lernen. Die Traurigkeit der ersten Tage verfliegt langsam, vor mir liegen Monate der Enthaltung, aber ich versuche, die guten Seiten zu sehen und ein normales Leben zu führen [...]. Was die Ländereien angeht: Befolgt*

unbedingt meine Anweisungen, es steht alles auf dem Zettel,
den ich Mama gegeben habe, und wenn ihr etwas nicht ver-
steht, schreibt mir, dann erkläre ich es noch einmal genauer,
zum Beispiel die Abrechnung zu den Weinbergen.

Die Reise hat zehn Tage gedauert. Als das Schiff in New
York anlegte, fühlte Ferruccio sich verloren: Erst die Visa-
Kontrolle, dann der Zoll, und dann musste er sein Gepäck
finden und ein Zugticket nach Cambridge lösen. New York
ist riesig, schnell, chaotisch, das Heimweh übermannte ihn:
Ihm fehlt sein Haus, ihm fehlen seine Freund:innen, ihm
fehlt seine Muttersprache – *das größte Problem ist die Spra-*
che, schreibt er, *meine nicht vorhandenen Englischkenntnisse*
machen die Kommunikation schwierig.

In Cambridge ist mein Vater in der William James Hall untergebracht. Er teilt sich Zimmer Nummer 108 mit einem
amerikanischen Studenten aus Colorado, den er im Gegen-
zug dafür, dass er ihm Englisch beibringt, in Italienisch
unterrichtet. Das Thema Ernährung scheint meinen Vater
nicht loszulassen. *Das Essen ist furchtbar schlecht*, schreibt
er mehrmals. Und tatsächlich nimmt er zu: Auf einem Foto
vom Februar 1962 erkenne ich ihn kaum wieder, er hat mindestens zehn Kilo zugenommen. *Der Kaffee ist kein Ver-*
gleich zu unserem guten italienischen Kaffee!

Seine Mutter schreibt ihm täglich. Die Adresse muss sie
jedes Mal nachsehen, ihr Sohn hat sie ihr aufgeschrieben:
Mr Ferruccio Marzano, William James Hall n° 108, Har-
vard University, Cambridge Mass. (USA). Sie passt auf, die
Groß- und Kleinschreibung zu beachten, sie befolgt jede von
Ferruccios Anweisungen genau: Er hat ihr erklärt, dass *»Mr«*
»Signor« bedeutet und sie auf keinen Fall *»Dottor«* hinzufügen darf, wie sie es seit seinem Abschluss gemacht hat, wenn
sie ihm Briefe nach Rom geschickt hat. Sie erzählt, dass es

zu Hause nichts Neues gibt, aber ihre Briefe sind voller Klagen – *Es ist ein Brief vom Berufungsgericht gekommen, aber
ich verstehe kein Wort, ich weiß nicht, was ich tun soll; du
musst uns mindestens zweimal pro Woche schreiben, das habe
ich dir doch gesagt! Lass uns nicht zu lange ohne Nachricht
von dir, eine Woche ist viel zu lang, das halten wir nicht aus,
ich mache mir Sorgen* – oder guter Ratschläge: *Überarbeite
dich nicht. Ruh dich aus und achte auf deine Ernährung.
Kauf eine Mütze gegen den kalten Wind, denk an deine emp-
findlichen Ohren.*

Am 1. Januar 1962 hat Arturo Geburtstag und mein Vater
schreibt ihm einen langen Brief: *Ich sende dir meine besten
Wünsche, lieber Papa, und hoffe, dass du trotz deines aktuellen Zustandes noch lange lebst ... Wir müssen uns eben
damit abfinden, dass sich mit deiner Krankheit alles auf einen
Schlag geändert hat. Wie sehr mir deine Briefe und guten
Ratschläge fehlen. Jetzt muss deine Unterschrift reichen ...
Ich denke oft an dich und an alles, was du für mich getan
hast. Manchmal überlege ich, dass du mir sicher gern aus der
Ferne beigestanden hättest. Aber nichts ist mehr wie vorher und alles, was du nach und nach aufgebaut hast, ist verloren.*

Großvaters Unterschrift. Als ich sie neben der meiner
Großmutter entdecke, wird mir das Herz schwer. Die Schrift
ist unbeholfen, die Striche unsicher. Arturo, der früher so viel
geschrieben hat – Notizen, Briefe, Urteile, Anklagen, sogar
das eine oder andere Gedicht –, konnte nicht einmal mehr
seinen eigenen Vornamen richtig schreiben. Das »Papa«, das
Rosettas Briefe vermutlich um einen persönlichen Gruß des
Vaters ergänzen sollte, macht alles nur noch schlimmer. Warum wollte sie unbedingt, dass er unterschreibt? Oder war
es der Wunsch meines Großvaters? Wie hat er seine eigene

320

Hilflosigkeit empfunden? War er sich ihrer überhaupt bewusst?

Mit deiner Krankheit hat sich alles auf einen Schlag geändert, schreibt mein Vater. *Nichts ist mehr wie vorher.* Genau das hat Papa auch zu mir gesagt, als es mir so schlecht ging. Ohne es zu wissen (habe ich wirklich nichts geahnt?), habe ich ihn das gleiche Drama noch einmal durchmachen lassen.

Als ich klein war und wir den Sommer alle zusammen in Campi verbrachten, verschwand mein Vater oft stundenlang im Arbeitszimmer. Die Bauern, die auf unseren Ländereien arbeiteten, klopften an seine Tür, gingen hinein und setzen sich, sie redeten, flehten, fluchten, standen wieder auf und gingen. Damals begriff ich nicht, was das alles bedeutete. Ich wusste nur, dass ich meinen Vater auf keinen Fall stören durfte, wenn er mit den Bauern im Arbeitszimmer war.

Der Einzige, der hineindurfte, war Angiulino Cassone, der Verwalter der Ländereien. Eigentlich war er es, der die Arbeit der Bauersfamilien kontrollierte, der meinen Vater dazu drängte, einen artesischen Brunnen zu bauen, um der Trockenheit entgegenzuwirken, oder neue Rebsorten zu pflanzen.

Meine Erinnerungen an Angiulino sind undeutlich. Es gibt ein Foto von uns beiden, auf dem ich drei Jahre alt bin, kurze Haare habe und ein rotes Kleid trage. Angiulino steht mit seinem Hut in den Händen da, wegen der Sonne kneift er die Augen zusammen, seine Haut ist braungebrannt und faltig, er hat eine braune Baumwollhose an. Er hat mich immer »Donna Michelina« genannt, aber meine Mutter wollte, dass er damit aufhörte: »Komm schon, Angiulino. Das ist doch Michela. Weder ›Donna‹ noch ›Michelina‹.« »Sehr wohl, Donna Paola«, antwortete Angiulino, aber er konnte es sich einfach nicht verkneifen, vor die Vornamen aller Familienmitglieder ein »Don« oder »Donna« zu setzen:

Donna Rosetta, Don Arturo, Don Ferruccio, Donna Rosaria.

Einmal, als meine Großmutter auf mich aufpasste und ich mit ihr spielen wollte, ging Angiulino dazwischen, er schrie: »Deine Großmutter ist alt, sie ist müde, du darfst sie nicht ärgern, Donna Michelina.« Er war immer auf Großmutters Seite. Oder auf Papas. Auch wenn meine Mutter darauf beharrt, dass er ein anständiger Mann war, immer gastfreundlich, dass er sie immer beschützen wollte, fast wie ein Vater. »Aber bitte, Angiulino, nenn sie Michela. Wie oft muss ich dich noch darum bitten?«

Die schönsten Erinnerungen an die Weinberge und Olivenhaine meiner Familie sind die mit Totò, einem der Bauern vom Gut Tresca. Am späten Nachmittag begleiteten meine Mutter, mein Bruder und ich meinen Vater oft dorthin. Während Papa und Totò durch die Weingärten gingen – »Wieso läuft Totò denn immer barfuß, Mama, tut ihm das nicht weh?« –, warteten wir drei bei dem großen Feigenbaum neben Totòs Haus. Arturo kletterte auf den Baum und schüttelte die Äste, bis die Feigen zu Boden fielen und Mama und ich sie essen konnten.

Abends hatte ich jedes Mal Bauchschmerzen, aber es war so herrlich, mir den Bauch mit den frischen Feigen vollzustopfen, dass mir der Durchfall ganz egal war. Manchmal lief ich mit meinem Vater und Totò durch die Reihen der Alberelli, der »jungen Bäume« des Primitivo. Ich mochte den Geruch der Erde, der sich mit dem der Trauben mischte, die in Buschform geschnittenen Reben, die Olivenbäume, die um den Weinberg herumstanden. Ab und zu pflückte Totò eine Traube, hielt sie mir hin und fragte: »Schon richtig süß, oder?«

Das letzte Mal habe ich Totò vor drei Jahren gesehen. Ich

war mit Jacques auf dem Fahrrad unterwegs, wir überquerten gerade den Hauptplatz von Campi, als ich Totò mit den anderen Alten des Dorfes auf einer Bank sitzen sah. Ich stieg ab und ging auf ihn zu. An seinem Blick konnte ich sehen, dass er mich nicht erkannte. »Totò?« Ich lächelte ihn an. Er sah stumm zurück. »Ich bin's, Michela, erinnerst du dich noch an mich?« Überrascht riss er die Augen auf. »Ferruccio Marzanos Tochter, die Enkelin von Rosetta.« Da sprang er auf und schrie: »Donna Michela!«

Auch 1993 hat Totò mich nicht wiedererkannt. Es war zur Zeit meiner Anorexie, mein Vater hatte sich in den Kopf gesetzt, dass ich wieder gesund werden, wieder die »Michela von früher« werden würde, wenn ich nur mehr Zeit mit ihm verbrachte. »Alle Magersüchtigen haben ein Problem mit ihrer Mutter«, erklärte er mir. Das hatte er irgendwo gelesen, und er war sich sicher, dass es auch auf mich zutraf. Wir waren also zusammen nach Campi gefahren, selbst wenn das Haus seit Jahren dem Verfall überlassen war. Auch damals starrte Totò mich lange an. »Du siehst nicht gut aus«, sagte er vorwurfsvoll. »Ja, die Zeiten haben sich geändert«, antwortete mein Vater, rückte den Strohhut auf seinem Kopf zurecht und sah in eine andere Richtung.

Als meine Großeltern beide tot waren und wir nicht mehr nach Campi fuhren, hörte mein Vater auf, sich um die Weinberge und Olivenhaine zu kümmern. Nach und nach wurden die Ländereien verkauft.

Da waren die Schulden. Da war die Erbschaftssteuer. Der bescheidene Gewinn. Mein Vater wollte die Vergangenheit endlich hinter sich lassen, vielleicht wollte er sogar seine Geschichte auslöschen.

Und vor allem war da dieser Fluch, der über seiner Familie zu liegen schien: der Fluch des Verlusts.

Eine vielversprechende Chance, seinen Vater, seine Tochter oder das Gesicht – wie mein Vater sich auch entschied, immer verlor er dabei etwas.

Es ist Sonntagmorgen und ich sehe mir online eine Messe an. Zuerst kann ich mich nicht konzentrieren. Ich denke über einen Satz aus Großvaters Todesanzeige nach: *Nach langen Jahren des Leidens, die er mit beispielhafter Ergebenheit ertrug, entschlief er friedlich im Alter von achtzig Jahren.* Ergebenheit. Etwas, zu dem ich nicht fähig bin. Vielleicht reagiere ich deshalb jedes Mal genervt, wenn jemand von Leidensfähigkeit spricht. Warum ist es gut, sich in sein Schicksal zu fügen und Leiden zu ertragen? Für wen?

Aber sobald Don Andrea mit seiner Predigt beginnt, ist meine gesamte Aufmerksamkeit auf seine Worte gerichtet.

»Der Geist kommt uns zur Hilfe«, sagt er. »Wir alle sind fruchtbare Erde, in der Samen sprießen können.« Don Andrea erklärt, dass Gott nicht nach unseren Fehlern suche, sondern Selbstvertrauen und Liebe in uns säen möchte. »Das Gute erregt weniger Aufsehen als das Böse, deshalb bleibt Gottes Arbeit oft unbemerkt. Das Gute ist wie die Hefe beim Backen: ohne Farbe und Geschmack. Und dennoch geht das Brot nicht ohne sie auf. Können wir Menschen die Hefe für Wachstum und Liebe sein?« Don Andrea sagt auch, dass es nichts bringe, zu hart mit sich selbst zu sein. Und dass die wahre Gewissensforschung nicht aus einem endlosen Klagelied bestehe: »Wir müssen aufhören, uns zu beklagen. Wir müssen aufhören, andere zu beschimpfen oder uns geschlagen zu geben. Und vor allem müssen wir aufhören, uns selbst als unangebracht zu betrachten. Das können wir uns nicht erlauben.«

Hastig suche ich nach einem Stift und einem Blatt Papier. *Sich beklagen, auf andere schimpfen, sich geschlagen geben, unangebracht fühlen.* Ich habe das Gefühl, dass Don Andrea mich persönlich anspricht – wie oft habe ich mich schon beschwert, den Mut verloren. Er meint mich, denke ich, ganz bestimmt. Aber rührt meine Mutlosigkeit nicht genau daher, dass ich mich unangebracht, fehl am Platz fühle?

Don Andrea nennt als Beispiel eine Mutter, die zu ihm kam, um sich über ihren Sohn zu beschweren. Als er sah, dass die Dame nicht mehr die Jüngste war, fragte er sie, wie alt der ungehorsame Sohn denn sei. »Siebenunddreißig«, antwortete sie. Und Don Andrea sagte: »Signora, ihr Sohn ist ein erwachsener Mann. Vertrauen Sie ihm, er ist kein Kind mehr. Er hat das Recht, Fehler zu machen, und er braucht Ihr Vertrauen.«

Zehn Jahre lang habe ich den Gedanken an ein Kind zur Seite geschoben. Ich war nicht bereit, Mutter zu werden, ich hätte es nicht geschafft. Wie hätte ich mich um ein Kind kümmern sollen, wenn ich mich nicht einmal richtig um mich selbst kümmern konnte? Was hätte ich diesem Kind geben können? Schmerz und Verzweiflung? Hätte ich nicht meine Angst und meine Sorgen auf dieses Kind abgewälzt? Es benutzt, um die Leere in mir zu füllen? Und was hätte ich zu meiner Verteidigung sagen können, wenn dieses Kind eines Tages zu mir gekommen wäre, um mich für das Leben, das es sich nicht ausgesucht hatte, zur Rechenschaft zu ziehen?

Denn früher oder später wird ein Kind seine Eltern fragen, warum sie es in die Welt gesetzt haben. Was hätte ich meinem Kind dann geantwortet? Dass es Mamas große Liebe ist, ihre einzige Freude? Das Wichtigste auf Erden?

Das hat meine Mutter mir jedenfalls immer gesagt. Und hat es mir geholfen? Natürlich nicht. Was hatte ich schon davon, ihr Freude bereitet zu haben, wenn ich selbst nicht einmal mehr wusste, was das war, Freude.

Jahrelang, auch als ich schon in Frankreich lebte, habe ich alle Männer, mit denen ich zusammen war, irgendwann verlassen. Sobald die Frage nach Kindern aufkam, verliebte ich mich in einen anderen, fing wieder an, mich zu übergeben, oder dachte erneut an Selbstmord.

Ich floh.

Ich hatte ein Haus, eine Arbeit, einen Mann. Manchmal sogar mehr als einen – eine Zeit lang sammelte ich Männer wie Trophäen. Aber im Grunde waren sie alle gleich, ich vertraute keinem von ihnen. Ich hatte alles, außer Lebensfreude. Wie hätte ich ernsthaft darüber nachdenken können, ein Kind zu bekommen?

Auch als ich 2004 Jacques kennenlernte, wollte ich eigentlich nur sterben. Er war es, der mich abholte, nachdem ich eine Freundin unter Tränen angefleht hatte, mir zu helfen, und sie mich ins Krankenhaus Sainte-Anne gebracht hatte. Wir waren damals erst wenige Monate zusammen, er hätte mich fallen lassen und verschwinden können.

»Sie sollten Sie besser hierlassen«, sagte die Psychiaterin aus dem Sainte-Anne. »Es geht ihr gar nicht gut, sie könnte sich etwas antun.« Jacques war sofort gekommen, als das Krankenhaus ihn angerufen hatte. »Wenn Sie sich dafür entscheiden, sie mitzunehmen, dann muss ich Sie bitten, dieses Formular hier zu unterschreiben.«

Ich glaube nicht, dass Jacques sich darüber im Klaren war, was er tat, als er das Dokument zur Entlassung gegen ärztlichen Rat unterschrieb, dass er die Verantwortung für eine Verrückte übernahm, die sich umbringen wollte. Aber er hat es getan. Unbekümmert, unvorsichtig und großzügig. So ist

Jacques. Er ist wie ein Kind. Vielleicht hat er das Dokument deshalb ohne zu zögern unterschrieben, als ich ihn darum bat. Aber als wir das erste Mal über Kinder sprachen, hat er mich dann gefragt: »Glaubst du wirklich, dass du dich um ein Kind kümmern kannst?«

Einmal hat meine Mutter erzählt, dass Papa früher, als sie sich kennenlernten, beim Anblick des kleinsten Blutstropfens sofort ohnmächtig wurde.

»Und wie kommt es, dass dir Blut jetzt nichts mehr ausmacht?«, habe ich meinen Vater gefragt. Als mein Bruder und ich klein waren, hat er immer unsere Kratzer und Wunden gereinigt, er tränkte eine Baumwollkompresse mit Alkohol und wischte das Blut damit ab, ungeachtet unseres Geschreis. Beim Anblick des Blutes hat er nicht einmal mit der Wimper gezuckt.

»Ich bin zu einem Psychologen gegangen, und der hat mir gesagt, dass ich aufhören muss, mich um alles und jeden kümmern zu wollen, und stattdessen ein bisschen mehr an mich selbst denken soll. Und als ich wieder gegangen bin, war ich geheilt.«

Meine Mutter behauptet, dass der Psychologe meinem Vater auch eine Therapie empfohlen habe, aber dass mein Vater natürlich nicht auf ihn gehört und nie wieder hingegangen sei.

»Wozu hätte ich denn nochmal hingehen sollen? Ich bin schließlich nicht mehr in Ohnmacht gefallen.«

Diese Geschichte kam mir schon immer komisch vor, geradezu absurd. Was ist an diesem Tag bei dem Psychologen passiert? Hat er meinen Vater vielleicht hypnotisiert?

An all das muss ich denken, als ich die vielen Briefe lese, die mein Vater und seine Mutter sich zwischen 1962 und 1968 geschrieben haben, es müssen mehrere Hundert sein. Papa war zu jener Zeit in England und studierte am Churchill

College an der Universität Cambridge – damals gingen viele junge Wirtschaftswissenschaftler:innen nach Amerika oder England, um den Keynesianismus und Neokeynesianismus zu studieren. Mein Vater war in Cambridge gelandet, wo er erst den Bachelor und dann seinen Master in Wirtschaftswissenschaften machte. Er war stolz auf diese Erfolge, die es ihm erlaubten, zurück in Italien Karriere an der Uni zu machen.

Wieder und wieder lese ich die Korrespondenz zwischen Papa und Großmutter aus jenen Jahren und denke dabei an die Geschichte mit dem Blut. Es stimmt, dass sich mein Vater selbst aus dem Ausland um alles kümmerte. *Salvare il salvabile* – mein Vater versuchte verzweifelt, zu retten, was zu retten war. Und auch wenn er sich eigentlich nur seinem Studium widmen wollte, so kam er doch regelmäßig für die Weinlese und die Abrechnung mit den Bauern zurück nach Campi, er machte die Steuererklärung für seine Eltern und seine Schwester, er bezahlte die Lohnnebenkosten, er kontrollierte Angiulino Cassones Arbeit und regelte Arturos Angelegenheiten, der nach vier Jahren bezahltem Urlaub inzwischen in Rente und zum Ehrenmitglied des Kassationsgerichts ernannt worden war.

»Six o'clock, sir! It's time to wake up.«

»So ging das jedes Mal, wenn ich nach Hause fuhr«, erzählte mir Papa früher. »Ich habe am Flughafen geschlafen und um Punkt sechs Uhr stand ein Polizist vor mir und sagte, dass es Zeit sei, aufzustehen. Sie ließen nicht mit sich reden, es war sechs Uhr, und um sechs Uhr hat man in England aufzustehen.« Als kleines Mädchen starrte ich ihn mit großen Augen an: Armer Papa, dachte ich, muss ganz allein am Flughafen schlafen.

Er sagte: »Ich war dauernd auf Reisen, immer zwischen Campi, Rom und Cambridge unterwegs, eine wahre Zumutung. Ich stand um fünf Uhr morgens auf, und Angiulino brachte mich mit dem Auto zum Flughafen in Brindisi. Von Brindisi ging es dann nach Rom, von Rom nach London, von Heathrow nahm ich den Bus zur Victoria Station und von der Victoria Station die U-Bahn zur Liverpool Street Station, von wo mein Zug nach Cambridge fuhr. Zum Glück gab es Angiulino. Er machte alles, worum ich ihn bat, er liebte mich wie einen eigenen Sohn.«

Als ich älter wurde und selbst viel reiste, beeindruckte mich seine Geschichte nicht mehr so. Mir wurde klar, dass mein Vater sie übertrieben, ausgeschmückt und aufgebauscht hatte. Und als er eines Tages wieder davon anfing, in der Zeit, als ich Abgeordnete im italienischen Parlament war und jeden Dienstagmorgen das Flugzeug von Paris nach Rom nahm, um am Freitagnachmittag wieder zurückzufliegen – meine acht Stunden Unterricht an der Uni Paris hatte ich alle in den Montag gequetscht –, da riss mir der Geduldsfaden: »Du bist an Weihnachten, Ostern und im August zurück nach Italien gefahren, Papa. Das nennst du eine Zumutung? Und dann diese Geschichte mit Angiulino! Ja, er war ein guter Kerl, aber er war auch dein Untergebener. Er hat dich Don Ferruccio genannt und hätte es niemals gewagt, dir zu widersprechen.«

Mein Vater hat schon immer gern übertrieben. Trotzdem lastete die Verantwortung für seine Familie schwer auf seinen Schultern, das stimmt, und seine Mutter ließ keine Gelegenheit aus, um ihm Vorwürfe zu machen. Jetzt, wo ich all die Briefe gelesen habe, die mein Vater zwischen 1962 und 1968 geschrieben und empfangen hat, verstehe ich vieles besser, zum Beispiel seine Blut-Phobie und das Bedürfnis, sich von der Last der anderen zu befreien. Auch wenn ich glaube, dass mein Vater sich vor diesem Symptom, das er möglicherweise ein bisschen zu schnell loswurde, in eine andere, verrückte und paranoide Parallelwelt geflüchtet hat.

Ende des Jahres 1967, als mein Vater sich in meine Mutter verliebte, eine junge Frau aus Tarent, deren Familie Rosetta als »viel zu bescheiden« abtat, verschlimmerten sich die Dinge. *Sei unbesorgt*, schreibt mein Vater seiner Mutter im April 1968, nachdem sie ihm eine lange Liste an Vorwürfen und Anschuldigungen geschickt hatte. *Ich bin immer noch derselbe, mein Wohlwollen und meine Zuneigung zu dir verschwinden nicht einfach.*

Ein paar Wochen später muss mein Vater sich erneut rechtfertigen. Anscheinend hat seine Mutter sich darüber beschwert, dass Mama keine Mitgift mitbrachte. *Das ist mir egal, ich bin ein gebildeter, moderner Mann, und ich liebe Paola [...]. Wenn du unbedingt etwas aushandeln möchtest, kannst du natürlich mit ihrer Mutter sprechen. Aber bitte pass auf, dass Paola nichts davon mitbekommt, es würde ihr wehtun, und ich möchte nicht, dass sie leidet.* Ich kann es nicht fassen. Eine Mitgift, das ist doch völlig absurd. Ende der Sechzigerjahre erhebt meine Großmutter ernsthaft Einspruch, weil ihre zukünftige Schwiegertochter keine Mitgift hat? Ich lese den Brief noch einmal, ich bin hin- und hergerissen zwischen Wut auf Papas Familie – die höchstwahrscheinlich für eine große Anzahl an Streits und Spannungen zwischen meinen Eltern verantwortlich ist – und einer neu erwachten Zuneigung zu meinem Vater, dem seine Verlobte so viel bedeutete, dass er sich für sie sogar gegen seine Familie stellte. Warum hat er sich danach so von ihr distanziert? Warum ist ihre Beziehung so in die Brüche gegangen? Warum hat sich mein Vater, der in den USA und England mit den besten italienischen Wirtschaftsexpert:innen seiner Zeit studiert hatte, zurückgezogen und in seiner eigenen kleinen Welt verschlossen?

Am 20. August 2020 sind wir alle in Campi: meine Eltern, Arturo, Matteo, Jacopo, Jacques und ich. Es ist mein fünfzigster Geburtstag und meine Nieren schmerzen. »Wahrscheinlich ist mir auch alles zu viel«, sage ich zu Jacques, der findet, dass viel zu viele Leute im Haus sind. Die Stimmung ist zum Ersticken – Papas Launen, Jacopo, der rund um die Uhr Aufmerksamkeit braucht, Mama, die tausend Dinge machen will, aber mittlerweile zu alt dafür ist, und ich selbst, die arbeiten muss, aber gleichzeitig eine gute Tante und perfekte Tochter sein will.

Der kleine Jacopo dagegen entdeckt die Welt. Er beobachtet, berührt und probiert alles. Er liebt Wasser, und seine Lieblingsbeschäftigung ist Baden. Gestern habe zum ersten Mal ich ihn gebadet. Hinterher war das Badezimmer überschwemmt und ich von Kopf bis Fuß durchnässt, aber: »Findest du nicht auch, dass es wunderbar ist, mit einem Kind zu spielen, Jacques?«

Wenn ich sehe, wie Jacopo seine beiden Papas ansieht, zieht mein Herz sich zusammen. Niemand wird mich je so ansehen. Nur Kinder können das. Aber bekommt man deshalb Kinder? Damit sie einem etwas geben? Bekommt man nicht im Gegenteil Kinder, um ihnen etwas zu geben? Und überhaupt, was hat man schon zu geben? Das, was ein Kind braucht, oder das, was wir als Kinder vielleicht gebraucht hätten?

Anfang September werde ich zurück nach Paris fahren, ich weiß nicht, wann ich meinen Neffen wiedersehen werde, wahrscheinlich wird er seine Tante vergessen, mein Gesicht wird nur noch eines von vielen sein, das ihm vom Handy- oder Computerbildschirm entgegenblickt, eine Stimme unter vielen, eine Fremde, die »mein Schatz« sagt, aber trotzdem eine Fremde bleibt, ohne Kontakt keine Zuneigung und ohne Zuneigung kein Wiedererkennen: Kleine Kinder vergessen dich und löschen dich aus ihrem Gedächtnis.

Ich puste meine Geburtstagskerzen aus, wünsche mir aber nichts. Wenn ich ehrlich bin, wünsche ich mir, dass mich auch jemand so ansieht, wie Jacopo meinen Bruder und Matteo ansieht. Aber wollte mein Bruder deshalb ein Kind? Und wenn ja, warum habe ich dann keines?

Ich denke: Wenn ich ein Kind hätte, würde es mir sicher weniger schlecht gehen, wenn ich ein Kind hätte, würde es mir gutgehen, vielleicht geht es mir nicht gut, weil ich kein Kind habe.

Dann stelle ich fest, dass mein Gedankengang nicht schlüssig ist: Er ist ein Sophismus. Nichts stimmt, weder die Syntax noch die Logik, er ist sogar vollkommen unlogisch. Ich sollte mich schämen, dass ich auch nur eine Sekunde lang geglaubt habe, diese verworrenen Gedanken seien kohärent. *Parole in libertà*, »befreite Wörter«, wie mein Vater sagen würde: »Warum versuchst du nicht, dich selbst ins Englische zu übersetzen. Wenn deine Übersetzung Sinn ergibt, dann ergibt auch das, was du auf Italienisch sagst, Sinn, oder aber du hast den Beweis dafür, dass deine Aussage unlogisch ist und du deine Gedanken neu ordnen musst.«

Ich denke: Ich brauche ein Kind. *I need a baby.* Dieses Mal funktioniert er: kein Widerspruch, keine Unstimmigkeit, der Satz ergibt in beiden Sprachen Sinn. Aber stimmt er deshalb?

Brauche ich wirklich ein Kind? Ist es tatsächlich ein Kind, das mir fehlt, oder würde mir auch mit Kind etwas fehlen?

Jacques meint, dass ich, auch wenn ich ein Kind hätte, unzufrieden und unglücklich wäre. »Es wäre sogar noch schlimmer«, sagt er. »Du hättest dauernd Schuldgefühle. Entweder, weil du arbeitest und deshalb nicht bei deinem Kind bist, oder aber, weil du dich um dein Kind kümmerst und deshalb nicht arbeitest. Ein echter Albtraum.«

»Bist du dir auch ganz sicher?«, hat mich Jacques vor ungefähr zehn Jahren gefragt. Ich war überzeugt. Ich wollte ein Kind.

»Glaubst du wirklich, dass man sich bei dieser Frage *ganz sicher* sein kann?«

»Wir sprechen von einem Kind. Das ist nichts, was man hinterher bereuen kann.«

»Deiner Meinung nach sind sich also alle, die Eltern werden, zu hundert Prozent sicher, dass sie ihre Entscheidung niemals bereuen werden und dass sie zum richtigen Zeitpunkt die richtige Entscheidung treffen? Oder muss nur ich mir *ganz sicher* sein? Warst du dir *ganz sicher*, als du Alice und Rodolphe bekommen hast?«

Bist du ganz sicher, dass du das kannst?
Bist du ganz sicher, dass du dem gewachsen bist?
Bist du ganz sicher, dass du dann glücklicher bist?

Ich denke: Wenn ich ein Kind hätte, könnte ich nicht mehr aufhören, es anzusehen, ich könnte es keine Sekunde aus meinem Gedächtnis löschen, ich würde es nicht beurteilen, sondern es so lieben, wie es ist, einfach weil es mein Kind ist, nichts könnte uns trennen, eine bedingungslose Liebe und damit basta.

Ich denke: Wenn ich ein Kind hätte, würde ich es vermutlich in den Wahnsinn treiben.

Ich denke: Ich müsste es vor mir und meinem Wahnsinn beschützen.

Ich denke: Ich wäre keine gute Mutter.

Ich weiß nicht, ob mein Gedankengang diesmal schlüssig ist, aber es ist mir egal. Ungeachtet der Tatsache, dass ich auch heute noch viel zu hart zu mir selbst bin: Wenn ich kein Kind habe, liegt das dann nicht genau an dieser Angst, meinem Kind mehr zu schaden, als ihm Gutes zu tun?

Die Angst, meinem Kind das anzutun, worunter ich selbst gelitten habe, oder aber das genaue Gegenteil davon zu tun und es trotzdem falsch zu machen. »Das habe ich nicht verdient«, sagte Papa, wenn ich meine Wut an ihm ausließ. »Das habe ich nicht verdient«, sage ich manchmal zu Jacques, wenn er mich ignoriert. Aber ist die Liebe etwas, das man verdienen kann? Hätte ich meinem Kind so etwas beigebracht?

Die Angst, sich am Leben rächen zu wollen – auch wenn ein Kind keine Rache sein kann, so kann es vielleicht eine Art Deal mit der Zukunft sein. Und wenn ich diesen Deal in der Zukunft nicht einhalten kann? Wenn mein Kind irgendwann dafür bezahlen muss? Wenn ich ihm eine nie enden wollende Schuld hinterlasse?

Ich sehe Arturo dabei zu, wie er Jacopo ansieht.

Und ich sehe all die Liebe, die Arturo sich von seinem eigenen Vater gewünscht hätte. Aber ist es wirklich das, was Jacopo braucht? Ist es das, was mein Neffe will?

Indem man ein Kind liebt, wie man selbst geliebt werden wollte, gibt man etwas, das man selbst nicht hat und das der andere nicht will. So erklärt es Jacques Lacan, der zwar damit die Liebe verurteilt, aber sicher irgendwo recht hat, vielleicht geht es uns im Grunde allen so. Ist die Liebe zu einem

Kind nicht immer egoistisch, ist sie nicht immer dazu da, um unsere eigene Geschichte zu flicken, unser eigenes Unglück zu lindern? Wäre es daher nicht besser, darauf zu verzichten, Eltern zu werden?

»Wer ist Bice Serafini, Papa?«

»Ich weiß nicht, warum fragst du?«

»Der Name steht in meinen Notizen zu Arturo, und ich dachte, vielleicht habe ich ihn ja von dir.« Das stimmt nicht. Es war nicht Papa, der mir von Bice erzählt hat, das weiß ich genau, ich bin ganz allein auf den Namen gestoßen, als ich in den Familiendokumenten wühlte. Aber ich wollte Papas Reaktion sehen, wenn er den Namen hört.

»Ich glaube nicht, dass du die Spur weiterverfolgen musst, wenn ich den Namen nicht kenne, kann es niemand Wichtiges gewesen sein.« Im Gegensatz zu mir scheint mein Vater ehrlich zu antworten, anscheinend weiß er wirklich nicht, wer Bice ist. Auch wenn ich nicht in seinen Augen lesen kann, weil wir uns am Telefon unterhalten, klingt seine Stimme doch aufrichtig.

Akte Nr. 35: Briefwechsel Bice – Arturo

Als ich die Briefe entdeckte, die mein Großvater und Beatrice Serafini – die zu der Zeit, als mein Großvater in Rom war, in einer Apotheke auf der Piazza della Lucina arbeitete – sich geschrieben haben, habe ich nicht gleich verstanden, worum es sich handelte. Ich habe nach einem Detail gesucht, einem Wort, einem Zeichen, nach irgendetwas, das diesen vergilbten Umschlag voller Briefe erklärte, auf dem nichts weiter stand als: *Briefe.*

Ich musste die Unterhaltung zwischen den beiden mehrmals lesen, bis ich es schließlich eingesehen habe: Zwischen

Dezember 1933 und August 1934, in dem Jahr, in dem Arturo auf Wunsch des Justizministeriums in der Hauptstadt arbeitete, hat Arturo seine Frau betrogen.

Campi, 5. September 1934: [...] bitte verwahre unsere Briefe an einem sicheren Ort bei dir zu Hause, trage sie auf keinen Fall in deiner Handtasche mit dir herum, wir müssen aufpassen, die Leute sind neugierig, und die meisten sind voller böser Absichten. Du musst vorsichtig sein und darfst niemandem etwas von uns erzählen, ich weiß, das habe ich dir schon einmal gesagt, nun schreibe ich es dir. In einer so ernsten Angelegenheit kann man gar nicht vorsichtig genug sein. Auch, dass Reden Silber und Schweigen Gold ist, habe ich wohl schon mehrmals gesagt [...]. Denk an mich, so wie ich an dich denke, und schreibe mir, meine liebste, schönste Bice, erzähle mir alles. Ich schicke dir Hunderte von Küssen, dieselben Küsse, die ich dir gegeben habe, wenn wir zusammen waren, die du so gut kennst.

Das ist Großvaters erster Brief an Bice. Er ist gerade erst wieder nach Campi zurückgekehrt, Rosa ist hochschwanger. In Rom war Arturo glücklich, seine Karriere schien vielversprechend, trotzdem ist er den Bitten seiner Frau nachgekommen. *Fortan gibt es keinen Grund mehr, warum du in Rom bleiben solltest,* hatte Rosa geschrieben, *du wirst Vater und dein Platz ist hier bei mir, bei uns in Campi.* Er ist der Stimme seines Gewissens gefolgt. Bice fehlt ihm furchtbar. Aber diese Geschichte darf auf keinen Fall herauskommen, nicht jetzt, wo er gerade Vater wird: *Reden ist Silber, Schweigen ist Gold.* Ich muss lächeln, als ich diesen Satz lese, ich weiß nicht, wie oft ich ihn schon aus dem Mund meines Vaters gehört habe. Auch wenn er ihn häufig dazu benutzt hat, um meine Mutter zum Schweigen zu bringen, die seiner Meinung nach viel zu viel und vor allem Unsinn redet, sie täte besser daran, gar nichts zu sagen. Mein Lächeln hat einen bitteren Beigeschmack. Auch deshalb, weil ich manchmal dasselbe zu Jacques sage und nun ein schlechtes Gewissen bekomme, als ich diese Worte in Großvaters Brief lese.

Rom, 7. September 1934: [...] Du kannst dir nicht vorstellen, wie sehr dein Weggang mich schmerzt, wie allein ich mich fühle. Plötzlich weiß ich nicht mehr, wohin ich gehen oder was ich tun soll, ich beobachte mich selbst dabei, wie ich meine alltäglichen Aufgaben ausführe, mechanisch und distanziert. Ich dachte, dass ich mittlerweile immun sei gegen die Liebe, aber die Wahrheit ist, dass niemand sein Herz wirklich kennt [...]. Ich weiß nicht, ob du mir schreiben kannst, jedenfalls würde mich ein Brief von dir sehr freuen. Die Leere, die du hinterlassen hast, scheint mir unerträglich.

Die Briefumschläge im Inneren des vergilbten Umschlags sind chronologisch geordnet und nummeriert. Aber warum hat Arturo nicht nur die Briefe seiner Geliebten, sondern auch seine eigenen? Wie ist er an sie herangekommen? Hat Bice sie ihm eines Tages zurückgegeben? Oder hat er sie sich selbst geholt?

Ich frage Jacques, was er davon hält. Aber der scheint die Sache nur mäßig spannend zu finden. Er sagt: »Ach, das ist doch eine vollkommen belanglose Geschichte, von denen gibt es Tausende. Bist du dir sicher, dass du in deinem Buch darüber schreiben willst?«

Campi, 11. September 1934: [...] Auch ich denke aus der Ferne an dich, geliebte Bice, und wenn die Uhr 12:35 Uhr oder 21:20 Uhr schlägt, wünsche ich mich nach Rom. Die Erinnerung an deine herzliche und liebevolle Gesellschaft lässt mir das Herz schwer werden und stimmt mich traurig. Dein Foto habe ich erhalten, ich danke dir vielmals. Ich habe es wieder und wieder angesehen, wohl mindestens eine Million Mal, bis dein Bild sich vor meinen mit Liebe und Zärtlichkeit gefüllten Augen vom Papier abgehoben hat. Meine Erinnerungen an dich sind voller Zuneigung [...]. Ich werde dir immer schreiben, und auch du musst mir schreiben, liebste Bice. Im Oktober komme ich nach Rom, wie ich es versprochen habe, und dann können wir vier oder fünf gemeinsame Tage verbringen. Das Taschentuch, mit dem du deinen Lippenstift abgetupft und deine Tränen getrocknet hast, bewahre ich sicher in einem versiegelten Umschlag auf, den ich mit nach Rom bringe, wenn es so weit ist. [...] Ich küsse dich zärtlich und voller Hingabe.

Nicht einmal dieses Taschentuch, das sorgsam gefaltet und in Seidenpapier geschlagen zwischen den Briefen steckte, konnte mich anfangs davon überzeugen, dass mein Großvater tatsächlich eine Geliebte hatte. Im Gegenteil, ich habe das Stück Stoff aus seinem Umschlag gezogen, es auseinandergefaltet, um zu sehen, ob etwas darin verborgen war, und es dann auf den Boden fallen lassen, genervt, dass es mir ein weiteres Rätsel aufgab.

Aber jetzt gibt es keinen Zweifel mehr. Die Geschichte zwischen Bice und meinem Großvater war mehr als ein kurzes Abenteuer. Aber warum hat nie jemand von dieser jungen Frau erfahren?

Rom, 12. September 1934: [...] Ich danke dir, dass du so zuvorkommend und aufmerksam bist, mein Schatz. Und vor allem danke ich dir für die unermessliche Freude, dich lieben zu dürfen. Ich bin so froh, dass du allein meine Gedanken beherrschst, zu jeder Stunde, in jedem Augenblick. Ich lebe in der ständigen und unerträglichen Erwartung, dich endlich wiederzusehen. [...] Bitte glaube und vertraue mir, wenn ich sage, dass ich alles tun würde, um dich nicht zu verlieren. [...] Mama bittet darum, dass ich dir ihre besten Grüße ausrichte, und ich selbst schicke dir lange Küsse voller Liebe.

Ich suche Großvaters Antwort auf diesen Brief, kann sie aber nirgends finden. Dann fällt mir ein, dass der 14. September 1934 der Geburtstag von meiner Tante war, Papas Schwester. Wahrscheinlich wusste Bice, dass Arturos Tochter bald auf die Welt kommen würde. Wahrscheinlich hat Arturo ihr erzählt, dass er sich deshalb nach Lecce versetzen ließ. Wahrscheinlich haben die beiden darüber gesprochen, und Bice hat verständnisvoll reagiert. Aber wie ging es ihr damit wirklich? War sie eifersüchtig? Besorgt? Was dachte sie über diese Tochter, die nach fast sieben Jahren Ehe geboren wurde, just in dem Augenblick, als sie und Arturo so glücklich miteinander waren?

Rom, 14. September 1934: [...] Deine Briefe erfüllen mich mit Zärtlichkeit und Freude, sie bringen mich zurück in eine hoffnungsvolle Zeit, in der wir uns auf jeden Tag gefreut haben. Wenn die Geschichte mit dem Taschentuch wahr ist, dann ist es der kleine Junge mit der kurzen Hose und seinen Schulbüchern, der mir schreibt, und nicht der starke Kerl, der mich so oft zum Beben gebracht hat. Ein braver und freundlicher Junge, den ich nicht vergessen kann und den ich so gern bei mir hätte, ganz nah, um ihn zu liebkosen, zu küssen und ihm zu sagen, wie sehr ich ihn liebe!

Ich reagiere genauso überrascht wie Beatrice: Was ist nur in meinen Großvater gefahren?

Wenn Arturo eine Romanfigur wäre und ich ihn erfunden

hätte, dann würden kritische Stimmen sicher sagen, dass er nicht glaubwürdig, nicht kohärent sei und die Geschichte mit dem Taschentuch überhaupt nicht zu dem Mann passe, der nicht nur Squadrista war, sondern auch am Marsch auf Rom teilgenommen hat. Aber Arturo ist keine fiktive Figur, und weil er dem echten Leben entspringt, muss er nicht kohärent sein, wie die meisten von uns hat auch er seine Widersprüche und Unstimmigkeiten. »Ich ist ein Anderer«, schrieb Rimbaud. Es ist nicht immer leicht, mit diesem anderen Ich zusammenzuleben.

Campi, 17. September 1934: […] Meine teure, schöne Bice, du hast mich zum Lachen gebracht, ich habe mir mich selbst in meiner kurzen Hose vorgestellt, mit der Schulmappe unter dem Arm. Auch wenn die Geschichte mit dem Taschentuch, wie du es nennst, keine Geschichte ist. Ich glaube, ich habe es dir in unseren gemeinsamen Momenten oft gesagt, geliebte Bice: Solange das Herz liebt, bleibt es jung. Bice … Beim Klang deines Namens höre ich das Klatschen wilder Küsse, stürmisch und überbordend vor Liebe und Leidenschaft. Und seit Kurzem ist mir dein Name noch näher, noch teurer, denn ich habe ihn meiner Tochter gegeben, sie trägt ihn an fünfter Stelle. In den Stunden der Geburt habe ich vor Emotionen gebebt. Aber mein Zittern wurde mit einer wundervollen Tochter belohnt. Meine kleine Rosaria Giulia Giuseppina Rosetta Beatrice beschert mir Augenblicke unermesslicher, unvergleichlicher Liebe. Wenn du nur sehen könntest, wie schön sie ist! Und ich habe mein Versprechen gehalten: Der fünfte Teil ihres Namens ist dir gewidmet. […] Sei versichert: Ich habe mich nicht verändert, ich bin immer noch derselbe wie in Rom. […] Schreib mir, falls du irgendetwas brauchst […]. Sicher fragst du dich, ob es Neuigkeiten zu meinem Besuch im Oktober gibt: Die Aussichten sind gut, dass ich bald

zum Parteisekretär ernannt werde. Falls es so kommen sollte,
werden wir uns wieder öfter sehen, ich wäre dann alle zwei
Wochen in Rom. Ich wünsche es mir von ganzem Herzen,
weil ich weiß, dass auch du es dir wünschst.

Seit Stunden bin ich in die Lektüre dieser Briefe vertieft, ich
habe alles um mich herum vergessen, die Zeit, meinen Mann.
Aber nach diesem Brief hier ist Schluss, ich beeile mich, zu
Jacques zu kommen.

»Jacques, Arturo hat seine Tochter nach seiner Geliebten
benannt!«

»Hieß deine Tante nicht Rosaria?«

»Doch, aber sie hatte mehrere Vornamen.« Genau wie
mein Vater nicht nur Ferruccio heißt, sondern Ferruccio
Michele Arturo Vittorio Benito, hieß meine Tante Rosaria
Giulia Giuseppina Rosetta Beatrice. Rosaria wegen des Ge-
bets, das ihre Mutter an die Jungfrau Maria vom Rosenkranz
gerichtet hatte; Giulia wie Arturos Mutter, Giuseppina wie
die Mutter ihrer Mutter, Rosetta wie ihre eigene Mutter und
Beatrice wie Beatrice Serafini, die Geliebte meines Großvaters. »Was meinst du, wie Arturo diesen Namen seiner
Frau erklärt hat? Was hat er ihr gesagt? Hat er gelogen? Hat
er sich etwas ausgedacht? Klar, Beatrice stand nur an fünfter Stelle, aber wenn man sich überlegt, dass mein Vater mit
fünftem Namen Benito heißt … Ob meine Tante wohl jemals
die Wahrheit über ihren Namen erfahren hat?«

Rom, 21. September 1934: […] Eine Woche ist seit der Geburt
deiner Tochter vergangen, sicher bist du vor Stolz und Freude
immer noch außer dir. Dass du deiner Tochter meinen Na-
men gegeben hast, hat mich berührt, und ich hoffe, dass er ihr
Glück bringen wird. Ich danke dir von ganzem Herzen für
diese Ehre. So habe ich das Gefühl, dass die Kleine auch ein

wenig zu mir gehört, und mein Herz ist voller Zärtlichkeit,
wenn ich ihr wünsche, dass ihre schönen Augen ein Leben
lang nur Freude erblicken mögen. [...]. Mir wurde eine Stelle
in einer Apotheke außerhalb von Rom angeboten, aber noch
ist nichts entschieden. Am besten treffen wir die Entscheidung
wohl gemeinsam, sobald wir wieder zusammen sind und uns
von Angesicht zu Angesicht unterhalten können. Ich hoffe so
sehr, dass ich dich bald küssen, noch einmal jene Augenblicke
erleben kann, nach denen ich mich so verzehre, vor allem
nach den Abendstunden, wenn der Mond, der uns bei un-
seren zärtlichen Erkundungen so treu begleitet und mir von
dem winzigen Stück Himmel, das man vom Zimmer sehen
konnte, zugelächelt hat [...]. Einen lieben Gruß an die kleine
Rosaria und viele, viele Küsse für dich.

Ich tippe die Briefe Wort für Wort ab. Manchmal sitze ich
eine Viertelstunde lang da und versuche, Großvaters oder
Bices Schrift zu entziffern, ich komme nicht weiter, die Minuten verstreichen, ich habe das Gefühl, kostbare Zeit zu
verlieren, und Panik steigt in mir auf. Aber ist es wirklich die
verstreichende Zeit, die mir solche Angst einjagt?

Ich wage mich immer weiter in die verborgensten Winkel
von Großvaters Leben vor, ich decke Geheimnisse und Lügen auf, von denen er sicher dachte, dass er sie mit ins Grab
nehmen würde. Aber warum hat Arturo diese Briefe dann
aufbewahrt? Wollte er sie entsorgen, und der Schlaganfall
ist ihm dazwischengekommen? Oder hat er Bice wieder-
gesehen, wenn er wegen seiner Arbeit als Abgeordneter nach
Rom zurückgekehrt ist?

Campi, 25. September 1934: [...] Vielen Dank für die guten
Wünsche für meine liebste, schönste Rosaria – ein weiterer
Beweis für deine Großherzigkeit [...]. Kannst du dir die

Freude, das Glück und die Zärtlichkeit vorstellen, die dieses
kleine Wesen in mir ausgelöst hat, liebe Bice – du, die du
meine Seele so gut kennst? Seit nunmehr zwölf Tagen erfüllt
ein zartes Wimmern mein Haus, das man unmöglich Weinen
nennen kann, vielmehr ist es ein Appell an die väterliche
Liebe. Sie nimmt mich vollkommen ein, ich gehe darin auf,
mich um meine kleine Tochter zu kümmern, deren fünfter
Name die unsterbliche Erinnerung an etwas trägt, das nie nur
ein einfaches Abenteuer war, sondern eine offene Klammer
in meinem Leben ist. Ich wiege sie in den Schlaf und summe
dabei unsere schönsten Lieder im Dialekt – in Erinnerung
an vergangene Zeiten voller Liebe, Herzlichkeit und Hoff-
nung. Wenn sie eingeschlafen ist, bette ich sie behutsam neben
ihre Mutter – der ich dieses süße, neue Leben zu verdanken
habe –, ich betrachte meine Tochter, und sie erscheint mir von
Mal zu Mal kostbarer, schöner, lieblicher [...]. Aller Voraus-
sicht nach komme ich am 10. Oktober in Rom an, auch ich
muss dich unbedingt wiedersehen, mit dir sprechen, dich
küssen, dich an mich drücken, wie damals in unseren Liebes-
nächten, die uns so viel Kraft und Leben geschenkt haben,
eine wahre Wonne der Lust und Liebe [...]. Ich schicke dir
unzählige leidenschaftliche Küsse.

Millionen Fragen schießen mir durch den Kopf. Und diesmal gibt es keine Hoffnung auf Antworten. Ich muss an ein
Buch von Pierre Drieu la Rochelle denken, das ich vor einigen Jahren gelesen habe und genial finde, auch wenn ich
alles hasse, wofür dieser rechte Intellektuelle sonst steht. Gekonnt beschreibt der französische Schriftsteller in *Journal*
d'un homme trompé, dem »Tagebuch eines betrogenen Mannes«, »Nellys geschäftige Tage zwischen mir, Jacques und
dem anderen«. Ich denke an das Leid dieses Mannes, dessen
Geliebte »den anderen gegen zwölf Uhr verließ, mit Jacques

zu Mittag aß und dann mit mir schlief.« Aber welchen der drei Männer liebt Nelly wirklich, frage ich mich. Wer wird in dieser Geschichte von vorn bis hinten betrogen?

Damals habe ich mir gesagt, dass uns vielleicht gerade die Komplexität einer Affäre das Gefühl gibt, ganz zu sein und alles zu haben, und dass es uns nur durch mehrere Beziehungen gelingt, Frieden mit uns selbst zu schließen, zu akzeptieren, was uns eine andere Person nicht geben kann – nicht, weil diese Person nicht die richtige für uns ist, sondern weil sie in Bezug auf unsere Bedürfnisse und Wünsche einfach »anders« ist. Wir überzeugen uns selbst davon, dass nur mehrere Geliebte die Leere in uns füllen können. Dabei vergessen wir, dass wir das, was wir der einen Person geben, der anderen vorenthalten.

Aber gilt das auch für Arturo? Brauchte er die Leidenschaft mit Bice auf der einen und das alltägliche Leben mit Rosetta auf der anderen Seite, oder hat er sich selbst belogen?

Campi, 4. Oktober 1934: [...] Meine liebste Bice, ungeduldig erwarte ich den Tag, an dem ich nach Rom fahren und dich sehen werde. Ein Monat ist vergangen, seitdem wir uns voneinander verabschieden mussten, aber in meinen Gedanken bist du allgegenwärtig, unersetzbar, meine Liebe zu dir ist immer noch dieselbe. Schreibe mir, geize nicht mit Neuigkeiten, die ich mit Ungeduld und Sehnsucht erwarte [...]. Ich schicke dir bergeweise Küsse voller Liebe und glühender Leidenschaft.

Die Briefe fesseln mich, wie Filme mich fesseln – obwohl ich mir wirklich Mühe gebe, nichts zu sagen und vor allem nicht zu weinen, breche ich bei jedem Film früher oder später in Tränen aus, was Jacques furchtbar nervt: »Jetzt komm schon, das ist doch nur ein Film, hör auf zu heulen.«

Aber das hier ist kein Film, es ist die Geschichte meines Großvaters. Und meine Gefühle beim Lesen sind so stark, dass Arturos Sehnsucht zu meiner Sehnsucht wird. Irgendwann stelle ich fest, dass ich mich nach und nach auf Beatrice' Seite geschlagen habe, ich frage mich: Wann fährst du endlich nach Rom, Großvater? Du weißt doch, dass Bice auf dich wartet, du kannst ihr nicht immerzu schreiben, dass du bald kommst, und es dann nicht tun. Und hast du nicht gesagt, dass du Parteisekretär werden und alle zwei Wochen nach Rom fahren würdest?

Rom, 5. Oktober 1934: [...] Ich bin zutiefst ergriffen, wenn ich an die Zärtlichkeit denke, mit der du von deiner Tochter sprichst, ich suche nach einer geeigneten Antwort, finde aber nicht die passenden Worte. Das Geheimnis dieser Wiedergeburt ist zu groß, zu unergründlich, als dass ich es in Gänze erfassen könnte; ich vertraue darauf, dass du die Aufrichtigkeit meiner Seele kennst, dass du weißt, wie tief ich dir verbunden bin und dass ich deine Freude und dein Glück teile. Welch wunderbare Nachricht, dass du schon bald nach Rom kommst, ich träume unentwegt von dem Tag, an dem ich dich endlich wiedersehe, an dem ich mit dir sprechen und wir noch einmal solch glückliche Stunden erleben dürfen wie die, deren Erinnerung ich so sorgsam hüte. Aber wird dir unser Treffen nicht furchtbare Schuldgefühle bereiten? Scheint es dir nicht ganz und gar unmöglich, deine Tochter allein zu lassen, selbst für wenige Tage? Sei gewiss, dass sich hinter diesen Fragen nichts als aufrichtiges Mitgefühl verbirgt. Und ich wünsche mir, dass auch du ehrlich und offen antwortest, denn ohne Ehrlichkeit können Gefühle nicht gedeihen ... antworte mir schnell ... und liebe mich.

Woher nehme ich das Recht, diese Geheimnisse aufzudecken? Wem steht die Wahrheit zu und wem nicht? Wer verrät hier wen? Mein Großvater seine Frau und seine Familie mit einer Affäre, von der er zwar nie jemandem erzählt, deren Andenken – bis hin zu dem Baumwolltaschentuch – er aber all die Jahre bewahrt hat? Oder ich, die ich weiß, dass Arturo der Meinung war, man müsse vergeben und vergessen, und die ich dennoch gerade seine Geschichte ausgrabe, auf der Suche nach einer Wahrheit, die es vielleicht nie gab?

Campi, 10. Oktober 1934: [...] Bald hat dein Warten ein Ende, es ist nur noch eine Frage weniger Tage. Ich werde dir ein Telegramm schicken, wenn es so weit ist, und warte auf deine Bestätigung, bevor ich aufbreche. In Ordnung? Und dann werde ich dich in die Arme schließen und mit Küssen bedecken. Um den Rückstand wieder aufzuholen, braucht es wohl mindestens tausend Küsse, und um eine Reserve für die Zukunft anzulegen, bekommst du noch viele mehr [...]. Ich leugne nicht, dass ich in meiner Abwesenheit die Stimme meiner kleinen Rosaria hören werde, die nach mir ruft, aber ich bin mir sicher, dass ich in deiner Gesellschaft, geliebte Bice, ein paar Tage widerstehen kann [...]. Mach dich gefasst darauf, so viele Küsse zu empfangen, dass du mit dem Zählen gar nicht mehr nachkommst.

Ich denke an das Buch *Die unerträgliche Leichtigkeit des Seins*. Ich denke an Tomas' wiederholte Affären. An Teresas tiefen Schmerz. Trotzdem ist Teresa für Tomas unersetzlich: Sie ist die einzige Frau, die sein »poetisches Gedächtnis« bevölkert. Sie ist einzigartig, weil Thomas nur neben ihr einschlafen möchte: »Liebe äußert sich nicht im Verlangen nach dem Liebesakt (dieses Verlangen betrifft unzählige Frauen), sondern im Verlangen nach dem gemeinsamen Schlaf (dieses

Verlangen betrifft nur eine einzige Frau).« Und du, Großvater? Neben wem wolltest du einschlafen? Neben der Mutter deiner Tochter oder neben Bice? Oder waren weder Bice
noch Rosetta für dich einzigartig?

*Rom, 20. Oktober 1934: Du bist nicht gekommen und du hast
auch nicht geschrieben. Was ist passiert? Bitte lass mich nicht
zu lange ohne Neuigkeiten, du kannst dir nicht vorstellen,
wie sehr dein Schweigen mich beunruhigt.*

Ich wusste es, denke ich, während ich vergebens nach einem
Brief oder einer Karte von meinem Großvater suche. Es
stimmt einfach nicht, dass Zeit und Entfernung Gefühlen
nichts anhaben können. Jetzt, da Arturo Vater ist, hat er die
arme Bice völlig vergessen. Bedeutet das, dass die Liebe zu
einem Kind größer ist als die für einen Mann oder eine Frau?
Oder kann man diese Gefühle nicht miteinander vergleichen?
Und wenn man sich entscheiden muss?
      Dann fällt mir wieder ein, dass immer noch nicht klar ist,
ob Großvater nun zum Sekretär der faschistischen Partei ernannt wurde oder nicht – irgendetwas stimmt da nicht.

*Campi, 24. Oktober 1934: Ich weiß nicht, welche Gründe
du dir für mein Schweigen ausgemalt hast, liebe Bice, aber
ich hoffe, dass du nicht eine Sekunde lang geglaubt hast, ich
hätte dich vergessen. Tatsächlich war eine Unpässlichkeit
der Grund für mein langes Schweigen, mehrere Tage war
ich ans Bett gefesselt. [...] Ich danke dir für deine Liebes-
bekundungen, die für mich ein Beweis für die Reinheit deiner
Gefühle sind. Und ich danke dir für deine guten Wünsche für
meine Tochter, die in meinen Augen mit jedem Tag schöner
und kostbarer wird [...]. Wegen meiner Krankheit musste ich
meine Reise nach Rom verschieben. Jetzt bin ich bereit und*

warte auf deine Zustimmung. Aus naheliegenden Gründen lasse ich dich entscheiden, an welchem Tag wir uns treffen. Ist dir das recht? Ab dem 5. November nehme ich vier oder fünf Tage Urlaub. Schreibe mir, ich erwarte deinen Brief wie immer mit Ungeduld, genauso wie unser baldiges Treffen.

»Ausgeschlossen«, erwidert mein Vater, als ich ihn ganz beiläufig frage, ob Großvater seine Frau wohl hätte betrügen können. Dasselbe hätte ich geantwortet, wenn mich jemand gefragt hätte, ob mein Vater meine Mutter betrügen könnte. Vollkommen ausgeschlossen. Aber mein Vater kommt auch nicht nach Arturo. Er ist seiner Mutter viel ähnlicher, vor allem im Umgang mit Emotionen. Ich kann mich nicht daran erinnern, dass mein Vater seinen Gefühlen jemals freien Lauf gelassen hätte.

Rom, 27. Oktober 1934: Endlich habe ich deinen Brief bekommen, was für eine Freude! Dein langes Schweigen hat mich derart mitgenommen, dass ich mich schon darauf eingestellt hatte, Himmel und Erde in Bewegung zu setzen, um herauszufinden, wie es dir geht. Ich liebe dich so sehr, du bist mir so teuer, dass mir beim bloßen Gedanken daran, dich zu verlieren, die Tränen kommen. Trotzdem muss ich dir etwas sagen, eine winzige Kleinigkeit, ich flüstere sie dir ins Ohr. Du weißt ja, dass ich eine aufrichtige Person bin und immer sagen muss, was ich denke. Nun, mein Lieber, ich denke, dass deine Unpässlichkeit eine Ausrede war, um nicht nach Rom fahren zu müssen. Eine Lüge. Eine kleine Lüge, die keine Narbe zurücklassen wird, aber dennoch eine Lüge.

Ich habe noch immer das Gefühl, vor einem Film zu sitzen. Als Nanni Moretti in *Palombella Rossa* das Ende von *Doktor Schiwago* sieht, kurz vor der letzten Szene, schreit er: »Sie ist es! Dreh dich um. Klopf an die Scheibe! Lasst ihn aussteigen!« Genauso rufe ich: »Nein, Bice, das darfst du ihm doch nicht schreiben!«, als ich Bices Brief lese. Aber nach ein paar Minuten ändere ich meine Meinung: Bice hat das einzig Richtige getan. Ich nehme meinem Großvater diese Krankheit auch nicht ab. Was ist wirklich passiert? Und warum hat Arturo nicht die Wahrheit gesagt? Warum lügt er jetzt sogar Bice an?

Campi, 6. November 1934: [...] Ich habe nicht gelogen: Ich war tatsächlich krank [...]. Nächsten Montag bin ich in Rom, wie versprochen. Dann können wir unserer Leidenschaft endlich freien Lauf lassen. Ich werde vier Tage bleiben und dir nicht einen Augenblick von der Seite weichen. Sofern dir das recht ist, meine Geliebte. Schick mir eine Bestätigung per Telegramm. Heute schreibe ich dir nur diese wenigen Zeilen, denn schon bald können wir uns wieder unter vier Augen unterhalten.

Am 8. November antwortet Bice Arturo und fragt ihn, wo und wann genau sie sich treffen. Sie schreibt: *Ich überlasse es dir, dir die unermessliche Freude auszumalen, die ich empfinde, wenn ich daran denke, dich bald wiederzusehen, mehrere Tage mit dir zu verbringen, dir all das erzählen zu können, was ich auf dem Papier nicht auszudrücken vermag, auch wenn es in meinem Herzen und meiner Erinnerung so klar erscheint.* Sie schreibt: *Ich habe das Gefühl, dass dein bevorstehender Besuch nur ein Traum ist, und ich will mir keine falschen Hoffnungen machen. Ich werde es erst glauben, wenn ich dich vor mir stehen sehe.* Dieses Mal ist sie es, die ihn zur Vorsicht ermahnt: *Wir müssen ausgesprochen vorsichtig sein, gewisse Leute lassen nichts unversucht, um mir zu schaden.*

Ich suche nach Großvaters Antwort, finde aber nichts. Nur einen weiteren Brief von Bice vom 11. Dezember 1934 – *Ich möchte dir noch einmal für deine Liebenswürdigkeit und Zuvorkommenheit danken, die ich während deines viel zu kurzen Aufenthalts in Rom erfahren durfte – sie haben mir unendlich gutgetan. Du bist ein guter Mensch: Niemals werde ich vergessen, was du für mich getan hast und noch immer für mich tust. Menschen wie dir begegnet man im Laufe des Lebens nicht oft, das Herz und der Charakter eines Mannes zeigen sich häufig nur in schwierigen Situationen –* und außerdem zwei Postkarten: *Ich denke immerzu an dich* (10. Januar 1935), und: *Auch ich schicke dir meine zärtlichsten Gedanken* (13. Februar 1935).

Was ist in der Zwischenzeit passiert? Offenbar ist Arturo tatsächlich nach Rom gefahren. Was hat er zu Bice gesagt? Dass ihre Beziehung vorbei sei? Dass sie sich ab und zu wiedersehen würden? Und dann? Hat Rosetta alles herausgefunden oder hat Bice beschlossen, dass es so nicht weitergehen kann? Ist mein Großvater dieser Affäre überdrüssig geworden? Aber das erklärt noch nicht, was aus seiner Stelle als Parteisekretär geworden ist. Hatte seine Frau ihm verboten, sie anzunehmen, wollte sie ihn um jeden Preis in der Nähe behalten? Oder hat Rosetta mit alldem gar nichts zu tun?

Auch wenn dieser Film so abrupt endet, kann ich nicht aufhören, über die Liebesgeschichte zwischen meinem Großvater und Bice nachzudenken. Irgendetwas passt nicht zusammen. Das kann noch nicht das Ende gewesen sein. Wenn Beatrice für meinen Großvater nur eine einfache Geliebte war, warum hat er seiner Tochter dann ihren Namen gegeben?

In dem vergilbten Umschlag finde ich eine weitere Postkarte. Sie ist vom 27. August 1935 und zeigt den Tempel der Sibylle in Tivoli. Bice schreibt: *In liebevoller Erinnerung, Bice (Apotheke Riccardi, Piazza Veroli)*.

Bice hat den Tempel der Sibylle gewählt, nicht den für Tivoli viel bekannteren Tempel der Vesta, der direkt daneben liegt. Eine logische Entscheidung. Vesta ist die Göttin von Heim und Herd, sie repräsentiert alles, was Bice mit meinem Großvater niemals haben konnte. Also wendet sich Bice mit ihren Zukunftsfragen an die Seherin Sibylle: Wird er eines Tages zu mir zurückkehren? Werde ich jemals Mutter sein?

Ich weiß genau, wie Bice sich fühlt, und kurz hasse ich meinen Großvater, seine Familie, Rosaria und Ferruccio. Andererseits: Wenn sich Arturo für Bice entschieden hätte, dann würde ich heute nicht hier sitzen und ich würde auch nicht in der Vergangenheit meines Großvaters herumschnüffeln wie eine Grabräuberin. Ich bin feige. Eine Verräterin.

Ich stelle mir Arturos und Rosettas Leben in Campi ziemlich eintönig vor. Deshalb hat mein Großvater 1933 wahrscheinlich auch die Stelle in Rom angenommen, vielleicht dachte er, das sei seine letzte Chance, um nicht endgültig im Salento hängen zu bleiben und doch noch richtig Karriere zu machen. Ich stelle mir seine Leidenschaft vor und sein Bedürfnis, noch einmal von vorn zu beginnen. Ich stelle mir vor, wie sehr es ihn durcheinandergebracht hat, als er erfuhr, dass Rosetta schwanger war, aber auch seine unbändige Freude bei der Geburt seiner Tochter Rosaria Giulia Giuseppina Rosetta Beatrice kann ich mir gut vorstellen. Und dann?

»Und dann?«, frage ich Jacques.

»Woher soll ich das wissen?«, fragt er zurück und zuckt mit den Achseln.

Ich zeige ihm eine Postkarte, die ich zwischen Großvaters Unterlagen gefunden habe. Darauf ist eine Zeichnung der

Sibylle zu sehen, die den Sternenhimmel betrachtet. Aber es ist nicht einfach nur eine Zeichnung. Zwischen zwei aneinandergeklebten Blättern befindet sich ein Rad, das sich drehen lässt, und neben der Sibylle stehen die dazugehörigen Spielregeln: *Suche dir eine der Fragen aus und wähle nach dem Zufallsprinzip eine der Nummern. Drehe das Glücksrad und du erhältst eine Antwort auf deine Frage.*

Liebt er mich? 1–4–8–12–16

Denkt er an eine andere? 0–24–28–32

[...]

Ist er mir treu? 22–26–30–34–38

Ich probiere es aus. Ich wähle die erste Frage und die Ziffer 4. Die Antwort lautet: *Wie verrückt.* Bei der zweiten Frage suche ich mir die Nummer 28 aus: *Nein, keine Sorge.* Ich muss laut lachen, dann nehme ich die Frage zur Treue und die 30: *Er ist dir treuer als du ihm.* Lächelnd lege ich die Karte weg und wende mich wieder Jacques zu.

»Was glaubst du, warum ihre Beziehung in die Brüche gegangen ist?«, frage ich Jacques.

»Was Recht ist, muss Recht bleiben.« Jacques macht sich über mich lustig. Dann sagt er: »Was denkst du denn, wie die Sache ausgegangen ist? Dein Großvater kehrt zurück nach Campi, sie bekommen eine Tochter und leben glücklich bis an ihr Lebensende. So einfach ist das.«

Wart ihr tatsächlich glücklich bis an euer Lebensende, liebe Großmutter, lieber Großvater? Oder hat sich etwas zwischen euch und das Glück geschoben, ein Schatten, eine unausgesprochene Wahrheit, die irgendwann zur Lawine wurde und alles mit sich gerissen hat? Und eure kleine Tochter? Warum ist Rosaria erst sieben Jahre nach eurer Hochzeit zur Welt gekommen, genau zu dem Zeitpunkt, als sich Arturo in eine andere Frau verliebt hatte? Hast du deiner Tochter je gesagt, dass du sie nach deiner Geliebten benannt hast, Großvater? Was hast du gedacht, Großmutter, als dein Mann den Namen Beatrice vorschlug? Wusstest du von Bice Serafini? Hast du etwas geahnt? Bist du deshalb schwanger geworden? Oder war es wirklich die Jungfrau Maria vom Rosenkranz, die für ein Wunder gesorgt hat? Wenn es Rosaria nicht gegeben hätte, wäre Großvater dann nach Lecce zurückgegangen oder wäre er in Rom geblieben?

»Wusstest du, dass der volle Name deiner Schwester Rosaria Giulia Giuseppina Rosetta Beatrice lautet?« Ich versuche noch einmal, mit meinem Vater darüber zu sprechen.

»Was?«, fragt er.

»Rosaria wie die Jungfrau vom Rosenkranz, Giulia und Giuseppina wie deine beiden Großmütter, Rosetta wie deine Mutter. Und dann noch Beatrice.«

Ich beobachte ihn ganz genau. Aber er zeigt keine Regung. Er fragt nicht: »Beatrice?« Oder: »Wer ist Beatrice?« Er sagt gar nichts.

Aber ich kenne ihn zu gut, ich weiß, dass ihm der fünfte Vorname seiner Schwester etwas sagt, trotzdem hake ich nicht nach. Ich mag mir gar nicht vorstellen, wie und bei welcher Gelegenheit er davon erfahren hat …

Mein Großvater hat alles aufgehoben.

Im Keller von Papas Cousinen finde ich die Anmeldung meines Vaters zur Faschistischen Jugend Italiens und dem Nationalen Jugendwerk Balilla, beide ab 1937. Ich finde Rosarias und Ferruccios Schulzeugnisse. Und sogar ein kleines Notizbuch, in dem Arturo regelmäßig das Gewicht seines Sohnes notierte: 3,95 kg bei der Geburt, mit einem Monat 5,05 kg, mit drei Monaten 7 kg, mit sechs Monaten 9,15 kg, mit einem Jahr 11,25 kg. In dem Buch steht auch, dass Ferruccio am 15. Mai 1938 abgestillt wurde, dass er seinen ersten Zahn am 26. August 1937 bekam und dass er am 15. Juni 1937 zum ersten Mal allein stehen konnte. Außerdem hat mein Großvater aufgeschrieben, dass Papa 1938 eine Ohrenentzündung hatte, die in den darauffolgenden Jahren – 1939, 1940 und 1941 – immer wiederkam, bis sie schließlich mit ihm zu einem renommierten Arzt in Rom gingen.

Mein Großvater hat alles aufgehoben.

Obwohl er sich für Italien das kollektive Vergessen wünschte, vergaß er selbst nichts. Über viele Dinge hat er nie mit irgendjemandem gesprochen, vielleicht, weil es am Ende seine Kinder waren, die ihm am meisten bedeuteten – in einem Brief an seine Tochter vom 25. Dezember 1943, der mit »der Weihnachtsmann« unterzeichnet ist, schreibt er: *Dieses Jahr gibt es wegen des Krieges leider nicht so viele Geschenke. Auch der kleine Ferruccio bekommt weniger als sonst. Ihr sollt beide das gleiche Geschenk haben: Die Abenteuer des*

Pinocchio auf Schallplatte – es wird nicht nur erzählt, sondern auch gesungen. Ich habe zwei von diesen begehrten Exemplaren eigens für euch zur Seite gelegt, weil mein Informant mir gesagt hat, dass ihr beide sehr brav gewesen seid.

Mein Großvater hat seine Kinder mit rührender Zärtlichkeit geliebt, der gleichen Zärtlichkeit, mit der sich mein Bruder heute um Jacopo kümmert. Überhaupt ist mein Bruder meinem Großvater in vielerlei Hinsicht sehr ähnlich.

Sagt unser Name unser Schicksal voraus?

Als ich meinem Bruder erzähle, dass ich immer deutlichere Ähnlichkeiten zwischen ihm und unserem Großvater feststelle, je mehr ich über Arturo herausfinde – den Ordnungssinn, eine gewisse Besessenheit, die Momente der Angst und dann diese tiefe Liebe für seine Kinder –, antwortet er nur: »Du weißt, dass ich nicht an Genetik glaube.«

Aber die Genetik hat damit gar nichts zu tun. Auch nicht Erziehung oder Gewohnheit – weder mein Bruder noch ich haben unseren Großvater je richtig kennengelernt.

Hier geht es um das Unbewusste, um eine unwahrscheinliche, aber dennoch starke Identifikation. Es geht um das »historische Objekt«, wie manche Psychoanalytiker:innen es nennen, darum, dass wir vererbte Erinnerungen vergangener Ereignisse in uns tragen, die unser Unterbewusstsein in unsere eigenen Erfahrungen umwandelt.

Mein Großvater hat alles aufgehoben.

Obwohl er sich für Italien das kollektive Vergessen wünschte, vergaß er selbst nichts.

Daran denke ich, als ich im Internet ein Foto des italienischen Präsidenten Sergio Mattarella mit Borut Pahor, dem ehemaligen Präsidenten von Slowenien, betrachte. Am 13. Juli 2020 stehen sie vor der Foiba di Basovizza, dem Abgrund, in den die jugoslawischen Besatzer 1945 rund zweitausend Italiener:innen in den Tod stießen, und halten einander an der Hand. Kurz darauf wiederholen die Staatsmänner diese Geste vor einem Denkmal für vier junge slowenische Antifaschisten, die von Mussolinis Sondergericht zum Schutz des Staates verurteilt worden waren. »Die Geschichte lässt sich nicht auslöschen«, sagt Sergio Mattarella zu den Journalist:innen. »Wir können weiterhin Groll gegen sie hegen oder ein gemeinsames Erbe aus ihr machen, indem wir sie erinnern und respektieren.«

Seit Mattarella Präsident ist, misst Italien dem Erinnern und der Aufarbeitung der Geschichte etwas mehr Bedeutung bei. Er ist der erste Präsident, der im Zusammenhang mit den Rassengesetzen von einem »dunklen Kapitel«, von einer »schändlichen Seite« und einem »unauslöschlichen Fleck« gesprochen hat.

»Mussolini hat [diese Gesetze] entworfen und verfasst, aber die italienischen Institutionen, die Politik und die Gesellschaft reagierten mit Zustimmung, Einverständnis oder Gleichgültigkeit«, sagte er im Januar 2018 zum Jahrestag der Befreiung. »Die zynische Feder der Propaganda wollte uns weismachen, dass sich der Faschismus vom Antisemitismus der Nazis unterschied. Um die Italiener und den Rest der Welt zu beruhigen, haben sie eine Ausrede erfunden: ›Diskriminierung ist nicht gleich Verfolgung‹, sagte Mussolini. Aber die Kinder aus den Schulen und die Juden aus der Verwaltung zu vertreiben, ihnen jede geistige Arbeit zu verbieten, jüdische Namen aus Büchern, von Schildern, sogar aus Telefonbüchern und Todesanzeigen zu tilgen, das ist Verfolgung der schlimmsten Art.«

Nur wenn sich Italien mit seiner Vergangenheit auseinandersetzt, kann dieses Land die Widersprüche, die es seit so langer Zeit ausmachen, überwinden. Mein Großvater wollte genau das Gegenteil für Italien, auch wenn er sein eigenes Leben ganz anders gestaltet hat. Während er wollte, dass Italien vergisst, kultivierte er zu Hause die Erinnerung.

Er hat alles aufgehoben. Trotz des Feuers in unserem Haus in Campi, obwohl die Kartons im Keller von Papas Cousinen so lange vergessen geblieben sind, trotz all der verflossenen Jahre ist nichts verloren gegangen.

Ein Erbe der Erinnerung, das nur darauf gewartet hat, von mir entdeckt zu werden.

So stelle ich es mir zumindest gern vor.

Denn das Erinnern ist auch für mich der einzige Weg, aus den Widersprüchen auszubrechen, die mich ausmachen.

Ich bin nach Paris zurückgekehrt und habe mein Leben wieder aufgenommen, auch wenn die Kurse an der Uni immer noch online stattfinden und ich keine Ahnung habe, wann ich wieder nach Campi komme, wann ich meinen Neffen wiedersehen oder meine Eltern in Rom besuchen kann.

Ich bin nach Paris zurückgekehrt und habe darüber nachgedacht, was mich all die Jahre davon abgehalten hat, diese Reise in die Vergangenheit meiner Familie und meines Landes zu unternehmen.

Ich bin nach Paris zurückgekehrt und habe immer wieder die Seiten gelesen, die ich geschrieben habe, ich habe gedacht, dass ich noch immer weit davon entfernt bin, alles entdeckt und alles verstanden zu haben.

Dann habe ich aufgehört, mich zu quälen.

Das Leben ergibt kein fertiges Bild wie ein Puzzle, damit muss ich mich wohl oder übel abfinden. Ich muss akzeptieren, dass manche Teile für immer verloren sind. Ich muss mich mit den Ausschnitten begnügen, die ich habe zusammensetzen können.

Ein letztes Mal lese ich, was ich geschrieben habe. Dann gehe ich aus dem Haus und rufe meinen Vater an. Beim Telefonieren laufe ich zum Jardin du Luxembourg. Ich habe Kopfhörer im Ohr und gestikuliere wild mit den Händen, vielleicht hebe ich auch die Stimme, jedenfalls dreht sich der Typ vor mir um und starrt mich an. Vielleicht liegt es aber auch daran, dass ich Italienisch spreche und mittlerweile schon die sechste Runde durch den Park drehe, immer wieder vorbei an denselben Statuen und Spazierenden.

Ich frage meinen Vater: »Weißt du noch, als wir zusammen *Der selbstsüchtige Riese* von Oscar Wilde gelesen haben? Mein Englischlehrer wollte, dass wir einen Auszug daraus auswendig lernen, und ich konnte es mir einfach nicht merken.«

»Ja, na klar, *Der selbstsüchtige Riese*! Worum ging es da nochmal?«

»Es ist die Geschichte von einem Riesen, der einen wunderschönen Garten hat und den Kindern eines Tages verbietet, darin zu spielen, weil er ihn für sich allein haben will. Von da an herrscht ewiger Winter in seinem Garten, selbst wenn draußen schon Frühling ist. Irgendwann erklärt ihm ein kleiner Junge, dass sein Egoismus Schuld am ewigen Winter ist. Also erlaubt der Riese den Kindern wieder, in seinem Garten zu spielen, und wie durch ein Wunder wird es Frühling. Die Zeit vergeht und der Riese wird älter, er sieht den kleinen Jungen, der ihm geholfen hat, nie wieder. Weißt du noch, wie oft wir diese Stelle zusammen durchgegangen sind? ›Years went over, and the Giant grew very old and very feeble‹.«

Mein Vater erinnert sich. Er wiederholt den Satz, er betont das lange »i« von »feeble«, genau, wie er es früher getan hat – »Es heißt ›fiibel‹, Michela!« –, als ob ich plötzlich wieder klein wäre und seine Hilfe bräuchte, um die englische Aussprache richtig hinzubekommen.

»Jetzt verstehe ich, warum dich dieser Satz so berührt hat, Papa.«

Auch wenn Verstehen nicht das Gleiche ist wie Verzeihen. Aber das sage ich nicht. Ich muss ihm nicht verzeihen, um ihn zu lieben.

Eine ganze Weile sagt mein Vater nichts.

Dann: »Darüber redest du am besten mit deiner Mutter. Diese Dinge versteht sie besser als ich.«

Danksagung

Danke an Stefano, Giovanni, Anna, Andrea, Letizia, Giuseppe, Romina, Tonio, Massimo, Michele, Gemma, Giovanna, Emilie, Eleonora, Dario, Maurizio, Alberto, Giorgia, Flavia, Isabella und Beatrice für euren Rat, eure Hilfe, für eure netten Worte und den Zuspruch. Jede Nachricht, jeder Anruf, jede kleine oder große Geste haben mir den Mut gegeben, weiterzumachen.

Danke an Monica, du bist die Beste.

Danke an Ariane, deren Liebenswürdigkeit und Einfühlungsvermögen mir neues Selbstvertrauen geschenkt haben.

Danke an meine Mutter, die jede Version und jedes Kapitel dieses Buches tausende und abertausende Male gelesen hat.

Danke an meinen Bruder, der immer für mich da ist. Ohne ihn hätte ich es niemals geschafft.

Danke an meinen Vater, der vielleicht von manchen Dingen nichts versteht, aber wissen soll, dass dieses Buch auch eine Liebeserklärung ist.

Danke an Jacques, meinen Mann, Gefährten, Freund, Bruder. Du bist mein Zuhause und meine Kraft.

Zitatnachweise

Blaise Cendrars, *John Paul Jones. Die Geschichte seiner Jugend. Romanfragment.* Aus dem Französischen von Giò Waeckerlin Induni. Lenos Verlag 1990.

Oliver Sacks, *Der Mann, der seine Frau mit einem Hut verwechselte.* Aus dem Englischen von Dirk van Gunsteren u. Hainer Kober. Rowohlt Taschenbuch Verlag 2015.

Antonio Scurati, *M. Der Sohn des Jahrhunderts.* Aus dem Italienischen von Verena von Koskull. © Antonio Scurati. Klett-Cotta, Stuttgart 2020.

Zitiert nach Géraldine Schwarz, *Die Gedächtnislosen. Erinnerungen einer Europäerin.* Aus dem Französischen von Christian Ruzicska. Secession 2021.

Emil Ludwig. *Mussolinis Gespräche mit Emil Ludwig.* Paul Zsolnay Verlag, Wien 1932.

Sara Berger et al. (Hrsg.), *Besetztes Südosteuropa und Italien (Die Verfolgung und Ermordung der europäischen Juden durch das nationalsozialistische Deutschland 1933–1945. Bd. 14).* De Gruyter 2017.

Stephen King, *Sie.* © 2011 Wilhelm Heyne Verlag, München, in der Penguin Random House Verlagsgruppe GmbH; Übersetzung: Joachim Körber

Giuseppe Verdi, *Rigoletto*. Deutsch von Johann Christoph Grünbaum. Jazzybee Verlag 2012.

Sophokles, *Antigone*. Übers. von Kurt Steinmann. Hrsg. von Mario Leis u. Nancy Hönsch. Reclam 2016. Vers 453–464.

Hannah Arendt: Eichmann in Jerusalem. Ein Bericht von der Banalität des Bösen. Aus dem amerikanischen Englisch von Brigitte Granzow © 2022 Piper Verlag GmbH, München.

Etty Hillesum, Das denkende Herz der Baracke, © 2022 Verlag Herder GmbH, Freiburg i. Br.